全国计算机技术与软件专业技术资格(水平)考试指定用书

信息系统项目管理师
2016至2020年试题分析与解答

计算机技术与软件专业技术资格考试研究部 主编

清华大学出版社
北　京

内 容 简 介

信息系统项目管理师考试是计算机技术与软件专业技术资格（水平）考试的高级职称考试，是历年各级考试报名中最大的热点之一。本书汇集了从 2016 上半年到 2020 下半年的所有试题和权威的解析，参加考试的考生，认真读懂本书的内容后，将更加了解考题的思路，对提升自己考试通过率的信心会有极大的帮助。

本书扉页为防伪页，封面贴有清华大学出版社防伪标签，无上述标识者不得销售。
版权所有，侵权必究。举报：010-62782989，beiqinquan@tup.tsinghua.edu.cn。

图书在版编目（CIP）数据

信息系统项目管理师 2016 至 2020 年试题分析与解答 / 计算机技术与软件专业技术资格考试研究部主编. —北京：清华大学出版社，2021.12（2024.4重印）
全国计算机技术与软件专业技术资格（水平）考试指定用书
ISBN 978-7-302-58830-6

Ⅰ.①信… Ⅱ.①计… Ⅲ.①信息系统－项目管理－资格考试－题解 Ⅳ.①G202-44

中国版本图书馆 CIP 数据核字(2021)第 158136 号

责任编辑：杨如林
封面设计：杨玉兰
责任校对：胡伟民
责任印制：杨　艳

出版发行：清华大学出版社
　　　　　网　　址：https://www.tup.com.cn, https://www.wqxuetang.com
　　　　　地　　址：北京清华大学学研大厦 A 座　　邮　　编：100084
　　　　　社 总 机：010-83470000　　　　　　　　邮　　购：010-62786544
　　　　　投稿与读者服务：010-62776969, c-service@tup.tsinghua.edu.cn
　　　　　质量反馈：010-62772015, zhiliang@tup.tsinghua.edu.cn
印 装 者：三河市君旺印务有限公司
经　　销：全国新华书店
开　　本：185mm×230mm　　印　张：20　　防伪页：1　　字　数：505 千字
版　　次：2021 年 12 月第 1 版　　　　　　　　印　次：2024 年 4 月第 6 次印刷
定　　价：79.00 元

产品编号：093771-01

前　言

根据国家有关的政策性文件，全国计算机技术与软件专业技术资格（水平）考试（以下简称"计算机软件考试"）已经成为计算机软件、计算机网络、计算机应用、信息系统、信息服务领域高级工程师、工程师、助理工程师（技术员）国家职称资格考试。而且，根据信息技术人才年轻化的特点和要求，报考这种资格考试不限学历与资历条件，以不拘一格选拔人才。现在，软件设计师、程序员、网络工程师、数据库系统工程师、系统分析师、系统架构设计师和信息系统项目管理师等资格的考试标准已经实现了中国与日本互认，程序员和软件设计师等资格的考试标准已经实现了中国和韩国互认。

计算机软件考试规模发展很快，三十年来，累计报考人数超过 600 万人。

计算机软件考试已经成为我国著名的 IT 考试品牌，其证书的含金量之高已得到社会的公认。计算机软件考试的有关信息见网站 www.ruankao.org.cn 中的资格考试栏目。

对考生来说，学习历年试题分析与解答是理解考试大纲的最有效、最具体的途径。

为帮助考生复习备考，计算机技术与软件专业技术资格考试研究部组织编写了信息系统项目管理师 2016 至 2020 年的试题分析与解答，以便于考生测试自己的水平，发现自己的弱点，更有针对性、更系统地学习。

计算机软件考试的试题质量高，包括了职业岗位所需的各个方面的知识和技术，不但包括技术知识，还包括法律法规、标准、专业英语、管理等方面的知识；不但注重广度，而且还有一定的深度；不但要求考生具有扎实的基础知识，还要具有丰富的实践经验。

这些试题中，包含了一些富有创意的试题，一些与实践结合得很好的试题，一些富有启发性的试题，具有较高的社会引用率，对学校教师、培训指导者、研究工作者都是很有帮助的。

由于编者水平有限，时间仓促，书中难免有错误和疏漏之处，诚恳地期望各位专家和读者批评指正，对此，我们将深表感激。

编者
2021 年 9 月

目 录

第1章　2016上半年信息系统项目管理师上午试题分析与解析 1
第2章　2016上半年信息系统项目管理师下午试题I分析与解答 27
第3章　2016上半年信息系统项目管理师下午试题II写作要点 36
第4章　2016下半年信息系统项目管理师上午试题分析与解答 40
第5章　2016下半年信息系统项目管理师下午试题I分析与解答 66
第6章　2016下半年信息系统项目管理师下午试题II写作要点 74
第7章　2017上半年信息系统项目管理师上午试题分析与解答 78
第8章　2017上半年信息系统项目管理师下午试题I分析与解答 101
第9章　2017上半年信息系统项目管理师下午试题II写作要点 108
第10章　2017下半年信息系统项目管理师上午试题分析与解答 111
第11章　2017下半年信息系统项目管理师下午试题I分析与解答 134
第12章　2017下半年信息系统项目管理师下午试题II写作要点 142
第13章　2018上半年信息系统项目管理师上午试题分析与解答 145
第14章　2018上半年信息系统项目管理师下午试题I分析与解答 171
第15章　2018上半年信息系统项目管理师下午试题II写作要点 178
第16章　2018下半年信息系统项目管理师上午试题分析与解答 181
第17章　2018下半年信息系统项目管理师下午试题I分析与解答 205
第18章　2018下半年信息系统项目管理师下午试题II写作要点 213
第19章　2019上半年信息系统项目管理师上午试题分析与解答 216
第20章　2019上半年信息系统项目管理师下午试题I分析与解答 240
第21章　2019上半年信息系统项目管理师下午试题II写作要点 247
第22章　2019下半年信息系统项目管理师上午试题分析与解答 251
第23章　2019下半年信息系统项目管理师下午试题I分析与解答 275
第24章　2019下半年信息系统项目管理师下午试题II写作要点 283
第25章　2020下半年信息系统项目管理师上午试题分析与解答 286
第26章　2020下半年信息系统项目管理师下午试题I分析与解答 308
第27章　2020下半年信息系统项目管理师下午试题II写作要点 315

第1章 2016上半年信息系统项目管理师上午试题分析与解析

试题（1）

作为两化融合的升级版，__(1)__ 将互联网与工业、商业、金融业等行业全面融合。

(1) A．互联网+ B．工业信息化 C．大数据 D．物联网

试题分析

本题考查互联网+相关知识。"互联网+"就是"互联网+各个传统行业"，但这并不是简单的两者相加，而是利用信息通信技术以及互联网平台，让互联网与传统行业进行深度融合，创造新的发展生态。

参考答案

(1) A

试题（2）、（3）

典型的信息系统项目开发的过程中，__(2)__ 阶段拟定了系统的目标、范围和要求，而系统各模块的算法一般在 __(3)__ 阶段确定。

(2) A．概要设计 B．需求分析 C．详细设计 D．程序设计

(3) A．概要设计 B．需求分析 C．详细设计 D．架构设计

试题（2）、（3）分析

本题考查信息系统开发概要设计相关知识。需求分析阶段要确定对系统的综合要求、功能要求和性能要求等。而概要设计、详细设计均是对系统的具体设计方案的分析。程序设计即为编码过程。

参考答案

(2) B (3) C

试题（4）

随着电子商务的业务规模不断增加，物流成为制约电子商务的一个瓶颈，而 __(4)__ 不能解决电子商务物流的瓶颈问题。

(4) A．构建新的电子商务平台 B．优化物流企业的业务流程
　　C．应用先进的物流管理技术 D．建立高效的物流信息管理系统

试题（4）分析

本题考查电子商务相关知识。构建新的电子商务平台会增加物流负担不能解决电子商务物流的瓶颈问题。

参考答案

(4) A

试题（5）

项目经理的下述行为中，__(5)__违背了项目管理的职业道德。

(5) A．由于经验不足，导致项目计划产生偏差造成项目延期

　　B．在与客户交往的过程中，享用了客户公司的工作餐

　　C．采用强权式管理，导致项目组成员产生不满情绪并有人员离职

　　D．劝说客户从自己参股的公司采购项目所需的部分设备

试题（5）分析

本题考查项目经理个人素养相关知识。劝说客户从自己参股的公司采购项目所需的部分设备属于明显违背职业道德的行为。

参考答案

(5) D

试题（6）

__(6)__不是软件需求分析的目的。

(6) A．检测和解决需求之间的冲突

　　B．发现软件的边界，以及软件与其环境如何交互

　　C．详细描述系统需求

　　D．导出软件需求

试题（6）分析

本题考查需求分析相关知识。需求分析涉及分析需求的过程，其目的如下。

（1）检测和解决需求之间的冲突。

（2）发现软件的边界，以及软件与其环境如何交互。

（3）详细描述系统需求，以导出软件需求。

参考答案

(6) D

试题（7）

__(7)__不是软件质量保证的主要职能。

(7) A．检查开发和管理活动是否与已定的过程策略、标准一致

　　B．检查工作产品是否遵循模板规定的内容和格式

　　C．检查开发和管理活动是否与已定的流程一致

　　D．检查关键交付物的质量

试题（7）分析

本题考查质量保证相关知识。软件质量保证的主要职责是：检查开发和管理活动是否与已定的过程策略、标准和流程一致，检查工作产品是否遵循模板规定的内容和格式。

参考答案

(7) D

试题（8）

以下关于项目管理计划编制的理解中，正确的是：__(8)__。

（8）A. 项目经理应组织并主要参与项目管理计划的编制，但不应独立编制
　　　B. 项目管理计划的编制不能采用迭代的方法
　　　C. 让项目干系人参与项目计划的编制，增加了沟通成本，应尽量避免
　　　D. 项目管理计划不能是概括的，必须是详细、具体的

试题（8）分析

本题考查项目管理计划编制相关知识。编制项目管理计划所遵循的基本原则有：全局性原则、全过程原则、人员与资源的统一组织与管理原则、技术工作与管理工作协调的原则。除此之外，更具体的编制项目计划所遵循的原则有：目标的统一管理、方案的统一管理、过程的统一管理、技术工作与管理工作的统一协调、计划的统一管理、人员资源的统一管理、各干系人的参与和逐步求精原则。其中，各干系人的参与是指各干系人尤其是后续实施人员参与项目管理计划的制订过程，这样不仅让他们了解计划的来龙去脉，提高了他们在项目实施过程中对计划的把握和理解，更重要的是，因为他们的参与包含了他们对项目计划的承诺，从而提高了他们执行项目计划的自觉性。逐步求精是指，项目计划的制订过程也反映了项目的渐进明细特点，也就是近期的计划制订得详细些，远期的计划制定得概要些，随着时间的推移，项目计划在不断细化。由此可见，项目计划可以是概括的，可以逐步精确，并且干系人要参与项目计划的编制，不应由项目经理独立进行编制。

参考答案

（8）A

试题（9）

软件开发过程中的技术评审的目的是 (9) 。

（9）A. 评价软件产品，以确定其对使用意图的适合性，表明产品是否满足要求
　　　B. 监控项目进展的状态，评价管理方法的有效性
　　　C. 从第三方的角度给出开发过程对于规则、标准、指南的遵从程度
　　　D. 评价软件开发使用的技术是否适用于该项目

试题（9）分析

本题考查软件开发技术评审相关知识。技术评审的目的是评价软件产品，以确定其对使用意图的适合性，目标是识别规范说明与标准的差异，并向管理提供证据，以表明产品是否满足规范说明并遵从标准，而且可以控制变更。

参考答案

（9）A

试题（10）

以下关于软件测试的叙述中，不正确的是：(10) 。

（10）A. 在集成测试中，软件开发人员应该避免测试自己开发的程序
　　　B. 软件测试工作应该在需求阶段就开始进行
　　　C. 如果软件测试完成后没有发现任何错误，那么应首先检查测试过程是否存在问题
　　　D. 如果项目时间比较充裕，测试的时间可以长一些；如果项目时间紧张，测试时间可以少一些

试题（10）分析

本题考查软件测试相关知识。如果测试计划已经制订并审批通过，就应该按照计划完成所有测试工作，测试的时间可以根据实际情况控制，但是测试用例和测试工作不得随意删减。

参考答案

（10）D

试题（11）

某软件系统交付后，开发人员发现系统的性能可以进一步优化和提升，由此产生的软件维护属于__(11)__。

(11) A．更正性维护　　B．适应性维护　　C．完善性维护　　D．预防性维护

试题（11）分析

本题考查信息系统的生命周期相关知识。完善性维护指的是软件产品交付后进行的修改形式为主的软件功能模块开发，以改进性能和可维护性。

参考答案

（11）C

试题（12）

绘制数据流图是软件设计过程的一部分，用以表明信息在系统中的流向。数据流图的基本组成部分包括__(12)__。

(12) A．数据流、加工、数据存储和外部实体
　　　B．数据流的源点和终点、数据存储、数据文件和外部实体
　　　C．数据的源点和终点、加工、数据和数据流文件
　　　D．数据、加工和数据存储

试题（12）分析

本题考查数据流图绘制的相关知识。

外部项（S）　　数据加工（P）　　数据存储（D）　　数据流（F）

参考答案

（12）A

试题（13）

依据 GB/T 16260.2—2006《软件工程产品质量第 2 部分：外部度量》，评估软件的帮助系统和文档的有效性是对软件进行__(13)__。

(13) A．易理解性度量　　　　　　B．易操作性度量
　　　C．吸引性度量　　　　　　　D．易学性度量

试题（13）分析

本题考查 GB/T 16260《软件工程产品质量》相关知识。根据 GB/T 16260.2—2006《软件

工程产品质量第 2 部分：外部度量》中：

8.3.2 易学性度量

外部易学性度量（见表 8.3.2）宜能够评估用户要用多长时间才能学会如何使用某一特殊的功能，及评估它的帮助系统和文档的有效性。

易学性与易理解性有很密切的关系，易理解性的测量可作为软件易学性的潜在指标。

参考答案

（13）D

试题（14）

依据 GB/T 14394—2008《计算机软件可靠性和可维护性管理》，以下关于在软件生存周期各个过程中对可靠性和可维护性管理要求的叙述中，不正确的是：（14）。

（14）A．在概念活动中提出软件可靠性和可维护性分解目标、要求和经费
　　　　B．在需求活动中制定各实施阶段的基本准则，确定各实施阶段的验证方法
　　　　C．在设计活动中明确对编码、测试阶段的具体要求，评价或审查代码以验证相应要求的实现
　　　　D．在测试活动中建立适当的软件可靠性测试环境，组织分析测试和测量的数据，进行风险分析

试题（14）分析

本题考查 GB/T 14394—2008《计算机软件可靠性和可维护性管理》知识。C 选项前面"在设计活动中明确对编码、测试阶段的具体要求"是正确的，但是后面"评价或审查代码以验证相应要求的实现"是实现活动的要求，不属于对可靠性和可维护性管理要求的叙述。

参考答案

（14）C

试题（15）

根据 GB/T 22239—2008《信息安全技术信息系统安全等级保护基本要求》的相关规定，"机房出入应安排专人负责，控制、鉴别和记录进入的人员"应属于（15）安全的技术要求。

（15）A．物理　　　　B．设备　　　　C．存储　　　　D．网络

试题（15）分析

本题考查 GB/T 22239—2008《信息安全技术信息系统安全等级保护基本要求》知识。根据 GB/T 22239—2008《信息安全技术信息系统安全等级保护基本要求》：

5.1.1.1　物理访问控制（G1）

机房出入应安排专人负责，控制、鉴别和记录进入的人员。

参考答案

（15）A

试题（16）

在信息系统安全保护中，依据安全策略控制用户对文件、数据库表等客体的访问属于（16）安全管理。

（16）A．安全审计　　　B．入侵检测　　　C．访问控制　　　D．人员行为

试题（16）分析

本题考查信息系统安全知识。访问控制是为了限制访问主体（用户、进程）对访问客体（文件、数据库等）的访问权限，从而使计算机系统在合法范围内使用安全措施。

参考答案

（16）C

试题（17）

IDS 发现网络接口收到来自特定 IP 地址的大量无效的非正常生成的数据包，使服务器过于繁忙以至于不能应答请求，IDS 会将本次攻击方式定义为 (17) 。

(17) A．拒绝服务攻击　　　　　　　B．地址欺骗攻击
　　　C．会话劫持　　　　　　　　　D．信号包探测程序攻击

试题（17）分析

本题考查计算机网络安全知识。拒绝服务攻击即攻击者想办法让目标机器停止提供服务。所以这里属于拒绝服务攻击。

地址欺骗攻击：利用盗用的终端号码进行的攻击。

IP 地址欺骗：IP 地址欺骗是指行动产生的 IP 数据包为伪造的源 IP 地址，以便冒充其他系统或发件人的身份。这是一种黑客的攻击形式，黑客使用一台计算机上网，而借用另外一台机器的 IP 地址，从而冒充另外一台机器与服务器打交道。

会话劫持：会话劫持（Session Hijack），就是结合了嗅探以及欺骗技术在内的攻击手段。例如，在一次正常的会话过程当中，攻击者作为第三方参与其中，他可以在正常数据包中插入恶意数据，也可以在双方的会话当中进行监听，甚至可以代替某一方主机接管会话。

参考答案

（17）A

试题（18）

通过收集和分析计算机系统或网络的关键节点信息，以发现网络或系统中是否有违反安全策略的行为和被攻击的迹象的技术被称为 (18) 。

(18) A．系统检测　　B．系统分析　　C．系统审计　　D．入侵检测

试题（18）分析

本题考查计算机网络安全知识。入侵检测通过对计算机网络或计算机系统中的若干关键点收集信息并进行分析，发现网络或系统中是否有违反安全策略的行为和被攻击的迹象。

参考答案

（18）D

试题（19）

某楼层共有 60 个信息点，其中信息点的最远距离为 65 米，最近距离为 35 米，则该布线工程大约需要 (19) 米的线缆（布线时线缆的计划长度为实际使用量的1.1倍）。

(19) A．4290　　　　B．2310　　　　C．3300　　　　D．6600

试题（19）分析

本题考查网络综合布线的计算。

每层楼用线量：$C=[0.55\times(L+S)+6]\times n$；

L：本楼层离管理间最远的信息点距离；

S：本楼层离管理间最近的信息点距离；

n：本楼层的信息点总数；

0.55：备用系数。

所以实际线缆使用量为：$C/1.1=[0.55\times(L+S)+6]\times n/1.1\approx 3327$。

参考答案

（19）C

试题（20）

TCP/IP 参考模型共分为四层：__(20)__、网络层、传输层、应用层。

（20）A．物理层　　　B．流量控制层　　　C．会话层　　　D．网络接口层

试题（20）分析

本题考查网络技术标准与协议知识。TCP/IP 协议分为四层，分别为应用层、传输层、网络层和网络接口层。

参考答案

（20）D

试题（21）

IEEE 802.11 属于__(21)__。

（21）A．网络安全标准　　　　　　　B．令牌环局域网标准

　　　C．宽带局域网标准　　　　　　　D．无线局域网标准

试题（21）分析

本题考查网络技术标准知识。IEEE 802.11 是由 IEEE 定义的无线网络通信标准。

参考答案

（21）D

试题（22）

在 TCP/IP 协议中，__(22)__协议运行在网络层。

（22）A．DNS　　　　B．UDP　　　　C．TCP　　　　D．IP

试题（22）分析

本题考查网络技术标准与协议知识。网络层协议：IP、ICMP、IGMP、ARP、RARP。

参考答案

（22）D

试题（23）

以下关于以太网的叙述中，不正确的是：__(23)__。

（23）A．采用了载波侦听技术　　　　B．具有冲突检测功能

　　　C．支持半双工和全双工模式　　　D．以太网的帧长度固定

试题（23）分析

本题考查以太网的基本概念。以太网的帧是数据链路层的封装，网络层的数据包被加上

参考答案

(23) D

试题（24）

移动计算的特点不包括__(24)__。

(24) A．移动性 　　　　　　　　B．网络通信的非对称性

　　　C．频繁断接性 　　　　　　D．高可靠性

试题（24）分析

本题考查移动计算的特点。移动计算的特点：移动性、网络多样性、频繁断接性、非对称性、可靠性低。

参考答案

(24) D

试题（25）

对象模型技术 OMT 把需求分析时收集的信息构造在三类模型中，即对象模型、动态模型和__(25)__。下图显示了这三个模型的建立次序。

(25) A．信息模型　　B．功能模型　　C．关系模型　　D．静态模型

试题（25）分析

本题考查对象模型技术知识。聚合是关联关系的一种特例，它体现的是整体与部分、拥有的关系。

参考答案

(25) B

试题（26）

使用 UML 对系统进行分析设计时，需求描述中的"包含""组成""分为……部分"等词常常意味着存在__(26)__关系。下图表示了这种关系。

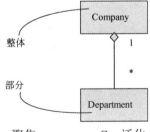

(26) A．关联　　　　B．聚集　　　　C．泛化　　　　D．依赖

试题（26）分析

本题考查对象模型技术知识。对象模型技术把分析时收到的信息构造在三类模型中，即对象模型、功能模型和动态模型。三个模型从不同的角度对系统进行描述，分别着重于系统的一个方面，组合起来构成对系统的完整描述。形象地说，功能模型定义"做什么"，状态模型定义"何时做"，对象模型定义"对谁做"。

参考答案

（26）B

试题（27）

在用 UML 对信息系统建模过程中，(27)用来描述用户需求，主要从用户的角度描述系统的功能。

（27）A. 用例图　　　B. 类图　　　C. 对象图　　　D. 部署图

试题（27）分析

本题考查 UML 知识。用例图是指由参与者（Actor）、用例（Use Case）以及它们之间的关系构成的用于描述系统功能的静态视图。用例图（User Case）是被称为参与者的外部用户所能观察到的系统功能的模型图，呈现了一些参与者和一些用例，以及它们之间的关系，主要用于对系统、子系统或类的功能行为进行建模。

参考答案

（27）A

试题（28）

根据《中华人民共和国政府采购法》，在以下与政府采购相关的行为或做法中，不正确的是：(28)。

（28）A. 采购人员陈某与供应商丙是亲戚，故供应商乙申请陈某回避
　　　B. 采购人的上级单位为其指定采购代理机构
　　　C. 供应商甲与供应商丁组成了一个联合体，以一个供应商的身份共同参加政府采购
　　　D. 采购人要求参加政府采购的各供应商提供有关资质证明文件和业绩情况

试题（28）分析

本题考查《中华人民共和国政府采购法》知识。《中华人民共和国政府采购法》第二章，第十九条，任何单位和个人不得以任何方式为采购人指定采购代理机构。

参考答案

（28）B

试题（29）

根据《中华人民共和国招标投标法》及《中华人民共和国招标投标法实施条例》，国有资金占控股或者主导地位的依法必须进行招标的项目，当(29)时，可以不进行招标。

（29）A. 项目涉及企业信息安全及保密
　　　B. 需要采用不可替代的专利或者专有技术
　　　C. 招标代理依法能够自行建设、生产或者提供
　　　D. 为了便于管理，必须向原分包商采购工程、货物或者服务

试题（29）分析

本题考查项目招投标知识。根据《中华人民共和国招投标法实施细则》第九条，除招标投标法第六十六条规定的可以不进行招标的特殊情况外，有下列情形之一的，可以不进行招标：

（一）需要采用不可替代的专利或者专有技术；

（二）采购人依法能够自行建设、生产或者提供；

（三）已通过招标方式选定的特许经营项目投资人依法能够自行建设、生产或者提供；

（四）需要向原中标人采购工程、货物或者服务，否则将影响施工或者功能配套要求；

（五）国家规定的其他特殊情形。

参考答案

（29）B

试题（30）

根据《中华人民共和国招标投标法》的规定，以下叙述中，不正确的是：（30）。

（30）A．国务院发展计划部门确定的国家重点项目和省、自治区、直辖市人民政府确定的地方重点项目不适宜公开招标的，经国务院发展计划部门或者省、自治区、直辖市人民政府批准，可以进行邀请招标

B．招标人有权自行选择招标代理机构，委托其办理招标事宜。任何单位和个人不得以任何方式为招标人指定招标代理机构

C．招标项目按照国家有关规定需要履行项目审批手续的，可在招标前审批，也可招标后履行审批手续

D．招标人需要在招标文件中如实载明招标项目有相应资金或者资金来源已经落实

试题（30）分析

本题考查项目招投标知识。根据《中华人民共和国招标投标法》第九条，招标项目按照国家有关规定需要履行项目审批手续的，应当先履行审批手续，取得批准。

参考答案

（30）C

试题（31）

以下关于信息系统项目风险的叙述中，不正确的是：（31）。

（31）A．信息系统项目风险是一种不确定性或条件，一旦发生，会对项目目标产生积极或消极的影响

B．信息系统项目风险既包括对项目目标的威胁，也包括促进项目目标的机会

C．具有不确定性的事件是信息系统项目风险定义的充分条件

D．信息系统项目的已知风险是那些已经经过识别和分析的风险，其后果亦可预见

试题（31）分析

本题考查项目风险管理知识。具有不确定性的事件是信息系统项目风险定义的必要条件。

参考答案

(31) C

试题 (32)

项目风险识别是指找出影响项目目标顺利实现的主要风险因素，并识别出这些风险究竟有哪些基本特征，可能会影响项目的哪些方面等问题。以下关于项目风险识别的叙述中，正确的是：(32)。

(32) A．主要由项目经理负责项目风险识别活动
   B．风险识别是一种系统活动，而不是一次性行为
   C．主要识别项目的内在风险
   D．风险识别包括外在因素对项目本身可能造成的影响评估

试题 (32) 分析

本题考查项目风险管理知识。
A．没有规定项目风险识别是主要由项目经理负责项目风险识别活动；
B．描述正确；
C．没有规定项目风险识别主要是识别项目的内在风险；
D．风险识别不包括外在因素对项目本身可能造成的影响评估。

参考答案

(32) B

试题 (33)

进度风险导致的损失不包括 (33)。

(33) A．货币的时间价值
   B．延期投入导致的损失
   C．预算不准导致的成本超支
   D．进度延误引发的第三方损失

试题 (33) 分析

本题考查项目风险管理知识。进度风险导致的损失包括：质量风险导致的损失，包括事故引起的直接经济损失，修复和补救等措施发生的费用以及第三者责任损失等；建筑物、构筑物或其他结构倒塌所造成的直接经济损失；复位纠偏、加固补强等补救措施和返工的费用；造成的工期延误的损失；永久性缺陷对于建设工程使用造成的损失；第三者责任的损失。

参考答案

(33) C

试题 (34)

下图是一个选择出行路线的"决策树图"，统计路线 1 和路线 2 堵车和不堵车的用时和其发生的概率（P），计算出路线 1 和路线 2 的加权平均用时，根据计算结果选择出行路线。以下结论中，正确的是：(34)。

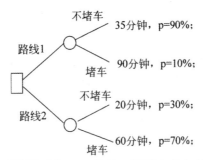

(34) A. 路线1的加权平均用时为40.5分钟,路线2的加权平均用时为48分钟,因此选择路线1

B. 路线1的加权平均用时为62.5分钟,路线2的加权平均用时为40分钟,因此选择路线2

C. 路线1的加权平均用时为40.5分钟,路线2的加权平均用时为44分钟,因此选择路线1

D. 由于路线2堵车和不堵车时间都比路线1短,因此选择路线2

试题(34)分析

本题考查决策树分析知识。路线1加权平均用时=35×90%+90×10%=40.5分钟。

路线2加权平均用时=20×30%+60×70%=48分钟。

故选择加权平均用时少的线路1。

参考答案

(34) A

试题(35)

风险监控的输出不包括 (35) 。

(35) A. 建议的纠正措施　　　　B. 新发现的风险

C. 新的风险管理知识　　　D. 批准的变更请求

试题(35)分析

本题考查项目风险管理知识。风险监控的输出包括:请求的变更,建议的纠正措施,建议的预防措施,组织过程资产和项目管理计划。新发现的风险是更新在风险登记册中的,风险登记册是属于项目管理计划的。新的风险管理知识,同时要记录组织过程资产供以后的项目参考。批准的变更请求和建议的变更请求完全不一样。

参考答案

(35) D

试题(36)、(37)

大型复杂项目的项目管理有别于单项目管理,对于大型复杂项目来说,首先应该制订的计划是 (36) 。而在该计划中一般不会包括 (37) 。

(36) A. 进度计划　　B. 成本计划　　C. 范围计划　　D. 过程计划

(37) A. 执行过程　　B. 裁剪过程　　C. 监督过程　　D. 制定过程

试题（36）、（37）分析

本题考查大型复杂项目管理知识。依据《信息系统项目管理师教程》（第 2 版）[①]第 19 章的表 19.2 与中小项目计划不同的是，除了制订项目计划之外，还要制订项目的监控方法、质量保证计划和产品确认计划。对大型项目而言，因为它是分解为多个小项目来完成，首先进行整体的过程管控，故优先进行过程计划的制订。

参考答案

（36）D　　　（37）B

试题（38）

任何组织的能力都是有限的，任何组织的资源也都是有限的。公司在选择项目优先级时经常用到 DIPP 分析法。以下关于 DIPP 的理解中，不正确的是：（38）。

（38）A．DIPP 值越高的项目资源利用率越高

　　　B．DIPP 值衡量了企业的资源利用率

　　　C．DIPP 值越低的项目资源利用率越高

　　　D．DIPP 值是项目的期望货币值与完工尚需成本之比

试题（38）分析

本题考查项目选择的知识。DIPP 是用来描述项目资源利用率的，其计算公式为：DIPP=EMV/ETC。

DIPP 实际上是指从当前的时间点对未来进行预测，项目未来产生的收益与花费的成本之比。DIPP 值是一个描述项目资源利用率的指标。如果 DIPP 值小于 1，则意味着该项目实际成本比预算成本高，应调整或终止。DIPP 值越高，意味着项目的资源利用率越高，越值得优先考虑。

参考答案

（38）C

试题（39）

大型复杂项目一般具有周期较长、规模较大、目标构成复杂等特征，因此大型复杂项目的控制过程与普通项目的控制过程有较大差别。（39）不属于大型复杂项目控制过程的重要因素。

（39）A．项目绩效跟踪　　　B．外部变更请求

　　　C．变更控制　　　　　D．里程碑设置

试题（39）分析

本题考查项目管理基本知识。项目控制过程的 3 个重要因素是：外部变更请求、变更控制、项目绩效跟踪。

参考答案

（39）D

[①] 本章提及的《信息系统项目管理师教程》（第 2 版）为全国计算机技术与软件专业技术资格（水平）考试指定用书，由清华大学出版社出版。

试题（40）

IT 服务外包合同不可以 (40)。

(40) A．作为风险管理的工具　　B．保证双方的期望透明化
　　　C．作为双方沟通的工具　　D．当作供应商的工作文件

试题（40）分析

本题考查 IT 外包合同基本概念。IT 服务外包合同可以促进双方的期望透明化。
IT 服务外包合同不可以当作供应商的工作文件。

参考答案

(40) D

试题（41）

对项目的投资效果进行经济评价的方法主要有静态分析法和动态分析法。以下叙述中，不正确的是：(41)。

(41) A．静态分析法对若干方案进行粗略评价，或对短期投资项目作经济分析时，不考虑资金的时间价值
　　　B．动态分析法考虑资金的时间价值
　　　C．静态分析法包括投资收益率法、投资回收期法、追加投资回收期法
　　　D．动态分析法包括净现值法、内部收益率法、最小费用法

试题（41）分析

本题考查项目可行性分析知识。最小费用法属于静态分析法。

参考答案

(41) D

试题（42）

审计是项目中一个非常重要的环节，对项目的计划、预算等进行审计属于项目的 (42)。

(42) A．事前绩效审计　　B．事中绩效审计
　　　C．执行审计　　　D．事后绩效审计

试题（42）分析

本科考查项目审计知识。事前绩效审计包括计划、预算建设项目的可行性研究、成本预测等，内容通过事前审计可以防患于未然，对于计划、预算以及投资项目实施可能出现的问题和不利因素，能在事前及时纠正和剔除因预测不准或计划不周而造成经济损失或效益不高。

事中审计是把项目实施情况与实施前的预测、预算、计划和标准等进行分析、比较，从中找出差距和存在的问题，及时采取有效措施并加以纠正，并根据实际情况的变化调整和修改计划和预算，使之更加符合客观实际，更加合理。事中审计是一种动态审计。

事后审计是一种总结性审计，主要是对已完成活动的经济效益、效果、效率进行分析与评价，找出问题的原因，发掘进一步提高的途径。

参考答案

(42) A

试题（43）

成本管理分为成本估算、成本预算和成本控制三个过程。以下关于成本预算的叙述中，不正确的是：_(43)_。

(43) A．成本预算过程完成后，可能会引起项目管理计划的更新
   B．管理储备视为范围和成本的潜在变化而预留的预算，需要体现在项目成本基线里
   C．成本基准计划可以作为度量项目绩效的依据
   D．成本基准按时间分段计算，通常以 S 曲线的形式表示

试题（43）分析

本题考查项目成本管理知识。管理储备是为范围和成本的潜在变化而预留的预算，它们是"未知的"，项目经理在使用之前必须得到批准。管理储备不是项目成本基线的一部分。

参考答案

（43）B

试题（44）

项目进行到某阶段时，项目经理进行绩效分析，计算出 CPI 值为 1.09，这表示 _(44)_。

(44) A．每花费 109 元人民币，只创造相当于 100 元的价值
   B．每花费 100 元人民币，可创造相当于 109 元的价值
   C．项目进展到计划进度的 109%
   D．项目超额支出 9%的成本

试题（44）分析

本题考查挣值计算知识。成本绩效指数 CPI=EV/AC，CPI<1 表示成本超支，实际成本高于计划成本，资金使用率低。

CPI 为 1.09 表示 100 元投资能创造 109 元的价值。

参考答案

（44）B

试题（45）

下表是项目甲、乙、丙三个项目的进度数据，则 _(45)_ 最有可能在成本的约束内完成。

项目	PV	EV	AC
甲	15 000	8000	5000
乙	15 000	5000	8000
丙	15 000	8000	9000

(45) A．项目甲 B．项目乙 C．项目丙 D．项目甲和项目丙

试题（45）分析

本题考查挣值计算知识。

项目甲：CPI=1.6，SV=-7000；

项目乙：CPI=0.625，SV=-10 000；

项目丙：CPI=8/9，SV=-7000。

参考答案

(45) A

试题（46）

下列选项中，(46)属于项目团队建设的方法。
①拓展训练②培训③项目绩效评估④心理偏好指示器
⑤问题日志⑥同地办公（集中）⑦认可和奖励

(46) A．①②③⑦　　B．②③⑤⑥　　C．①④⑤⑦　　D．①②④⑦

试题（46）分析

本题考查项目人力资源管理知识。根据参考教程，项目团队建设的方法有：拓展训练、培训、认可和奖励和心理偏好指示器。

参考答案

(46) D

试题（47）

项目经理小王负责某项目管理，考虑到项目人力资源紧张，就与三个在校学生签订了临时劳务合同，并允许这三名在校学生可以利用互联网进行办公，同时规定每周三上午这些学生必须参与团队的工作会议。以下针对上述情况的观点中，正确的是：(47)　。

(47) A．三名学生不属于项目团队成员
　　　B．项目经理小王组建了虚拟项目团队
　　　C．三名学生不可以参加团队的工作会议
　　　D．项目经理小王利用了谈判技术组建团队

试题（47）分析

本题考查项目人力资源管理知识。
A．签订了合同，三名学生是项目成员；
B．正确；
C．题干明确表述周三必须参加工作会议；
D．虚拟化技术。

参考答案

(47) B

试题（48）

依据 GB/T 8566—2007《信息技术软件生存周期过程》中有关配置管理的规定，(48)是配置控制的任务。
①建立基线的文档②批准或否决变更请求③审核跟踪变更
④确定和保证软件项针对其需求的功能完备性、物理完整性
⑤分析和评价变更⑥编制配置管理计划
⑦实现、验证和发布已修改的软件项

(48) A．②③⑤⑦　　B．①③⑤⑥　　C．①③⑤⑦　　D．②④⑥⑦

试题（48）分析

本题考查 GB/T 8566—2007《信息技术软件生存周期过程》知识。根据 GB/T 8566—2007《信息技术软件生存周期过程》，配置控制：①标识并记录变更申请；②分析与评价变更；③批准或不批准申请；④实现、验证和发行已经变更的软件项；⑤审核跟踪变更；⑥控制并审核受控软件项。

参考答案

（48）A

试题（49）

配置项版本控制过程的步骤是 (49) 。
①技术评审或领导审批②正式发布
③修改处于"草稿"状态的配置项④创建配置项
(49) A．①④③②　　　B．③②①④　　　C．④③①②　　　D．④③②①

试题（49）分析

本题考查项目配置管理知识。软件配置管理通常包括版本控制、变更控制和过程支持三个大的方面，涉及配置项、工作空间管理、版本控制、变更控制、状态报告、配置审计等具体活动，软件配置管理一般会贯穿整个软件研发生命周期以及各个知识领域。

参考答案

（49）C

试题（50）

基线是项目配置管理的基础。(50) 不属于基线定义中的内容。
(50) A．建立基线的事件　　　　　B．基线识别
　　　C．受控的项　　　　　　　　D．批准基线变更的权限

试题（50）分析

本题考查项目配置管理知识。对于每一个基线，要定义下列内容：建立基线的事件、受控的项、建立和变更基线的程序、批准变更基线所需的权限。在项目实施过程中，每个配置项的基线都要纳入配置控制，对这些基线的更新只能采用正式的变更管理过程。这确保了基线的变更只反映已批准的组件部分的变更。

参考答案

（50）B

试题（51）

在项目配置项中有基线配置项和非基线配置项，(51) 一般属于非基线配置项。
(51) A．详细设计　　　B．概要设计　　　C．进度计划　　　D．源代码

试题（51）分析

本题考查项目配置管理知识。配置管理技术可以协调软件开发，使得混乱减到最小。配置管理是一种标识、组织和控制修改的技术，目的是使错误达到最少并最有效地提高生产率，项目变更结果要反映到项目计划中，包括进度计划。

参考答案

（51）C

试题（52）

在编制项目采购计划时，根据采购类型的不同，需要不同类型的合同来配合。(52) 包括支付给卖方的实际成本，加上一些通常作为卖方利润的费用。

(52) A．固定总价合同　　　　　　B．成本补偿合同
　　　C．工时和材料合同　　　　　D．单价合同

试题（52）分析

本题考查项目合同管理知识。成本补偿合同，这类合同为卖方报销实际成本，通常加上一些费用作为卖方利润。成本通常分为直接成本和间接成本。直接成本指直接、单独花在项目上的成本（例如，全职员工在为项目工作时的薪水）；间接成本，通常指分摊到项目上的经营费用（例如，间接地参与到项目中的管理层的工资、办公室水电费等）。间接成本一般按直接成本的一定百分比计算。成本补偿合同也常常包括对达到或超过既定的项目目标（例如进度目标或总成本目标等）的奖励。

参考答案

（52）B

试题（53）

以下关于外包和外包管理的叙述中，不正确的是：(53)。

(53) A．外包是为了专注发展企业的核心竞争力，将其他的职能都外包给具有成本和技术优势的第三方供应商（或业务流程外包商）
　　　B．将以前内部自行管理的领域外包后，该领域的整体品质有可能会降低
　　　C．需要根据合同的承诺跟踪承包商实际完成的情况和成果
　　　D．从外包风险管理的角度考虑，应尽可能将项目外包给同一家供应商

试题（53）分析

本题考查项目合同管理知识。从外包风险管理的角度考虑，应尽可能将项目外包给同一家供应商未考虑供应商出问题后的项目风险。

参考答案

（53）D

试题（54）

项目结束后要进行项目绩效审计，项目绩效审计不包括 (54)。

(54) A．经济审计　　B．效率审计　　C．效果审计　　D．风险审计

试题（54）分析

本题考查项目收尾阶段工作知识。绩效审计是经济审计、效率审计和效果审计的合称，因为三者的第一个英文字母均为 E，故也称三 E 审计。它是指由独立的审计机构或人员，依据有关法规和标准，运用审计程序和方法，对被审单位或项目的经济活动的合理性、经济性、有效性进行监督、评价和鉴证，提出改进建议，促进其提高管理效益的一种独立性的监督活动。

参考答案
（54）D

试题（55）
系统方法论是项目评估方法论的理论基石。系统方法论的基本原则不包括 (55)。
(55) A．整体性原则　　B．相关性原则　　C．易用性原则　　D．有序性原则

试题（55）分析
本题考查系统方法论基本知识。系统方法的基本原则是：

1）整体性原则
这是系统方法的出发点。这个原则要求我们看待问题、处理问题时从整体着眼，从整体和要素的相互作用和相互联系中把握事物的本质和规律，找到最佳的处理方法。

2）有序性原则
系统与系统、系统与要素、要素与要素之间是层次分明、井井有条的。系统的有序性通过系统的结构体现，结构决定性质，结构不同，功能不同，有序性也不同。此原则可以帮助我们认识系统本身的发展变化规律，而且认识到通过调整或改变结构可以提高整体的功能。

3）动态性原则
一切系统都是变化、运动着的，这也是客观世界的发展规律，因此探索系统发展变化的方向、动力、速度、原因和规律等有助于我们对更复杂的对象进行研究。这个原则告诉我们，考察系统性质时，要在动态中考察，研究系统的动因，从系统自身的矛盾运动中寻找改善方法，注重提高自我调节能力，提高系统的管理水平，遵循动态原则。

4）最优化原则
如何从几种方案中选出最佳方案，使系统运转处于最佳状态，达到最优目标，这是系统方法要解决的主要问题。为达到目的，应遵循：局部效应服从整体效应；坚持系统多级优化原则；坚持优化的绝对性与相对性结合的原则。

参考答案
（55）C

试题（56）
以下关于业务流程管理（BPM）的叙述中，不正确的是：(56)。
(56) A．良好的业务流程管理的步骤包括流程设计、流程执行、流程评估，流程执行是其中最重要的一个环节
　　　B．业务流程设计要关注内部顾客、外部顾客和业务的需求
　　　C．业务流程执行关注的是执行的效率和效果
　　　D．良好的业务流程评估的基础是建立有效、公开、公认和公平的评估标准、评估指标和评估方法

试题（56）分析
本题考查业务流程管理知识。流程设计是其中最重要的环节，流程执行不是其中最重要的一个环节。

参考答案

（56）A

试题（57）

某软件系统经测试发现有错误并不能满足质量要求，为了纠正其错误投入了 10 人·天的成本，此成本 (57)。

(57) A．是开发成本并不属于质量成本

B．是开发成本也属于质量成本中的一致成本

C．属于质量成本中的故障成本

D．属于质量成本中的评估成本

试题（57）分析

本题考查项目成本管理知识。评价成本：为评定产品是否符合质量要求而需要的一切费用，如测试、检查、破坏性测试导致的损失。属于质量成本中的一致性成本。

参考答案

（57）C

试题（58）

成本控制过程的主要内容不包括 (58)。

(58) A．将项目的成本分配到项目的各项具体工作上

B．识别可能引起项目成本基准计划发生变动的因素，并对这些因素施加影响

C．对发生成本偏差的工作包实施管理，有针对性地采取纠正措施

D．对项目的最终成本进行预测

试题（58）分析

本题考查项目成本管理知识。项目成本预算：是将批准的项目总成本估算分配到项目各项具体工作与活动中，进而确定、测量项目实际执行情况的成本基准。

参考答案

（58）A

试题（59）

制定质量管理计划的主要依据是质量方针、项目范围说明书、产品描述以及 (59)。

(59) A．质量检查表　　　　　　　B．过程改进计划

C．质量标准与规则　　　　　D．需求变更请求

试题（59）分析

本题考查项目质量管理知识。制订质量管理计划的主要依据是质量方针、项目范围说明书、产品描述、标准与规则及其他过程的输出。

参考答案

（59）C

试题（60）

在质量保证中，(60) 用来确定项目活动是否遵循了组织和项目的政策、过程与程序。

(60) A．实验设计　　B．基准分析　　C．过程分析　　D．质量审计

试题（60）分析

本题考查项目质量管理知识。质量审计是对其他质量管理活动的结构化和独立的评审方法，用于判断项目活动的执行是否遵从于组织及项目定义的方针、过程和规程。质量审计的目标是：识别在项目中使用的低效率以及无效果的政策、过程和规程。后续对质量审计结果采取纠正措施的努力，将会达到降低质量成本和提高客户或（组织内的）发起人对产品和服务的满意度的目的。质量审计可以是预先计划的，也可是随机的；可以是组织内部完成，也可以委托第三方（外部）组织完成。质量审计还确认批准过的变更请求、纠正措施、缺陷修订以及预防措施的执行情况。

参考答案

（60）D

试题（61）、（62）

质量控制的方法、技术和工具有很多，其中 (61) 可以用来分析过程是否稳定、是否发生了异常情况。(62) 直观地反映了项目中可能出现的问题与各种潜在原因之间的关系。

（61）A. 因果图　　B. 控制图　　C. 散点图　　D. 帕累托图

（62）A. 散点图　　B. 帕累托图　　C. 控制图　　D. 鱼骨图

试题（61）、（62）分析

本题考查项目质量管理知识。控制图（Control chart）就是对生产过程的关键质量特性值进行测定、记录、评估并监测过程是否处于控制状态的一种图形方法。鱼骨图（又名因果图、石川图），是一种发现问题"根本原因"的分析方法，现代工商管理教育将其划分为问题型、原因型及对策型鱼骨图等几类。

参考答案

（61）B　　（62）D

试题（63）

某软件项目的《需求规格说明书》第一次正式发布时，版本号为 V1.0，此后，由于发现了几处错误，对该《需求规格说明书》进行了 2 次小的升级，此时版本号应为 (63) 。

（63）A. V1.11　　B. V1.2　　C. V2.0　　D. V2.1

试题（63）分析

本题考查项目配置管理知识。版本号修改规则：

①主版本号：当功能模块有较大的变动，比如增加模块或是整体架构发生变化。此版本号由项目决定是否修改。

②次版本号：相对于主版本号而言，次版本号的升级对应的只是局部的变动，但该局部的变动造成程序和以前版本不能兼容，或者对该程序以前的协作关系产生了破坏，或者是功能上有大的改进或增强。此版本号由项目决定是否修改。

③修订版本号：一般是 Bug 的修复或是一些小的变动或是一些功能的扩充，要经常发布修订版，修复一个严重 Bug 即可发布一个修订版。此版本号由项目经理决定是否修改。

④日期版本号：用于记录修改项目的当前日期，每天对项目的修改都需要更改日期版本号。此版本号由开发人员决定是否修改。

⑤希腊字母版本号：此版本号用于标注当前版本的软件处于哪个开发阶段，当软件进入到另一个阶段时需要修改此版本号。此版本号由项目决定是否修改。

参考答案

（63）B

试题（64）

配置项的状态有三种：草稿、正式发布和正在修改。以下叙述中，不正确的是： (64) 。

(64) A．配置项刚建立时状态为"草稿"，通过评审后，状态变为"正式发布"
　　　B．配置项的状态变为"正式发布"后，若需要修改必须依照变更控制流程进行
　　　C．已发布的配置项通过了CCB的审批同意更改，此时其状态变为"正在修改"
　　　D．通过了变更控制流程审批的配置项，修改完成后即可发布，其状态再次变为"正式发布"

试题（64）分析

本题考查项目配置管理知识。选项D未经评审。

参考答案

（64）D

试题（65）

以下关于需求跟踪的叙述中，不正确的是： (65) 。

(65) A．需求跟踪是为了确认需求，并保证需求被实现
　　　B．需求跟踪可以改善产品质量
　　　C．需求跟踪可以降低维护成本
　　　D．需求跟踪能力矩阵用于表示需求和别的系统元素之间的联系链

试题（65）分析

本题考查项目范围管理知识。需求跟踪不是为了确认需求。

参考答案

（65）A

试题（66）

某工厂可以生产A、B两种产品，各种资源的可供量、生产每种产品所消耗的资源数量及产生的单位利润见下表。A、B两种产品的产量为 (66) 时利润最大。

资源 \ 产品 单位消耗	A	B	资源限制条件
电/度	5	3	200
设备/台时	1	1	50
劳动力/小时	3	5	220
单位利润/百万元	4	3	

(66) A．A=35，B=15　　　　　　　　B．A=15，B=35
　　　C．A=25，B=25　　　　　　　　D．A=30，B=20

试题（66）分析

本题考查运筹学计算知识。

设 A 为 A 产品产量，B 为 B 产品产量。

约束条件：

①5A+3B≤200

②A+B≤50

③3A+5B≤220

取 4A+3B 的 max

选项 A：不符合约束条件①

选项 B：符合约束条件，15×4+35×3=165

选项 C：符合约束条件，25×4+25×3=175

选项 D：不符合约束条件①

参考答案

（66）C

试题（67）

某企业要投产一种新产品，生产方案有四个：A 新建全自动生产线；B 新建半自动生产线；C 购置旧生产设备；D 外包加工生产。未来该产品的销售前景估计为很好、一般和较差三种。不同情况下该产品的收益值如下：（单位：百万元）

	销路很好	销路一般	销路较差
A	800	200	−300
B	600	250	−150
C	450	200	−100
D	300	100	−20

用后悔值（在同样的条件下，选错方案所产生的收益损失值）的方法决策应该选_(67)_方案。

（67）A. 新建全自动生产线　　B. 新建半自动生产线

　　　C. 购置旧生产设备　　　D. 外包加工生产

试题（67）分析

本题考查后悔值计算知识。后悔值法为不确定型决策的决策方法之一。假设已选定某个方案，但实际情况证明，如选定另一个方案将产出更高的利润，决策后将因实际得到的利润小于可能获得的利润而后悔，各种可能状态在所有方案中的最高期望利润，减去该方案在某种可能状态下的估计利润，即为最大潜在后悔值。将各个方案的最大潜在后悔值列出，选出后悔值最小的那个方案作为最佳决策方案。

后悔值矩阵

	销路很好	销路一般	销路较差	后悔值
A	0	50	280	280
B	200	0	130	200*
C	350	50	80	350
D	500	150	0	500

参考答案

（67）B

试题（68）

某项目的利润预期（单位：元）如下表所示，贴现率为10%，则第三年结束时利润总额的净现值约为__(68)__元。

	第一年	第二年	第三年
利润预期	11 000	12 100	13 300

（68）A．30 000　　　B．33 000　　　C．36 000　　　D．40 444

试题（68）分析

本题考查贴现率计算知识。第三年结束时利润总额的净现值为：
$$11\,000/(1+10\%)+12\,100/(1+10\%)^2+13\,300/(1+10\%)^3=30\,000$$

参考答案

（68）A

试题（69）

某项目年生产能力为8万台，年固定成本为1000万元，预计产品单台售价为500元，单台产品可变成本为300元。则项目的盈亏平衡点产量为__(69)__万台。

（69）A．1.3　　　B．2　　　C．4　　　D．5

试题（69）分析

本题考查盈亏分析计算知识。

单台500，$(500-300)x=1000$，得到 $x=5$。

参考答案

（69）D

试题（70）

从任一节点走到相连的下一节点算一步，在下图中，从A节点到B节点至少需要走__(70)__步。

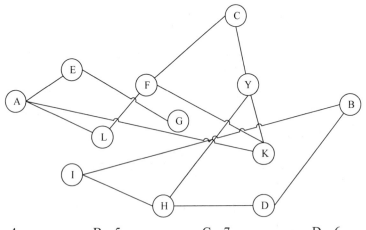

（70）A．4　　　B．5　　　C．7　　　D．6

试题（70）分析

A→K→Y→H→D→B

参考答案

（70）B

试题（71）

After acceptance and formal transfer of information systems to customers, it has entered the stage of (71) .

（71）A．preparation B．operation and maintenance
C．development D．extinction

试题（71）分析

本题考查运维的基本定义知识。

参考答案

（71）B

试题（72）

(72) a method of obtaining early feedback on requirements by providing a working model of the expected product before actually building it.

（72）A．Prototypes B．Object oriented
C．Structured method D．Iterative method

试题（72）分析

本题考查原型设计定义知识。

参考答案

（72）A

试题（73）

The scope management plan is a document that includes descriptions of how the team will prepare the (73) , create the WBS, verify completion of the project deliverables, and control requests for changes to the project scope.

（73）A．project charter B．project scope goal
C．project budget D．project scope statement

试题（73）分析

本题考查项目范围说明书知识。

参考答案

（73）D

试题（74）

(74) is one of the tools and techniques of Sequence Activities.

（74）A．Decomposition B．Fishbone Diagram
C．Precedence Diagramming Method D．Expert Judgment

试题（74）分析

本题考查紧前关系绘图法知识。

参考答案

（74）C

试题（75）

The schedule management plan is a component of the project management plan. The schedule management plan may be formal or informal, highly detailed or broadly framed, based upon the __(75)__ of the project, and includes appropriate control thresholds.

（75）A. goals　　　B. values　　　C. needs　　　D. Level

试题（75）分析

本题考查项目进度管理知识。

参考答案

（75）C

第 2 章 2016 上半年信息系统项目管理师
下午试题 I 分析与解答

试题一（25 分）

阅读下列说明，回答问题 1 至问题 3，将解答填入答题纸的对应栏内。

【说明】

下图给出了一个信息系统项目的进度网络图。

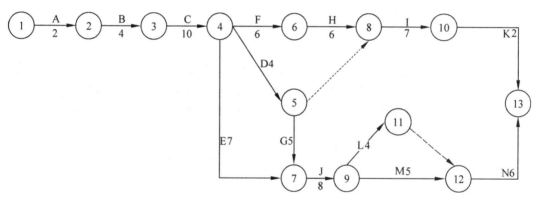

下表给出了该项目各项作业正常工作与赶工工作的时间和费用。

活动	正常工作		赶工工作	
	时间/天	费用/元	时间/天	费用/元
A	2	1200	1	1500
B	4	2500	3	2700
C	10	5500	7	6400
D	4	3400	2	4100
E	7	1400	5	1600
F	6	1900	4	2200
G	5	1100	3	1400
H	6	9300	4	9900
I	7	1300	5	1700
J	8	4600	6	4800
K	2	300	1	400
L	4	900	3	1000
M	5	1800	3	2100
N	6	2600	3	2960

【问题1】（3分）
请给出项目关键路径。

【问题2】（3分）
请计算项目总工期。

【问题3】（19分）
（1）请计算关键路径上各活动的可缩短时间、每缩短1天增加的费用和增加的总费用，将关键路径上各活动的名称以及对应的计算结果填入答题纸相应的表格中。

（2）项目工期要求缩短到38天，请给出具体的工期压缩方案并计算需要增加的最少费用。

试题一分析

本题考查项目进度管理知识。

本题目的核心为进度控制计算题，结合了部分对项目成本影响方面的计算，知识点涉及双代号网络图、识别关键路径、工期、进度压缩，以及赶工成本的计算。属于较简单的计算题，即读懂题就可以解【问题3】。

【问题1】【问题2】

根据题目中给出的双代号网络图，可以有多种方法计算关键路径及工期：

（1）根据给出的双代号网络图，可以很容易地画出带时标的双代号网络图，可以很直观地看出该项目的关键路径，历时最长的路径，即没有自由时差（波浪线）的那部分活动，最终结束时间就是该项目的工期。

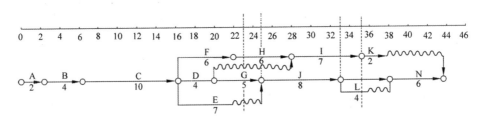

（2）直接根据题目给出的双代号网络图，计算出每条路径的历时，找出历时最长的路径，将该路径上的工期相加得出该项目的工期。

（3）利用双代号网络图时，计算每个活动的最早开始时间、最早结束时间、最晚结束时间、最晚开始时间，找出总时差为0的活动，即为关键路径，将该路径的历时相加得出该项目的工期。

（4）根据双代号网络图，转换成单代号网络图（注意不要出错），利用单代号网络图六标时计算每个活动的最早开始时间、最早结束时间、最晚结束时间、最晚开始时间，找出总时差为0的活动，即为关键路径，同样将该路径的历时相加得出该项目的工期。

【问题3】

（1）根据表格中给出的关键路径上各活动 ABCDGJMN 的正常及赶工工作天数，两者相减，可得各活动的可缩短天数；根据其正常及赶工费用，两者相减，可得各活动的增加的总费用，再计算每缩短 1 天增加的费用，如下：

关键路径上的活动	可缩短天数/天	增加的总费用/元	每缩短 1 天增加的费用/元
A	1	300	300
B	1	200	200
C	3	900	300
D	2	700	350
G	2	300	150
J	2	200	100
M	2	300	150
N	3	360	120

（2）若项目工期要求缩短到 38 天，则需要压缩关键路径上各活动的工期 6 天；依据最少费用原则（也是本题目的要求），应该压缩 J2 天、N3 天、M 或 G1 天，费用= 2×100+3×120+150=710。

试题一参考答案
试题一（25 分）
【问题 1】（3 分）
　　关键路径为 ABCDGJMN。
【问题 2】（3 分）
　　总工期为：44 天（2+4+10+4+5+8+5+6）。
【问题 3】（19 分）
　　（1）

活动	可缩短时间/天	每缩短 1 天增加的费用/天	增加的总费用/天
A	1	300	300
B	1	200	200
C	3	300	900
D	2	350	700
G	2	150	300
J	2	100	200
M	2	150	300
N	3	120	360

（每行 1 分，共 8 分）
（2）将上表中每缩短 1 天增加的费用从小到大排列：

序号	活动	可缩短时间/天	每缩短 1 天增加的费用/天	工期可缩短至/天
1	J	2	100	44-2=42
2	N	3	120	42-3=39
3	G/M	1	150	39-1=38

　　可见，需要缩短 J 的工期 2 天（1 分），增加费用为 200 元（2 分）。

需要缩短 N 的工期 3 天（1 分），增加费用为 360 元（2 分）。

需要缩短 G 或者 M 的工期 1 天（1 分），增加费用为 150 元（2 分）。

增加总费用为 710 元（200+360+150）（2 分）。

（注：如无计算过程，直接回答增加总费用为 710 元，得 8 分）

试题二（25 分）

阅读下列说明，回答问题 1 至问题 3，将解答填入答题纸的对应栏内。

【说明】

甲公司准备启动某软件项目，在项目可行性研究报告中提到项目可能会面临市场方面的风险，在进行项目可行性研究论证时专家提出应该把该市场风险细化，并提出相应的对策。于是公司在可研报告之外，以会议纪要的方式提出了应对该市场风险的方法，即如果 4G 技术能够在 2015 年年底前普及率达到 70%及以上，则应该按照较快的进度安排尽快完成该项目，并争取在 2016 年 5 月让产品上市，并建议项目采用 V 模型开发，项目的预算为 1000 万元；如果届时 4G 普及率达不到预期的 70%，则建议项目采用迭代开发模型，分阶段进行开发，只需要在 2016 年 5 月完成部分产品即可，项目到该时点的预算为 450 万元。并建议将项目的开始时间由原定的 2015 年 8 月，推迟到 2015 年 12 月，以降低项目的可能风险。

李工被临时任命为该项目的项目经理，直接归公司负责营销的王总领导。王总让公司人力资源部门准备了项目章程，通知了财务部、人力资源部和销售部的相关人员一起召开了项目启动会，并在会议上正式发布了项目章程和对项目经理的任命。项目章程中包括了项目团队成员、项目的历时、项目经理的权限、项目的预算等内容。其中的项目预算根据王总对市场的理解和判断，为 1000 万元。项目章程要求项目于 2015 年 8 月开始，于 2016 年 5 月完成产品研发。

李工在项目执行过程中，发现项目章程中没有任何对于项目风险和开发模型的说明与规定，所以李工就根据自身经验采用了瀑布模型安排项目工作。当项目进展到 2015 年 12 月时，发现 4G 的普及率没有达到 70%，公司决定暂缓此项目。但是到此时为止，项目已经进展到了差不多一半，而且项目也不能够分阶段进行开发，否则将前功尽弃。当公司质量管理部门追究相关环节的错误时，李工觉得这样的风险不属于项目层面风险管理的内容，作为项目经理只要按照项目章程的规定执行项目就是尽责了。

【问题 1】（12 分）

制定项目章程的输入项包括什么？并列举说明项目章程中应包含哪些内容？

【问题 2】（7 分）

请指出制订项目管理计划的输入项包括哪些内容？本案例中一开始提到的会议纪要影响项目管理计划的制订吗？如影响，请指出是如何影响的；如不影响，请说明理由。

【问题 3】（6 分）

项目经理李工认为"这样的风险不属于项目层面风险管理的内容，作为项目经理只要按照项目章程的规定执行项目就是尽责了"是否正确？为什么？项目风险管理计划中主要应包括哪些内容？

试题二分析

本题目考核的重点是项目启动阶段的相关问题,包括项目章程的输入与内容、项目管理计划的输入、项目管理计划的内容,并对项目管理计划制订的相关问题、项目风险管理计划的内容及相关问题进行判断、解释。本题中的具体内容与题干中场景描述的关联度较低。

【问题 1】

本题目希望大家能够掌握项目章程的输入、项目章程的核心内容,可直接参见《信息系统项目管理师教程》(第 2 版)①的相关部分。

【问题 2】

本题目希望大家能够掌握项目管理计划的输入:初步范围说明书、组织过程资产、事业环境因素、项目管理过程,以利于项目管理计划的制订,为项目的成功打下基础。可研阶段以会议纪要的方式提出了应对该市场风险的方法,应该对项目计划的制订有影响。初步项目范围说明书中有最初定义的项目风险。

【问题 3】

项目风险管理是项目管理的重要方面,且项目的风险管理计划是项目管理计划的重要组成部分,项目经理必须重点关注。项目风险管理计划的内容可直接参见《信息系统项目管理师教程》(第 2 版)的相关部分。

试题二参考答案

试题二(25 分)

【问题 1】(12 分)

制定项目章程的输入项一般包括:项目合同、项目工作说明书、环境和组织因素和组织过程资产四项内容。(每个 1 分,共 4 分)

项目章程应包括:

(1)项目需求,它反映了客户、项目发起人或其他项目干系人的要求和期望;

(2)项目必须实现的商业需求、项目概述或产品需求;

(3)项目的目标或论证结果;

(4)项目干系人的需求和期望;

(5)指定项目经理及授权级别;

(6)概要的里程碑计划;

(7)项目干系人的影响;

(8)职能组织;

(9)组织的、环境的和外部的假设;

(10)组织的、环境的和外部的约束;

(11)论证项目的业务方案,包括投资回报率;

(12)概要预算。

(每项 1 分,最多得 8 分)

---

① 本章提及的《信息系统项目管理师教程》(第 2 版)为全国计算机技术与软件专业技术资格(水平)考试指定用书,由清华大学出版社出版。

【问题 2】（7 分）

制订项目管理计划的输入项包括：

（1）项目范围说明书；
（2）项目管理过程；
（3）企业环境因素；
（4）组织过程资产。

（每项 1 分，共 4 分）

影响（1 分）。会议纪要中的内容涉及项目的风险及风险分析，主要内容应编入项目范围说明书中，项目范围说明书是项目管理计划的主要输入内容之一（2 分）。

【问题 3】（6 分）

不正确（1 分）。因为项目风险是项目经理要关注的主要因素之一，应针对风险项的变化及时进行管理（2 分）。

项目风险管理计划中应包括：

（1）方法论；
（2）角色与职责；
（3）预算；
（4）制订时间表；
（5）风险类别；
（6）风险概率和影响力的定义；
（7）概率及影响矩阵；
（8）已修订的项目干系人对风险的容忍度；
（9）报告的格式；
（10）跟踪。

（每项 0.5 分，最多得 3 分）

试题三（25 分）

阅读下列说明，回答问题 1 至问题 4，将解答填入答题纸的对应栏内。

【说明】

系统集成商 B 公司中标了某电子商务 A 企业的信息系统硬件扩容项目，项目内容为采购用户指定型号的多台服务器、交换设备、存储设备，将整套系统与原有设备连接，最后实现 A 企业的多个应用系统迁移。公司领导指定小周为该项目的项目经理。

小周曾担任过多个应用软件开发项目的项目经理，但没有负责过硬件集成项目。

小周组织召开了项目启动会，将项目进行了分解，并给项目组成员分配了任务。接下来，安排负责技术的小组长先编写项目技术方案，同时小周根据合同中规定的时间编制了项目的进度计划并发送给项目组成员。进度计划中确定了几个里程碑点：完成技术方案、设备到货、安装调试完成、应用系统迁移完成。由于该项目需要采购多种硬件设备，小周将进度计划也发给了采购部经理，并与采购部经理进行了电话沟通。

技术方案完成后通过了项目组的内部评审，随后项目组按照技术方案开始进行设备调试前的准备工作。小周找到采购部经理确认设备的到货时间，结果得到的答复是服务器可以按时到场，但存储设备由于运输的问题，要晚一周到货。

由于存储设备晚到的原因，安装调试工作比计划延误了一周时间。在安装调试的过程中，项目组发现技术方案中存在一处错误，又重新修改了技术方案，结果导致进度比计划延误了两周。A 企业得知系统迁移时间延后，非常不满意，找到 B 公司的高层领导投诉。

【问题1】（12分）

请分析该项目执行过程中存在哪些问题？

【问题2】（3分）

请将下面（1）～（3）处的答案填写在答题纸的对应栏内。

在项目里程碑点应进行里程碑评审，里程碑评审由 (1)、(2)、(3) 参加。

【问题3】（8分）

（1）项目的整体管理计划还应该包含哪些子计划？

（2）小周应该采取哪些管理措施以保证采购设备按时到货？

【问题4】（2分）

从供选择的答案中选择 1 个正确选项，将选项编号填入答题纸对应栏内。

公司高层领导接到客户投诉后最恰当的做法是。

供选择的答案：

A. 向客户道歉并立即更换项目经理
B. 向客户道歉并承诺赔偿部分损失
C. 向项目组增派相关领域技术水平高的人，力争在系统迁移过程中追回部分时间
D. 与客户充分沟通，说明进度延误是由于设备到货时间延误造成的，希望客户顺延项目工期

试题三分析

从该案例题的几个问题来看，考查的是项目整体管理的相关内容，包括整体管理计划、项目执行，同时还考查了进度管理中里程碑的概念。

【问题1】

考生应从案例的描述入手，看描述中哪些做法是不对的。

1. 案例中提到"小周曾担任过多个应用软件开发项目的项目经理，但没有负责过硬件集成项目"说明小周欠缺硬件集成方面的经验，那么他制订的项目计划、采购计划、对硬件设备采购可能会发生的风险都会有认识上的不足，这可能是造成后续项目延误的原因之一。

2. 案例中提到"安排负责技术的小组长先编写项目技术方案"，在案例的后几段又提到"技术方案完成后通过了项目组的内部评审"，说明方案是做了评审的，但这种评审方式是不是对的呢？应该说，对于项目方案这么重要的工作产品，仅在项目组内部评审是不合适的，应邀请公司相关领导或技术专家参与，同时要通过公司主管技术领导的批准。

3. "同时小周根据合同中规定的时间编制了项目的进度计划并发送给项目组成员"，这里面隐含了几个不当的做法：项目经理独自编写了计划，未让项目组成员参与；编写的是进度计划，而不是项目的整体计划，可能会缺少项目的各个子计划，如质量计划、人力计划、

成本计划等等；编制完计划后直接发给项目组成员，说明该计划未经过评审。

4．"由于该项目需要采购多种硬件设备，小周将进度计划也发给了采购部经理，并与采购部经理进行了电话沟通"，与上面提到的类似，小周没有制订采购计划，直接把进度计划发给采购人员，不利于对采购过程的管理。

5．技术方案完成后，"小周找到采购部经理确认设备的到货时间，结果得到的答复是服务器可以按时到场，但存储设备由于运输的问题，要晚一周到货"，说明小周并未经常与采购部门沟通，等到设备该入场时，才发现设备不能按时到货。

6．最后，"在安装调试的过程中，项目组发现技术方案中存在一处错误，又重新修改了技术方案"这间接呼应了前面的"技术方案通过了项目组内部评审"这一不妥当的做法，同时也隐含说明项目经理对于进度安排可能没有预留多少冗余时间，而且缺乏对于风险的防范措施。

综合以上分析，我们能够得到多条项目执行过程中存在的问题，把它们归纳一下写出来即可。

【问题2】
由于里程碑评审的目的是总结上一阶段项目情况，确定是否能进入项目的下一阶段，所以，公司的高层领导和客户都应该参加，同时项目组也应该在里程碑评审会上进行汇报，一般是由项目经理参加。

【问题3】
（1）项目的整体管理计划还应该包含哪些子计划？
整体管理计划应包含各子计划，包括进度计划（本案例中已制定）、范围管理计划、成本管理计划、质量管理计划、人力资源计划、沟通管理计划、风险管理计划、采购管理计划等等。

（2）小周应该采取哪些管理措施以保证采购设备按时到货？
针对小周在此项目中存在的问题，我们来帮他制定出纠正和预防措施。
他应该先制订采购管理计划，确定需要采购的设备型号、要求、采购时间，将采购计划纳入项目管理计划，并进行评审。由于项目管理计划应由相关干系人参与评审，所以此计划应得到采购经理的认可。在项目过程中，小周应按时与采购人员进行沟通，确定是否能按计划完成采购。在项目中总会发生一些意外事件，所以，小周还应该在项目初期就识别一下采购过程的风险，必要时制定一套备用方案。

【问题4】
结合考生实际的项目经验，通过综合分析，答案应该是C。

试题三答案（25分）

【问题1】（12分）
（1）项目经理小周缺乏经验。
（2）只制订了项目进度计划，没有编制整体管理计划，也缺少相关子计划。
（3）项目计划没有经过评审。
（4）技术方案没有进行技术评审（技术方案不能仅在项目组内部评审）。

(5) 缺少采购计划（项目经理没有与采购经理充分沟通）。
(6) 项目经理没有及时与客户沟通（没有向客户汇报项目绩效）。
(7) 项目经理没有对风险进行评估。
（每项 2 分，最多得 12 分）

【问题 2】（3 分）
(1) 项目组成员（或项目组）。
(2) 客户（或用户、客户代表、使用方、建设方）。
(3) 公司高层领导（或项目发起人）。(1)～(3) 答案可互换。
（每个 1 分，共 3 分）

【问题 3】（8 分）
(1) 范围管理计划、成本管理计划、质量管理计划、人力资源计划、沟通管理计划、风险管理计划、采购管理计划（每个 1 分，最多得 5 分）。
(2)（a）应编制采购计划，作为项目管理计划的一部分。
（b）项目管理计划评审时应请采购经理参加并得到其认可。
（c）在项目过程中加强与采购经理的沟通，及时确认采购进度。
（d）提前制定设备不能按时到货的备用方案。
（每项 1 分，最多得 3 分）

【问题 4】（2 分）
C

第3章 2016上半年信息系统项目管理师下午试题 II 写作要点

> 从下列的 2 道试题（试题一至试题二）中任选 1 道解答。请在答题纸上的指定位置处将所选择试题的题号框涂黑。若多涂或者未涂题号框，则对题号最小的一道试题进行评分。

试题一　论信息系统项目的范围管理

项目范围管理包含范围计划编制、范围定义、创建工作分解结构、范围确认和范围控制等一系列子过程，用以确保项目包含且只包含达到项目成功所必须完成的工作。范围管理主要关注项目内容的定义和控制，即包括什么、不包括什么。

请以"信息系统项目的范围管理"为题，分别从以下三个方面进行论述：

1. 概要叙述你参与管理过的信息系统项目（项目的背景、项目规模、发起单位、目的、项目内容、组织结构、项目周期、交付的产品等），并说明你在其中承担的工作。

2. 围绕以下几点，结合项目管理实际情况论述你对项目范围管理的认识。
（1）确认项目范围对项目管理的意义。
（2）项目范围管理的主要活动及相关的输入和输出。
（3）项目范围管理用到的工具和技术。

3. 请结合论文中所提到的信息系统项目，介绍你是如何进行范围管理的（可叙述具体做法），并总结你的心得体会。

试题一分析

本题考查对项目范围管理的认识。考生应以本人所管理过的信息系统项目为背景，从题目要求的几个方面展开论述。

论述的要点要覆盖题目要求的三个方面，但又不局限于该三方面，在内容方面要注意：

（1）应对项目范围管理的意义、重要性有较深入的认识；

（2）应站在项目承担方项目经理的角度展开论述；

（3）应覆盖范围管理的核心内容，涉及项目范围管理的主要活动（可包括需求获取与开发、需求管理等）、输入输出、使用的管理方法、技术等；

（4）要结合项目实践，举例说明所选项目中遇到的实际问题，具体介绍应对措施、方法流程，避免泛泛而谈，没有实质性内容；

（5）心得体会部分可结合项目范围管理的实践经验，提升对项目管理理论的认识，体现推广价值，同时首尾呼应。

试题一写作要点

1. 论文结构合理，摘要正确，正文完整。选择介绍的项目正确，介绍实际得当。
2. 分别论述

（1）项目范围管理的过程包含的主要内容。

a）范围计划编制——制订一个项目范围管理计划，它规定了如何对项目范围进行定义、确认、控制，以及如何制定工作分解结构（WBS）。

b）范围定义——开发一个详细的项目范围说明书，作为将来项目决策的基础。

c）创建工作分解结构——将项目的主要可交付成果和项目工作细分为更小更易于管理的部分。

d）范围确认——正式接受已完成的项目交付物。

e）范围控制——控制项目范围变更。

（2）项目范围管理的过程涉及的输入和输出。

a）范围计划编制的输入：企业环境因素；组织过程资产、项目章程；项目范围说明书（初步）；项目管理计划。

范围计划编制的输出：项目管理计划。包括：如何基于初步项目范围说明书准备一个详细的项目范围说明书；如何从详细的项目范围说明书创建 WBS；如何对已完成项目的可交付物进行正式的确认和接受；如何对详细的项目范围说明书申请变更等。

b）范围定义输入：组织过程资产；项目章程；项目范围说明书（初步）；项目范围管理计划；批准的变更申请。

范围定义输出：项目范围说明书（详细），包括：项目目标、产品范围描述、项目需求、项目边界、项目的可交付物、产品可接受的标准、项目的约束条件、初始的项目组织、初始风险、范围里程碑、资金限制、成本估算、项目配置管理需求、项目规范和已批准的需求等；变更请求；项目管理计划（更新）。

c）创建工作分解结构输入：组织过程资产；项目范围说明书；项目范围管理计划、已批准的变更请求。

创建工作分解结构输出：变更的项目范围说明书；工作分解结构；WBS 字典；范围基线；项目管理计划（更新）；变更申请。

d）范围确认的输入：项目范围说明书；WBS 字典；项目范围管理计划；可交付物。

范围确认的输出：已接受的交付物；变更申请；推荐的纠正措施。

e）范围控制的输入：范围说明书；工作分解结构；WBS 字典；项目范围管理计划；绩效报告；已批准的变更申请；工作绩效信息。

范围控制的输出：更新的项目范围说明书；更新的 WBS；更新的 WBS 字典；更新的范围基线；变更申请；批准的纠正措施；更新的组织过程资产；更新的项目管理计划。

（3）项目范围管理中用到的工具和技术。

范围计划编制的工具和技术：专家判断；模板、表格和标准。

范围定义的工具和技术：产品分析；可选方案识别；专家判断法；项目干系人分析。

创建工作分解结构的工具和技术：工作分解结构模板；分解；WBS 编码设计。

范围确认的工具和技术：检查，包括测量、测试、检验等活动。

范围控制的工具和技术：变更控制系统；偏差分析；重新规划；配置管理系统。

3．根据考生论述其所承担的信息系统项目是如何进行的范围管理及其心得体会，确定其叙述的范围管理及其评论是否合适，是否具有信息系统项目管理的经验。陈述问题得当、真实；分析方式正确，论述恰当。

试题二 论信息系统项目的进度管理

项目进度管理是保证项目的所有工作都在指定的时间内完成的重要管理过程。管理项目进度是每个项目经理在项目管理过程中耗时耗力最多的一项工作，项目进度与项目成本、项目质量密不可分。

请以"信息系统项目的进度管理"为题，分别从以下三个方面进行论述：

1．概要叙述你参与管理过的信息系统项目（项目的背景、项目规模、发起单位、目的、项目内容、组织结构、项目周期、交付的产品等），并说明你在其中承担的工作。

2．结合信息系统项目管理实际情况并围绕以下要点论述你对信息系统项目进度管理的认识。

（1）项目进度管理过程包含的主要内容。

（2）项目进度管理的重要性，以及进度管理对成本管理和质量管理的影响。

3．请结合论文中所提到的项目，介绍在该项目中是如何进行进度管理的（请叙述具体做法），并总结你的心得体会。

试题二分析

本题考查对项目进度管理的认识。考生应以本人所管理过的信息系统项目为背景，从题目要求的几个方面展开论述。

论述的要点要覆盖题目要求的三个方面，但又不局限于该三方面，在内容方面要注意：

（1）应对项目进度管理的重要性有较深入的认识；

（2）应站在项目承担方项目经理的角度展开论述；

（3）应覆盖进度管理的核心内容，涉及项目进度管理的过程、使用的管理方法、技术等，深入分析进度、成本、质量三者的关系与相互间的影响；

（4）要结合项目实践，举例说明所选项目中遇到的实际问题，具体介绍的应对措施、方法流程，避免泛泛而谈，没有实质性内容；

（5）心得体会部分可结合项目进度管理的实践经验，提升对项目管理理论的认识，体现推广价值，同时做到首尾呼应。

试题二写作要点

一、介绍项目相关的背景，考查是否真正管理过项目。其中以下内容是本部分的重点：

1．项目的相关背景情况描述的准确程度。具体包括：

（1）项目的持续时间；

（2）项目的发起方；

（3）项目的特点和主要内容。

2．介绍清楚自己在项目中的角色。

二、分别论述：

1. 项目范围管理的过程包含的主要内容。

项目范围管理主要包括活动定义、活动排序、活动资源估算、活动历时估算、制定范围表、范围控制 6 个过程。

（1）活动定义——确认一些特定的工作，通过完成这些活动完成项目。

（2）活动排序——明确各活动之间的顺序等依赖关系，形成文件（重点描述项目过程中用到的排序方法）。

（3）活动资源估算——估算每一活动所需要的材料、人员、设备以及其他物品的种类和数量。

（4）活动历时估算——估算完成各项活动所需工时。

（5）制定范围表——分析活动顺序、历时、资源需求和范围约束来编制项目范围计划（重点描述项目制定范围采用的方法）。

（6）范围控制——监控项目状态、维护项目范围以及必要时管理范围变更。

同时可以根据实际情况说明以上六个过程之间的相互影响。

2. 项目范围管理的重要性，以及范围管理对成本管理和质量管理的影响。

列举因范围无法满足合同要求造成项目失败的例子，重点说明范围延后，盲目赶工引发的成本及质量相关的问题对整个公司及客户的影响。

三、根据考生描述的信息系统项目、对其所承担的项目如何进行的项目范围管理的阐述以及总结的心得体会，确定其叙述的项目范围管理及其评论是否合适，是否具有信息系统项目管理的经验。陈述问题得当、真实，分析方式正确，评论合适。

第4章 2016下半年信息系统项目管理师上午试题分析与解答

试题（1）
信息要满足一定的质量属性，其中信息 (1) 指信息的来源、采集方法、传输过程是可以信任的，符合预期。
(1) A．完整性　　　　B．可靠性　　　　C．可验证性　　　　D．保密性

试题（1）分析
本题考查信息的质量属性。

信息完整性是指信息在输入和传输的过程中，不被非法授权修改和破坏，保证数据的一致性。

信息可靠性是指信息与预期行为一致的特性。

信息可验证性是指表征对自己的动作和做出的决定负责的一种特性。

信息保密性是指信息不能被未授权的个人、实体或者过程利用或知悉的特性。

参考答案
(1) B

试题（2）
以下关于信息化的叙述中，不正确的是：(2)。
(2) A．信息化的主体是程序员、工程师、项目经理、质量管控人员
　　B．信息化的时域是一个长期的过程
　　C．信息化的手段是基于现代信息技术的先进社会生产工具
　　D．信息化的目标是使国家的综合实力、社会的文明素质和人民的生活质量全面达到现代化水平

试题（2）分析
本题考查信息化。信息化的主体是企业，而不是程序员、工程师、项目经理、质量管控人员。

参考答案
(2) A

试题（3）
两化（工业化和信息化）深度融合的主攻方向是 (3)。
(3) A．智能制造　　　B．数据挖掘　　　C．云计算　　　D．互联网+

试题（3）分析

本题考查知识点两化融合。

在《国务院关于信息化建设及推动信息化和工业化深度融合发展工作情况的报告》中指出：推动两化深度融合，重点是围绕落实《中国制造 2025》，加紧制定"1+X"实施方案和规划体系，组织实施国家制造业创新中心建设、智能制造、工业强基等重大工程，努力在若干重要领域和关键环节取得实质性突破。

1. 以智能制造为主攻方向，加快推进两化深度融合。
2. 实施"互联网+"先进制造行动计划，促进业务模式创新和产业转型升级。
3. 完善国家制造业创新体系。
4. 完善中小企业信息化服务体系。

参考答案

（3）A

试题（4）

以下关于信息系统运维工作的叙述中，不正确的是：(4)。

（4）A．运维工程师在运维工作中也可能会有软件开发的工作
　　　B．运维工作的重要目的之一是保证系统的可用性和稳定性
　　　C．运维工程师需要定期对运维对象进行巡检
　　　D．运维工作量的结算是以运维工程师的统计作为依据的

试题（4）分析

本题考查信息系统运维工作。运维工作量的结算不是以运维工程师的统计作为依据的。

参考答案

（4）D

试题（5）

以下关于软件需求变更的叙述中，不正确的是：(5)。

（5）A．每一个需求变更都必须能追溯到一个经核准的变更请求
　　　B．变更控制过程本身应该形成文档
　　　C．所有需求变更必须遵循变更控制过程
　　　D．需求变更后，可以删除原始的需求文档

试题（5）分析

本题考查需求的变更管理。需求变更完成之后，原始的需求文档也应该保存下来，不能删除。

参考答案

（5）D

试题（6）

以下关于软件需求分析的叙述中，不正确的是：(6)。

（6）A．软件需求分析阶段的任务是描述出软件架构及相关组件之间的接口
　　　B．软件需求分析可以检测和解决需求之间的冲突

C. 软件需求分析可以确定系统的边界
D. 软件需求分析是软件工程中的一个关键过程

试题（6）分析

本题考查知识点软件需求分析。

需求分析的目的如下：
①检测和解决需求之间的冲突；
②发现软件的边界，以及软件及其环境如何交互；
③详细描述系统需求，以导出软件需求。

选项 A 是软件设计的内容。

参考答案

（6）A

试题（7）

中间件可以分为数据库访问中间件、远程过程调用中间件、面向消息中间件、事务中间件、分布式对象中间件等多种类型。Windows 平台的 ODBC 和 Java 平台的 JDBC 属于 (7)。

(7) A. 数据库访问中间件　　　　　　B. 远程过程调用中间件
　　C. 面向消息中间件　　　　　　　D. 事务中间件

试题（7）分析

本题考查中间件的分类。ODBC 和 JDBC 都是以 API 的方式提供了应用程序与数据库间的通信功能，所以是属于数据库访问中间件。

参考答案

（7）A

试题（8）

以下关于软件质量管理过程的叙述中，不正确的是：(8)。

(8) A. 验证过程的目的是确保活动的输出产品满足活动的规范说明
　　B. 确认过程的目的是确保产品满足其特定的目标
　　C. 技术评审的目的之一是评价所用管理方法的有效性
　　D. 审计是正式组织的活动

试题（8）分析

本题考查软件质量管理过程。技术评审的目的是评价软件产品，以确定其对使用意图的适合性，表明产品是否满足要求。

参考答案

（8）C

试题（9）

以下关于质量保证的叙述中，不正确的是：(9)。

(9) A. 质量保证应该贯穿整个项目生命期
　　B. 质量保证活动属于监控过程组
　　C. 质量保证是对质量规划和质量控制过程的质量控制，可分为内部质量控制和外

部质量控制

D．质量保证决定了项目质量控制的结果

试题（9）分析

本题考查项目质量管理。质量保证属于执行过程组。

参考答案

（9）B

试题（10）

根据 GB/T 17544，软件包质量要求包括三部分，即产品描述要求、(10)、程序和数据要求。

(10) A．用户文档要求　　　　　　B．系统功能要求
　　　C．设计要求说明　　　　　　D．软件配置要求

试题（10）分析

本题考查 GB/T 17544。根据 GB/T 17544 标准条款 3 的内容,软件包的质量要求包括：3.1 产品描述、3.2 用户文档、3.3 程序和数据。

参考答案

（10）A

试题（11）

软件维护工作包括多种类型，其中 (11) 的目的是检测并更正软件产品中的潜在错误，防止它们成为实际错误。

(11) A．更正性维护　　　　　　　B．适应性维护
　　　C．完善性维护　　　　　　　D．预防性维护

试题（11）分析

本题考查软件维护工作的类型知识。预防性维护是软件产品交付后进行的修改，以在软件产品中的潜在错误成为实际错误前，检测和更正它们。

参考答案

（11）D

试题（12）

GB/T 11457—2006《信息技术软件工程术语》规定了配置管理的三种基线，它们是 (12)。

(12) A．功能基线、测试基线和原始基线　B．功能基线、分配基线和产品基线
　　　C．产品基线、分配基线和测试基线　D．产品基线、原始基线和测试基线

试题（12）分析

本题考查 GB/T 11457—2006《信息技术软件工程术语》。规定的配置管理的三种基线为：功能基线、产品基线、分配基线。

参考答案

（12）B

试题（13）

以下叙述中，不符合 GB/T 16680《软件文档管理指南》规定的是：(13)。

（13）A．质量保证计划属于管理文档
　　　B．详细设计评审需要评审程序单元测试计划
　　　C．文档的质量可以按文档的形式和列出的要求划分为四级
　　　D．软件产品的所有文档都应该按规定进行签署，必要时进行会签

试题（13）分析

本题考查 GB/T 16680《软件文档管理指南》。根据 GB/T 16680《软件文档管理指南》，质量保证计划属于开发文档。

参考答案

（13）A

试题（14）

GB/T 14394—2008《计算机软件可靠性与可维护性管理》提出了软件生存周期各个阶段进行软件可靠性和可维护性管理的要求。"测量可靠性，分析现场可靠性是否达到要求"是 (14) 的可靠性和可维护性管理要求。

（14）A．获取过程　　　　　　　　B．供应过程
　　　C．开发过程　　　　　　　　D．运作过程和维护过程

试题（14）分析

本题考查 GB/T 14394—2008《计算机软件可靠性与可维护性管理》。根据《计算机软件可靠性与可维护性管理》，在运作过程和维护过程中的可靠性和可维护性管理要求：

①制定并实施软件可靠性数据采集规程；
②实施软件 FRACAS；
③测量可靠性，分析现场可靠性是否达到要求；
④跟踪用户满意程度；
⑤用可靠性测量数据指导产品和工程过程的改进；
⑥软件产品维护时执行适当的维护规程并参照 4.1.3 实施适用的管理活动。

参考答案

（14）D

试题（15）

评估信息系统安全时，需要对风险项进行量化来综合评估安全等级。如果对于需求变化频繁这一事件，其发生概率为 0.5，产生的风险影响值为 5，则该风险项的风险值为 (15)。

（15）A．10　　　　B．5.5　　　　C．4.5　　　　D．2.5

试题（15）分析

本题考查项目风险管理。风险值=发生概率×风险影响值=0.5×5=2.5。

参考答案

（15）D

试题（16）

为了保护网络系统的硬件、软件及其系统中的数据，需要相应的网络安全工具。以下安全工具中，(16) 被比喻为网络安全的大门，用来鉴别什么样的数据包可以进入企业内部网。

(16) A. 杀毒软件　　B. 入侵检测系统　　C. 安全审计系统　　D. 防火墙

试题（16）分析

本题考查网络安全知识。防火墙就是一个位于计算机和它所连接的网络之间的软件或硬件。该计算机流入流出的所有网络通信和数据包均要经过此防火墙。

参考答案

（16）D

试题（17）

信息系统访问控制机制中，__(17)__ 是指对所有主体和客体都分配安全标签用来标识所属的安全级别，然后在访问控制执行时对主体和客体的安全级别进行比较，确定本次访问是否合法的技术或方法。

(17) A. 自主访问控制　　　　　　　B. 强制访问控制
　　　C. 基于角色的访问控制　　　　D. 基于组的访问控制

试题（17）分析

本题考查信息系统访问控制机制知识。强制访问控制（Mandatory Access Control，MAC），用于将系统中的信息分密级和类进行管理，以保证每个用户只能访问到那些被标明可以由他访问的信息的一种访问约束机制。通俗地说，在强制访问控制下，用户（或其他主体）与文件（或其他客体）都被标记了固定的安全属性（如安全级、访问权限等），在每次访问发生时，系统检测安全属性以便确定一个用户是否有权访问该文件。

参考答案

（17）B

试题（18）

以下关于信息系统审计的叙述中，不正确的是：__(18)__。

(18) A. 信息系统审计是安全审计过程的核心部分
　　　B. 信息系统审计的目的是评估并提供反馈、保证及建议
　　　C. 信息系统审计师须了解规划、执行及完成审计工作的步骤与技术，并尽量遵守国际信息系统审计与控制协会的一般公认信息系统审计准则、控制目标和其他法律与规定
　　　D. 信息系统审计的目的可以是收集并评估证据以决定一个计算机系统（信息系统）是否有效做到保护资产、维护数据完整、完成组织目标

试题（18）分析

本题考查知识信息系统审计。信息系统审计是全部审计过程的一个部分。信息系统审计的目的是评估并提供反馈、保证及建议。其关注之处可被分为如下三类：

- 可用性：商业高度依赖的信息系统能否在任何需要的时刻提供服务？信息系统是否被完好保护以应对各种的损失和灾难？
- 保密性：系统保存的信息是否仅对需要这些信息的人员开放，而不对其他任何人开放？
- 完整性：信息系统提供的信息是否始终保持正确、可信、及时？能否防止未授权的对系统数据和软件的修改？

信息系统审计师须了解规划、执行及完成审计工作的步骤与技术，并尽量遵守国际信息系统审计与控制协会的一般公认信息系统审计准则、控制目标和其他法律与规定。

参考答案

（18）A

试题（19）

虽然不同的操作系统可能装有不同的浏览器，但是这些浏览器都符合（19）协议。

（19）A．SNMP　　　　B．HTTP　　　　C．HTML　　　　D．SMTP

试题（19）分析

本题考查网络协议知识。HTTP 协议（HyperText Transfer Protocol，超文本传输协议）是用于从 WWW 服务器传输超文本到本地浏览器的传输协议。

参考答案

（19）B

试题（20）

在机房工程的设计过程中，所设计的机房工程需具有支持多种网络传输、多种物理接口的能力，是考虑了（20）原则。

（20）A．实用性和先进性　　B．安全可靠性　　C．灵活性和可扩展性　　D．标准化

试题（20）分析

本题考查机房工程设计。在设计过程中考虑多种网络传输、多种物理接口的能力，是为了满足扩展性的需求。

参考答案

（20）C

试题（21）

在建筑物综合布线系统中，由用户终端到信息插座之间的连线系统称为（21）。

（21）A．工作区子系统　　　　　　B．终端布线子系统
　　　C．水平布线子系统　　　　　D．管理子系统

试题（21）分析

本题考查综合布线系统。综合布线系统的组成包括：工作区子系统、水平子系统、垂直干线子系统、设备间子系统、管理子系统和建筑群子系统。工作区子系统是一个从信息插座延伸至终端设备的区域。

参考答案

（21）A

试题（22）

在网络系统的设计与实施过程中，需要重点考虑网络在（22）方面的可扩展性。

（22）A．规模和性能　　B．规模和安全　　C．功能和性能　　D．功能和带宽

试题（22）分析

本题考查网络系统设计的原则。网络系统设计要考虑规划可扩展、性能可扩展。

参考答案

（22）A

试题（23）

存储转发是网络传输的一种形式，其问题是不确定在每个节点上的延迟时间。克服该问题最有效的方式是 (23) 。

（23）A．设计更有效的网络缓冲区分配算法　　B．设置更大的缓冲区
　　　C．提高传输介质的传输能力　　　　　　D．减少分组的长度

试题（23）分析

本题考查存储转发。

存储转发：以太网交换机的控制器先将输入端口到来的数据包缓存起来，先检查数据包是否正确，并过滤掉冲突包错误。确定包正确后，取出目的地址，通过查找表找到想要发送的输出端口地址，然后将该包发送出去。

四个选项中只有提高传输介质的传输能力可以缩短在节点的延迟时间。

参考答案

（23）C

试题（24）

TCP/IP 协议簇中所定义的 TCP 和 UDP 协议，实现了 OSI 七层模型中的 (24) 的主要功能。

（24）A．物理层　　　B．网络层　　　C．传输层　　　D．应用层

试题（24）分析

本题考查 OSI 七层模型。在 OSI 七层模型中，TCP 和 UDP 都属于传输层协议。

参考答案

（24）C

试题（25）

在人事管理系统中，计算企业员工的报酬可以利用面向对象的 (25) 技术，使系统可以用有相同名称、但有不同核算方法的对象来计算专职员工和兼职员工的报酬。

（25）A．多态　　　B．继承　　　C．封装　　　D．复用

试题（25）分析

本题考查面向对象设计知识。多态是具有表现多种形态的能力的特征，虽然不同核算方法的对象具有相同的计算报酬的方法名，但是不同对象的该方法可以有不同的表现。

参考答案

（25）A

试题（26）

以下关于 UML 的叙述中，不正确的是： (26) 。

（26）A．UML 适用于各种开发方法　　　　B．UML 适用于软件生命周期的各个阶段
　　　C．UML 是一种可视化的建模语言　　D．UML 也是一种编程语言

试题（26）分析

本题考查 UML 的知识。统一建模语言（UML）是一个通用的可视化的建模语言，它是面向对象分析和设计的一种标准化表示用于对软件进行描述、可视化处理、构造和建立软件系统的文档。

参考答案

（26）D

试题（27）

在面向对象系统中，__(27)__ 关系表示一个较大的"整体"类包含一个或多个"部分"类。

（27）A．概化　　　　　B．合成　　　　　C．泛化　　　　　D．聚合

试题（27）分析

本题考查面向对象编程知识。聚合（Aggregation）关系是关联关系的一种，是强的关联关系，聚合是整体和部分之间的关系。

参考答案

（27）D

试题（28）

根据《中华人民共和国合同法》，以下叙述中，正确的是：__(28)__。

（28）A．当事人采用合同书形式订立合同的，自合同付款时间起合同生效
　　　B．只有书面形式的合同才受法律的保护
　　　C．当事人采用信件、数据电文等形式订立合同的，可以在合同成立之前要求签订确认书，签订确认书时合同成立
　　　D．当事人采用合同书形式订立合同的，甲方的主营业地为合同成立的地点

试题（28）分析

本题考查《中华人民共和国合同法》的了解情况。根据《中华人民共和国合同法》：

第三十二条　当事人采用合同书形式订立合同的，自双方当事人签字或者盖章时合同成立。

第三十三条　当事人采用信件、数据电文等形式订立合同的，可以在合同成立之前要求签订确认书。签订确认书时合同成立。

第三十五条　当事人采用合同书形式订立合同的，双方当事人签字或者盖章的地点为合同成立的地点。

参考答案

（28）C

试题（29）

格式条款是当事人为了重复使用而预先拟定，并在订立合同时未与对方协商的条款。对于格式条款，不正确的是：__(29)__。

（29）A．提供格式条款一方免除其责任、加重对方责任、排除对方主要权利的，该条款无效
　　　B．格式条款和非格式条款不一致的，应当采用格式条款
　　　C．对格式条款有两种以上解释的，应当做出不利于提供格式条款一方的解释

D. 采用格式条款订立合同的,提供格式条款的一方应当遵循公平原则确定当事人之间的权利和义务

试题（29）分析

本题考查《中华人民共和国合同法》的了解情况。根据《中华人民共和国合同法》：

第三十九条 采用格式条款订立合同的,提供格式条款的一方应当遵循公平原则确定当事人之间的权利和义务,并采取合理的方式提请对方注意免除或者限制其责任的条款,按照对方的要求,对该条款予以说明。

第四十条 格式条款具有本法第五十二条和第五十三条规定情形的,或者提供格式条款一方免除其责任、加重对方责任、排除对方主要权利的,该条款无效。

第四十一条 对格式条款的理解发生争议的,应当按通常理解予以解释。对格式条款有两种以上解释的,应当做出不利于提供格式条款一方的解释。格式条款和非格式条款不一致的,应当采用非格式条款。

参考答案

（29）B

试题（30）

依据《中华人民共和国招标投标法》,以下叙述中,不正确的是：(30)。

(30) A. 招标人具有编制招标文件和组织评标能力的,可以自行办理招标事宜
B. 招标人不可以自行选择招标代理机构
C. 依法必须进行招标的项目,招标人自行办理招标事宜的,应当向有关行政监督部门备案
D. 招标代理机构与行政机关和其他国家机关不得存在隶属关系或者其他利益关系

试题（30）分析

本题考查《中华人民共和国招标投标法》的了解情况。根据《中华人民共和国招标投标法》：

第十二条 招标人有权自行选择招标代理机构,委托其办理招标事宜。任何单位和个人不得以任何方式为招标人指定招标代理机构。

招标人具有编制招标文件和组织评标能力的,可以自行办理招标事宜。任何单位和个人不得强制其委托招标代理机构办理招标事宜。

依法必须进行招标的项目,招标人自行办理招标事宜的,应当向有关行政监督部门备案。

参考答案

（30）B

试题（31）

以下关于项目章程的叙述中,正确的是：(31)。

(31) A. 项目章程与合同内容是一致的
B. 项目章程要由项目经理发布
C. 项目章程要明确项目在组织中的地位
D. 项目章程就是一个程序文件

试题（31）分析

本题考查项目整体管理知识。项目章程是正式批准一个项目的文档。项目章程应当由项目组织以外的项目发起人或投资人发布，其在组织内的级别应能批准项目，并有相应的为项目提供所需资金的权力。建立项目章程将项目与执行组织的日常运营联系起来。

参考答案

（31）C

试题（32）

项目工作说明书是对项目所要提供的产品、成果或服务的描述，其内容一般不包括（32）。

（32）A．业务要求　　B．产品范围描述　　C．项目目标　　D．技术可行性分析

试题（32）分析

本题考查项目工作说明书。项目工作说明书包括以下内容：

1．业务要求：一个组织的业务要求可能基于市场需求、技术的进步、培训需求、法律的要求或政府的标准。

2．产品范围描述：记录项目所要创建的产品的需求以及产品或服务等特征。一般情况下，产品需求说明书在项目的启动过程中并不是很详细，在项目后续的过程中随着产品特征的明确会逐渐细化。这些需求说明书也要记录项目所创造的产品与组织的业务要求之间的关系，或记录项目所创造的产品与引出产品要求的激发因素之间的关系。虽然产品需求文档的形式和实质内容因行业而异，但它应该总是保持足够详细以支持后续的项目计划。

3．战略计划：所有项目都要支持组织的战略目标。执行组织的战略计划作为项目选择的一个重要因素考虑。

参考答案

（32）D

试题（33）

在项目计划阶段由于各种约束条件尚不清晰，所以在计划过程中会遵循基本的方法论以指导项目计划的制定。(33) 属于项目管理方法论的一部分。

（33）A．计划的标准格式和模板　　　　B．项目相关授权
　　　 C．项目干系人的技能　　　　　　D．初步范围说明书

试题（33）分析

本题考查项目方法论。项目管理方法是一个结构化的方法，是可以在大部分项目中应用的方法。综合四个选项，应该选 A。

参考答案

（33）A

试题（34）

在项目收尾阶段，召开项目总结会议，总结项目实施中的成功和尚需改进之处，属于项目管理中的（34）。

（34）A．合同收尾　　B．管理收尾　　C．会议收尾　　D．组织过程资产收尾

试题（34）分析

本题考查项目收尾。在收尾过程组中进行经验总结属于管理收尾。

参考答案

（34）B

试题（35）、（36）

某项目由并行的 3 个模块 A、B 和 C 组成，其中活动 A 需要 3 人 5 天时间完成，活动 B 需要 6 人 7 天时间完成，活动 C 需要 4 人 2 天时间完成。为了保证项目在最短时间内完成，则最少应该为项目组配置__(35)__人。假设活动 A、B 和 C 按时完成的概率分别为 80%、70% 和 100%，则该项目按时完成的概率为__(36)__。

(35) A. 6　　　　B. 9　　　　C. 10　　　　D. 13
(36) A. 50%　　 B. 56%　　　C. 64%　　　 D. 90%

试题（35）、（36）分析

本题考查资源平衡。最少需要 10 人。
按时完成的概率为：80%×70%×100%=56%。

参考答案

（35）C　（36）B

试题（37）

某项目包括的活动情况如下表所示：

活动	持续时间/天	活动	持续时间/天	活动	持续时间/天
A	4	B	3	C	4
D	2	E	3	F	4

活动 D 和活动 F 只能在活动 C 结束后开始。活动 A 和活动 B 可以在活动 C 开始后的任何时间内开始，但是必须在项目结束前完成。活动 E 只能在活动 D 完成后开始。活动 B 是在活动 C 开始 1 天后才开始的。在活动 B 的过程中，发生了一件意外事件，导致活动 B 延期 2 天。为了确保项目按时完成，__(37)__。

(37) A. 应为活动 B 添加更多资源
　　 B. 可不需要采取任何措施
　　 C. 需为关键路径上的任务重新分配资源
　　 D. 应为活动 D 添加更多的资源

试题（37）分析

本题考查关键路径法。B 不是关键路径上的活动，且 B 的自由时差为 2。

参考答案

（37）B

试题（38）

WBS 最底层的工作单元被称为工作包。以下关于工作包的叙述中，正确的是：__(38)__。

(38) A. 可依据工作包来确定进度安排、成本估算等工作
　　 B. 工作包可以非常具体，也可以很粗略，视项目情况而定

C．如果项目规模很大，也可以将其分解为子项目，这时子项目可以认为是一个工作包

D．工作包的规模应该较小，可以在 40 小时之内完成

试题（38）分析

本题考查知识点工作包。

工作包是定义工作范围、定义项目组织、设定项目产品的质量和规格、估算和控制费用、估算时间周期和安排进度的基础。

业内一般把一个人 2 周能干完的工作称为一个工作包，或把一个人 80 小时能干完的工作称为一个工作包。工作包的详细程度取决于项目的规模和复杂程度。

大型项目的 WBS 要首先分解为子项目，然后由各子项目进一步分解出自己的 WBS。

参考答案

（38）A

试题（39）

投标文件中存在对招标文件响应的非实质性的微小偏差，则该投标文件应（39）。

（39）A．不予淘汰，但需在订立合同前予以澄清

B．不予淘汰，但需在评标结束前予以澄清

C．不予淘汰，允许投标人重新投标

D．予以淘汰

试题（39）分析

本题考查招投标。投标文件中存在对招标文件响应的非实质性的微小偏差，需在评标结束前予以澄清。

参考答案

（39）B

试题（40）

在评标过程中，发现有一投标单位提交了两份不同的投标文件，而且招标文件中也未要求提交备选投标，则应（40）。

（40）A．否决其投标　　　　　　　　B．以最低报价投标文件为准

C．以最高得分投标文件为准　　D．征求投标方的建议后决定

试题（40）分析

本题考查招投标。出现题目中所述情况时，标书做作废处理。

参考答案

（40）A

试题（41）

绩效报告一般不包括（41）方面的内容。

（41）A．项目的进展情况　　　　　　B．成本支出情况

C．项目存在的问题及解决方案　D．干系人沟通需求

第4章 2016下半年信息系统项目管理师上午试题分析与解答

试题（41）分析

本题考查知识绩效报告。报告绩效是指收集和发布绩效信息，包括状况报告、进展测量结果及预测结果。

参考答案

（41）D

试题（42）

以下对沟通管理计划的理解中，正确的是__(42)__。

（42）A. 沟通管理计划不仅包括项目干系人的需求和预期，还包括用于沟通的信息，如格式、内容、细节水平等

B. 由于项目具有独特性，一个公司的各个项目不宜采取统一格式记录及传递信息

C. 对于不同层次的项目干系人，也应规定相同的信息格式

D. 沟通需求分析是项目干系人信息需求的汇总，而项目的组织结构不会影响项目的沟通需求

试题（42）分析

本题考查知识项目沟通管理。沟通管理计划是项目管理计划的组成部分，描述将如何对项目沟通进行规划，结构化和监控。该计划包括如下信息：
- 干系人的沟通需求；
- 需要沟通的信息，包括语言、格式、内容、详细程度；
- 发布信息的原因；
- 发布信息及告知收悉或做出回应（如适用）的时限和频率；
- 负责沟通相关信息的人员；
- 负责授权保密信息发布的人员；
- 将要接收信息的个人或小组；
- 传递信息的技术或方法，如备忘录、电子邮件和/或新闻稿等；
- 为沟通活动分配的资源，包括时间和预算；
- 问题升级程序，用于规定下层员工无法解决问题时的上报时限和上报路径；
- 随项目进展，对沟通管理计划进行更新与优化的方法；
- 通用术语表；
- 项目信息流向图、工作流程（兼有授权顺序）、报告清单、会议计划等；
- 沟通制约因素，通常来自特定的法律法规、技术要求和组织政策等。

不同层次的项目干系人，沟通的信息和格式会有差异。

参考答案

（42）A

试题（43）

对于干系人的管理可使项目沿预期轨道进行，在进行干系人分析时，可使用权力/利益方格的方法。以下叙述中，正确的是：__(43)__。

（43）A. 对于权力高、利益低的干系人管理策略是随时汇报，重点关注

B. 对于权力高、利益高的干系人的管理策略是重点管理，及时报告
C. 对于权力低、利益高的干系人的管理策略是花较少的精力监督即可
D. 对于权力低、利益低的干系人的管理策略是可以忽略不计

试题（43）分析

本题考查知识点干系人权力/利益方格。

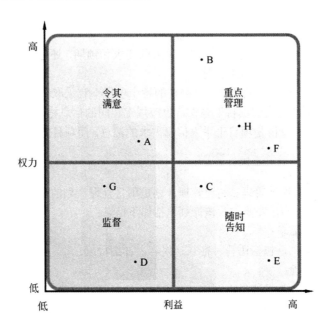

参考答案

（43）B

试题（44）

开发的产品不再符合市场需要，这种状况属于项目的 (44)。

(44) A. 技术风险　　B. 社会风险　　C. 商业风险　　D. 组织风险

试题（44）分析

本题考查项目风险。开发的产品不再符合市场需要属于商业风险。

参考答案

（44）C

试题（45）

项目风险管理计划不包含的内容是 (45)。

(45) A. 确定风险管理的方法　　　　B. 风险管理估算
　　 C. 风险类别　　　　　　　　　D. 如何审计风险管理过程

试题（45）分析

本题考查知识点项目风险管理。

风险管理计划描述如何安排与实施项目风险管理，它是项目管理计划的从属计划。

风险管理计划的基本内容：
- 方法论。确定实施项目风险管理可使用的方法、工具及数据来源。
- 角色与职责。确定风险管理计划中每项活动的领导、支援与风险管理团队的成员组成。为这些角色分配人员并澄清其职责。
- 预算。分配资源，并估算风险管理所需费用，将之纳入项目成本基线。
- 计时法。确定在项目整个生命周期中实施风险管理过程的次数和频率，并确定应纳入项目进度计划的风险管理活动。
- 风险分类。风险分类为确保系统地、持续一致地、有效地进行风险识别提供了基础，为风险管理工作提供了一个框架。
- 风险概率和影响的定义。为确保风险定性分析过程的质量和可信度，要求界定不同层次的风险概率和影响。
- 概率和影响矩阵。根据风险可能对实现项目目标产生的潜在影响，进行风险优先排序。
- 修改的利害关系者承受度。可在风险管理规划过程中对利害关系者的承受水平进行修订，以适用于具体项目。
- 汇报格式。阐述风险登记单的内容和格式，以及所需的任何其他风险报告。界定如何对风险管理过程的成果进行记录、分析和沟通。
- 跟踪。说明如何记录风险活动的各个方面，以便供当前项目使用，或满足未来需求或满足经验教训总结过程的需要。说明是否对风险管理过程进行审计、如何审计。

参考答案
（45）B

试题（46）
在项目风险识别时，一般不用的技术是__(46)__。
（46）A．因果图　　　　B．流程图　　　　C．影响图　　　　D．帕累托图

试题（46）分析
本题考查项目风险管理。项目风险识别主要应用的工具和技术有：德尔菲法、头脑风暴法、检查表法、SWOT 技术、检查表和图解技术（因果分析图、流程图、影响图）等。

参考答案
（46）D

试题（47）
分析"应对策略实施后，期望的残留风险水平"的活动属于项目__(47)__的内容。
（47）A．风险识别　　　B．风险分析　　　C．分析应对计划　　　D．风险监控

试题（47）分析
本题考查项目风险管理。
风险识别是确定何种风险可能会对项目产生影响，并将这些风险的特征形成文档。
风险分析包括定性风险分析和定量风险分析。包括评估并综合分析风险的发生概率和影响，对风险进行优先排序。
风险应对就是对项目风险提出处置意见和办法。

风险监控就是要跟踪风险,识别剩余风险和新出现的风险,修改风险管理计划,保证风险计划的实施,并评估消减风险的效果,从而保证风险管理能达到预期的目标。

参考答案

(47) C

试题(48)

(48) 风险应对策略是指通过改变计划,以排除风险,或者保护项目目标不受影响,或对受到威胁的一些项目目标放松要求。

(48) A. 消极　　　　B. 积极　　　　C. 接受　　　　D. 提高

试题(48)分析

本题考查项目风险管理。

规避风险是指改变项目计划,以排除风险或条件,或者保护项目目标,使其不受影响,或对受到威胁的一些目标放松要求。规避属于消极风险应对策略。

参考答案

(48) A

试题(49)

(49) 冲突管理方法是指综合多方面的观点和意见,得到一个多数人能够接受的解决方案。

(49) A. 强制　　　　B. 妥协　　　　C. 合作　　　　D. 回避

试题(49)分析

本题考查项目人力资源管理。冲突管理有6种解决方法:

1. 问题解决(Problem Solving/Confrontation)。问题解决就是冲突各方一起积极地定义问题、收集问题的信息、制定解决方案,最后直到选择一个最合适的方案来解决冲突,此时为双赢或多赢。但在这个过程中,需要公开地协商,这是冲突管理中最理想的一种方法。

2. 合作(Collaborating)。集合多方的观点和意见,得出一个多数人接受和承诺的冲突解决方案。

3. 强制(Forcing)。强制就是以牺牲其他各方的观点为代价,强制采纳一方的观点。一般只适用于赢-输这样的零和游戏情景里。

4. 妥协(Compromising)。妥协就是冲突的各方协商并且寻找一种能够使冲突各方都有一定程度满意、但冲突各方没有任何一方完全满意、是一种都做一些让步的冲突解决方法。

5. 求同存异(Smoothing/Accommodating)。求同存异的方法就是冲突各方都关注他们一致的一面,而淡化不一致的一面。一般求同存异要求保持一种友好的气氛,但是回避了解决冲突的根源。也就是让大家都冷静下来,先把工作做完。

6. 撤退(Withdrawing/Avoiding)。撤退就是把眼前的或潜在的冲突搁置起来,从冲突中撤退。

参考答案

(49) C

试题（50）

对于大型及复杂项目而言，制订活动计划之前，必须先考虑项目的 (50)。

(50) A. 成本计划 　　　　　　　　B. 质量计划
　　　 C. 过程计划 　　　　　　　　D. 范围计划

试题（50）分析

本题考查大型项目管理。根据《信息系统项目管理师教程》（第2版）[①]第19章，对大型及复杂项目来说，制订活动计划之前，必须先考虑项目的过程计划，也就是必须先确定用什么方法和过程完成项目。

参考答案

（50）C

试题（51）

组织级项目管理是一种包括项目管理、大型项目管理、项目组合管理的系统的管理体系，其最终目标是帮助企业实现 (51)。

(51) A. 战略目标　　B. 资源有效利用　　C. 质量目标　　D. 业务目标

试题（51）分析

本题考查组织级项目管理。根据《信息系统项目管理师教程》（第2版）第19章，组织级项目管理是一种包括项目管理、大型项目管理、项目组合管理的系统的管理体系，它可以帮助企业实现其战略目标。

参考答案

（51）A

试题（52）

在大型项目中，项目的绩效通过组织结构层层传递，就可能导致信息的传递失真。因此相对于一般项目，大型项目在执行过程中，(52) 更容易出现失真。

①范围②质量③进度④成本

(52) A. ③④　　　B. ①③　　　C. ①②　　　D. ②③

试题（52）分析

本题考查大型项目管理。根据《信息系统项目管理师教程》（第2版）第19章，由于大型项目大都依托项目群的组织，项目的绩效也是通过组织结构层层传递，可能导致信息的传递失真。一般来说，IT项目的进度和成本绩效信息比较明确，不易失真。但是在范围和质量上存在很大的出现信息失真的可能。

参考答案

（52）C

试题（53）

在项目组合管理中，经常会涉及项目管理办公室。(53) 不属于项目管理办公室的职能。

[①] 本章提及的《信息系统项目管理师教程》（第2版）为全国计算机技术与软件专业技术资格（水平）考试指定用书，由清华大学出版社出版。

（53）A．建立项目管理的支撑环境　　　B．提供项目管理指导和咨询
　　　　C．多项目的管理和监控　　　　　D．制订具体的项目管理计划

试题（53）分析

本题考查知识点项目管理办公室。

项目管理办公室主要的功能和作用可以分为两大类：日常性职能和战略性职能。

日常性职能包括：
- 建立组织内项目管理的支撑环境；
- 培养项目管理人员；
- 提供项目管理的指导和咨询；
- 组织内的多项目的管理和监控。

战略性职能包括：
- 项目组合管理；
- 提高组织项目管理能力。

参考答案

（53）D

试题（54）

在项目中经常会利用外包的手段，以提高项目的盈利能力。对于工作规模或产品界定不是特别清楚的项目，外包时一般应采用 (54)。

（54）A．成本补偿合同　　　　　　　　B．采购单形式的合同
　　　　C．工时材料合同　　　　　　　　D．固定总价合同

试题（54）分析

本题考查知识点合同类型。对于工作规模或产品界定不是特别清楚的项目，一般采用工时材料合同。

参考答案

（54）C

试题（55）

以下关于采购计划的叙述中，不正确的是：(55)。

（55）A．编制采购计划的第一步是考虑哪些产品或服务由项目团队自己提供划算，还是通过采购更为划算
　　　　B．每一次采购都要经历从编制采购计划到完成采购的全过程
　　　　C．项目进度计划决定和影响着项目采购计划，项目采购计划做出的决策不会影响项目进度计划
　　　　D．编制采购计划时，需要考虑的内容有成本估算、进度、质量管理计划、现金流预测等

试题（55）分析

本题考查知识点采购计划。项目采购计划做出的决策也会对项目进度计划造成影响。

参考答案

（55）C

试题（56）

项目经理负责对项目进行成本估算。下述表格是依据某项目分解的成本估算表，该项目总成本估算是（56）万元。

表1：研发阶段成本估算表

研发阶段	需求调研	需求分析	项目策划	概要设计	详细设计	编码	系统测试	其他	合计
占研发比例/%	3	4	5	5	10	51	13	9	100
阶段工作量/万元	7	9	11	11	22	112	28	20	220

表2：项目成本估算表

项目	研发阶段	项目管理	质量保证	配置管理	其他	合计
占项目比例/%	84	7	4	3	2	100
阶段工作量/万元	220					

（56）A．184　　　　B．219　　　　C．262　　　　D．297

试题（56）分析

本题考查项目成本管理。220/84%=262（万元）。

参考答案

（56）C

试题（57）

用德尔菲方法估算一个活动的成本，三个回合后的结果如下表所示（数值表示活动时间）。如果每小时的成本是40美元，那么可能的成本应该是（57）美元。

	小李	小张	小潘	小冯
第一回合	25	23	16	22
第二回合	23	22	18	21
第三回合	20	21	19	20

（57）A．880　　　　B．800　　　　C．1000　　　　D．900

试题（57）分析

本题考查德尔菲法。按照最后一个回合的结果，该活动历时20小时。

$$40 \times 20 = 800（美元）$$

参考答案

（57）B

试题（58）

项目经理小李对自己的项目采用挣值法进行分析后，发现 SPI>1、CPI<1，则该项目（58）。

（58）A．进度超前，成本节约　　　　B．进度超前，成本超支

C. 进度延后，成本节约　　　　　　D. 进度延后，成本超支

试题（58）分析

本题考查知识点挣值管理。SPI>1 说明进度超前；CPI<1 说明成本超支。

参考答案

（58）B

试题（59）

在项目质量计划编制过程常用的工具和技术中，__(59)__是将实际实施过程中或计划之中的项目做法同其他类似项目的实际做法进行比较，改善与提高项目的质量。

（59）A. 成本/效益分析　　　B. 实验设计　　　C. 质量成本　　　D. 基准分析

试题（59）分析

本题考查项目质量管理。根据《信息系统项目管理师教程》(第 2 版) 第 9 章，编制质量计划的工具和技术有：

1. 成本/效益分析

在质量计划编制的过程中，我们必须权衡成本与效益之间的关系。效益是指项目的各项工作做得好，能满足项目的质量要求，其主要目标是减少返工，提高生产率，降低项目的成本，提高项目各干系人的满意程度。而符合质量要求的根本好处在于降低返工率，这就意味着较高的生产率、较低的成本和项目干系人满意度的提高。满足质量要求的成本主要是支出与项目质量管理活动有关的费用，而质量计划编制的目标是努力使获得的收益远远超过实施过程中所消耗的成本。

2. 基准分析

基准分析就是将实际实施过程中或计划之中的项目做法同其他类似项目的实际做法进行比较，通过比较来改善与提高目前项目的质量管理，以达到项目预期的质量或其他目标。其他项目可以是执行组织内部的项目，也可以是外部的项目，可以是同一个应用领域的项目，也可以是其他应用领域的项目。

3. 实验设计

实验设计是一种统计分析技术，可用来帮助人们识别并找出哪些变量对项目结果的影响最大。该技术主要用于项目产品或服务问题，同时实验设计也可以用于诸如成本和进度计划平衡的项目管理问题的解决过程。

4. 质量成本

质量成本是指为了达到产品或服务质量而进行的全部工作所发生的所有成本。包括为确保与要求一致而做的所有工作叫作一致成本，以及由于不符合要求所引起的全部工作叫作不一致成本。

参考答案

（59）D

试题（60）

以下关于软件质量控制的叙述中，正确的是：__(60)__。

（60）A. 质量控制是监督并记录开发活动结果，以便评估绩效

B. 确认项目的可交付成果及工作满足主要干系人的既定要求是软件质量控制的主要作用之一
C. 质量管理计划是质量控制的输出，项目管理计划中不包括质量管理计划
D. 核实的可交付成果是质量控制的输出，同时也是确认范围过程的一项输出

试题（60）分析

本题考查项目质量管理。根据《信息系统项目管理师教程》（第2版）第9章，质量控制是指监控具体项目结果以确定其是否符合相关质量标准，制定有效方案，以消除产生质量问题的原因。

选项C，质量管理计划是规划质量管理的输出。质量管理计划是项目管理计划的子计划。

选项D，核实的可交付成果是质量控制的输出，同时是确认范围的输入。确认范围的输出是验收的可交付成果。

参考答案

（60）B

试题（61）

以下对项目管理和项目监理的理解中，正确的是：(61)。

(61) A. 项目监理属于项目管理的监控过程组
B. 项目监理属于项目管理的执行过程组
C. 项目管理与项目监理是独立的两个过程，没有任何关系
D. 项目建设方和项目承建方都需要开展项目管理工作，而项目监理要由第三方负责

试题（61）分析

本题考查项目管理和项目监理的关系。项目监理属于独立的第三方开展的活动。

参考答案

（61）D

试题（62）、（63）

某项目范围基准发生变化，经(62)同意，对需求规格说明书进行变更，则该配置项的状态应从(63)。

(62) A. 项目经理　　B. 技术负责人　　C. 配置管理员　　D. 变更控制委员会
(63) A. "草稿"变迁为"正在修改"
B. "正式发布"变迁为"正在修改"
C. "Check in"变迁为"Check out"
D. "Check out"变迁为"Check in"

试题（62）、（63）分析

本题考查项目配置管理。根据《信息系统项目管理师教程》（第2版）第15章，范围基准发生变化，应该通过变更控制委员会审批。配置项通过评审（或审批）后，其状态变为"正式发布"。此后若更改配置项，必须依照"变更控制规程"执行，其状态变为"正在修改"。

参考答案

（62）D　（63）B

试题（64）

在进行项目需求管理时，某需求的状态描述是"该需求已被分析，估计了其对项目余下部分的影响，已用一个明确的产品版本号或创建编号分配到相关的基线中，软件开发团队已同意实现该需求"，则这个需求状态值是 (64)。

(64) A．已建议　　　B．已验证　　　C．已实现　　　D．已批准

试题（64）分析

本题考查项目需求管理。根据《信息系统项目管理师教程》（第2版）第17章，需求状态值和定义如下：

状态值	定义
已建议	该需求已被有权提出需求的人建议
已批准	该需求已被分析，估计了其对项目余下部分的影响（包括成本和对项目其余部分的干扰），已用一个确定的产品版本号或创建编号分配到相关的基线中，软件开发团队已同意实现该项需求
已实现	已实现需求代码的设计、编写和单元测试
已验证	使用所选择的方法已验证了实现的需求，例如测试和检测，审查该需求跟踪与测试用例相符。该需求现在被认为完成
已删除	计划的需求已从基线中删除，但包括一个原因说明和做出删除决定的人员

参考答案

(64) D

试题（65）

某企业软件开发人员的下列做法中，不正确的是：(65)。

(65) A．计划根据同行评审、阶段评审的结果建立需求、设计、产品三条基线
　　　B．在需求分析规格说明书通过同行评审后建立需求基线
　　　C．建立需求基线没有包括用户需求说明书
　　　D．因用户需求有变更，故依据变更控制流程修改了需求基线

试题（65）分析

本题考查需求基线。需求基线是团队成员已经承诺将在某个特定版本中实现的功能性和非功能性的一组需求集合。

- 项目前景和范围。
- 软件需求规格说明书。
- 用例文档。
- 需求建模成果。
- 数据字典。

参考答案

(65) C

试题（66）、（67）

下图中从 A 到 E 的最短路线是 (66)，其长度是 (67)。

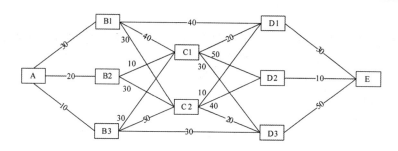

(66) A. A——B1——C1——D2——E　　B. A——B2——C1——D1——E
　　 C. A——B3——C2——D2——E　　D. A——B2——C2——D3——E
(67) A. 70　　　B. 80　　　C. 90　　　D. 100

试题（66）、（67）分析

本题考查进度网络图。

选项 A，长度：30+40+50+10=130

选项 B，长度：20+10+20+30=80

选项 C，长度：10+50+40+10=110

选项 D，长度：20+30+20+50=120

参考答案

（66）B　（67）B

试题（68）

某工厂计划生产甲、乙两种产品。生产每套产品所需的设备台时，A、B两种原材料和可获利润以及可利用资源数量如下表所示。则应按__(68)__方案安排计划以使该工厂获利最多。

	甲	乙	可利用资源
设备/台时	2	3	14
原材料A/千克	8	0	16
原材料B/千克	0	3	12
利润/万元	2	3	

(68) A. 生产甲 2 套，乙 3 套　　B. 生产甲 1 套，乙 4 套
　　 C. 生产甲 3 套，乙 4 套　　D. 生产甲 4 套，乙 2 套

试题（68）分析

本题考查线性规划。

设生产甲 x 套，生产乙 y 套；

取　max=$2x+3y$；

约束条件为：$2x+3y \leq 14$

　　　　　　　$8x \leq 16$

　　　　　　　$3y \leq 12$

参考答案

（68）B

试题（69）

袋子里有 50 个乒乓球，其中 20 个黄球，30 个白球。现在两个人依次不放回地从袋子中取出一个球，第二个人取出黄球的概率是_(69)_。

(69) A. 1/5　　B. 3/5　　C. 2/5　　D. 4/5

试题（69）分析

本题考查概率计算。

第二个人取出黄球的概率为：20/50=2/5。

参考答案

(69) C

试题（70）

某项目中多个风险的发生概率和对成本、进度、绩效的影响如下表所示：

风险	概率	成本	进度	绩效
A	0.1	6	8	0.5
B	0.9	2	1	8.0
C	0.3	2	8	1.0
D	0.5	4	4	8.0
E	0.3	2	6	1.0

若实现成本目标为首要考虑的问题，项目团队应处理的最关键风险是_(70)_。

(70) A. A　　B. B　　C. C　　D. D

试题（70）分析

本题考查项目风险管理。

风险	概率	成本影响值
A	0.1	0.6
B	0.9	1.8
C	0.3	0.6
D	0.5	2.0
E	0.3	0.6

D 的影响值最大。

参考答案

(70) D

试题（71）

_(71)_ promises to streamline the on-demand provisioning of software, hardware, and data as a service, achieving economies of scale in IT solutions' deployment and operation.

(71) A. Big data　　B. Cloud computing　　C. Internet+　　D. CPS

试题（71）分析

本题考查知识点云计算。

云计算承诺将软件、硬件和数据应用作为一项服务按需提供，以此在 IT 解决方案的部署和操作中实现规模经济。

参考答案

（71）B

试题（72）

(72) is a term for data sets that are so large or complex that traditional data processing applications are inadequate. Challenges include analysis, capture, data curation, search, sharing, storage, transfer, visualization, querying, updating and information privacy.

（72）A．Data market　　B．Data warehouse　　C．Big data　　D．BI

试题（72）分析

本题考查知识点大数据。

术语大数据是指一种传统的数据处理应用不足以应对的庞大、复杂的数据集合。面临的挑战包括分析、捕捉、数据管理、查找、共享、存储、传输、显示、查询、更新和信息隐私权。

参考答案

（72）C

试题（73）、（74）

Quality management ensures that an organization, product or service is (73). It has four main components: quality planning, quality assurance, quality control and quality (74).

（73）A．guaranteed　　B．sustain　　C．good　　D．consistent

（74）A．improvement　　B．change　　C．spiral　　D．evolution

试题（73）、（74）分析

本题考查知识点质量管理。

质量管理确保一个组织、产品或者服务是一致的。它有四个组成部分：质量规划、质量保证、质量控制和质量改进。

参考答案

（73）D　（74）A

试题（75）

(75) is the process of determining, documenting, and managing stakeholder needs and requirements to meet project objectives.

（75）A．Collecting requirements　　　　B．Defining requirements
　　　　C．Creating WBS　　　　　　　　　D．Requirements analysis

试题（75）分析

本题考查项目需求管理。

收集需求是为实现项目目标而确定、记录并管理干系人的需要和需求的过程。

参考答案

（75）A

第 5 章 2016 下半年信息系统项目管理师下午试题 I 分析与解答

试题一（25 分）
阅读下列说明，回答问题 1 至问题 4，将解答填入答题纸的对应栏内。

【说明】
已知某信息工程由 A、B、C、D、E、F、G、H 八个活动构成。项目的活动历时、活动所需人数、费用及活动逻辑关系如下表所示。

活动	历时/天	所需人数	费用/（元/人·天）	紧前活动
A	3	3	100	-
B	2	1	200	A
C	8	4	400	A
D	4	3	100	B
E	10	2	200	C
F	7	1	200	C
G	8	3	300	D
H	5	4	200	E F G

【问题 1】（4 分）
请给出该项目的关键路径和工期。

【问题 2】（12 分）
第 14 天晚的监控数据显示活动 E、G 均完成了一半，F 尚未开始，项目实际成本支出为 12000 元。
（1）请计算此时项目的计划值（PV）和挣值（EV）。
（2）请判断此时项目的成本偏差（CV）和进度偏差（SV），以及成本和进度执行情况。

【问题 3】（3 分）
若后续不作调整，项目工期是否有影响？为什么？

【问题 4】（6 分）
（1）请给出总预算（BAC）、完工尚需估算（ETC）和完工估算（EAC）的值。
（2）请预测是否会超出总预算（BAC），完工偏差（VAC）是多少？

试题一分析
本题目的核心为进度成本综合性计算题，知识点涉及网络图技术、关键路径识别、工期计算、进度与成本监控、挣值分析计算、预测技术应用等。网络图技术中双代号网络图非常利于识别关键路径、工期、项目监控、自由时差的判断与利用，以及挣值分析的计算。

【问题 1】
根据题目中给出的活动逻辑关系列表，可使用带时标的双代号网络图方法分析项目的关键路径及计算工期，这种方法最简单、直接。

画出带时标的双代号网络图，可以很直观地看出该项目的关键路径为历时最长的路径，即没有自由时差（波浪线）的那部分活动；最终结束时间就是该项目的工期。

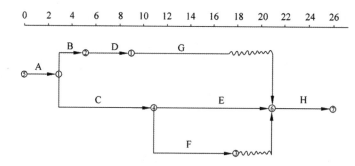

ACEH 是关键路径，工期为 26 天。

【问题 2】
第 14 天晚项目完成情况的监控信息如下图所示，图中前锋线（点画线）表明，与计划相比，G 滞后了一天，E 提前了 2 天，F 滞后了 3 天。

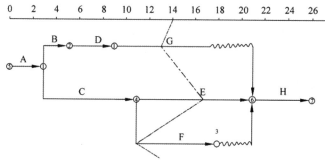

（1）项目的 PV 等于 A、B、C、D、E、F、G 的预算之和：
PV=3×3×100+2×1×200+8×4×400+4×3×100+3×2×200+3×1×200+5×3×300=21 600 元。

项目的 EV 等于 A、B、C、D 的预算与 1/2E 及 1/2G 的预算之和：
EV=3×3×100+2×1×200+8×4×400+4×3×100+5×2×200+4×3×300=20 900 元。

（2）CV=EV−AC=20 900−12 000=8900 元，大于 0，成本节约；
SV=EV−PV=20 900−21 600=−700 元，小于 0，进度滞后。

【问题 3】
从图中可以看出，G 虽然拖延了 1 天，但 G 有 4 天的自由时差可以利用。F 虽然滞后了 3 天，但 F 有 3 天的自由时差可以利用。所以即使后续没有调整，也不会影响项目工期。

【问题 4】

（1）BAC 等于 A、B、C、D、E、F、G、H 的预算之和：

BAC=3×3×100+2×1×200+8×4×400+4×3×100+10×2×200+7×1×200+8×3×300+5×4×200=31 900 元

预测 ETC、EAC 可直接带入公式计算：

ETC=BAC−EV=31 900−20 900=11 000 元

EAC=AC+ETC=12 000+11 000=23 000 元

（2）完工偏差 VAC 即完工时预算与估算间的偏差：

VAC=BAC−EAC=31 900−23 000=8900，大于 0，故不会超出总预算。

参考答案

【问题 1】（4 分）

关键路径为 ACEH（2 分），工期为 26 天（2 分）。

【问题 2】（12 分）

（1）PV=21 600 元（2 分），EV=20 900 元（2 分）。

（2）CV=EV−AC=20 900−12 000=8900 元（2 分，其中计算公式 1 分），大于 0，成本节约（2 分）。

SV=EV−PV=20 900−21 600=−700 元（2 分，其中计算公式 1 分），小于 0，进度滞后（2 分）。

【问题 3】（3 分）

没有影响。（1 分）

原因：G 虽然拖延了 1 天，但 G 有 4 天的自由时差可以利用（1 分）；F 虽然滞后了 3 天，但 F 有 3 天的自由时差可以利用。（1 分）

【问题 4】（6 分）

（1）BAC=31 900 元（1 分）

ETC=BAC−EV=31 900−20 900=11 000 元（1 分）

EAC=AC+ETC=12 000+11 000=23 000 元（1 分）

（2）不会超出总预算。（1 分）

VAC=BAC−EAC=31 900−23 000=8900 元，大于 0，故不会超出总预算。（2 分）

试题二（25 分）

阅读下列说明，回答问题 1 至问题 5，将解答填入答题纸的对应栏内。

【说明】

某涉密单位甲计划建设一套科研项目管理系统，因项目涉密，通过考察和比较，选择了具有涉密系统集成资质的单位乙为其实施该项目。

甲方要求所有开发工作必须在现场完成，项目所有资料归甲方所有。双方签订了合同和保密协议，合同中规定项目应在当年的年底前完成。

乙公司派出项目经理小李带领项目组进驻甲单位现场。小李首先与客户沟通了需求，确定了大致的需求要点，形成了一份需求文件。经过客户确认后，小李就安排项目组成员开始进行开发工作。为了更好地把握需求的实现，小李在每天工作结束后，都将工作进度和成果汇报给甲方的客户代表，由客户提出意见，并形成一份备忘录。客户对软件的修改意见不断提出，小李也仔细地将修改意见记录在每天的备忘录中，并在第二天与项目组讨论之后，安排开发人员尽量实现。随着软件的逐渐成形，小李发现此时客户提出的一些需求实际上跟某些已实现的需求是矛盾的，对于有些新的需求，实现难度也越来越大。此时软件的实际功能与最初确定的需求文件中确定的功能已经相差很远，眼看时间越来越接近年底，小李不知道该怎么办才好。

【问题1】（3分）
　　请问该项目是否可以不公开招标？为什么？

【问题2】（4分）
　　项目需求发生变更后，可能会导致项目的哪些方面同时发生变更？

【问题3】（8分）
　　请指出该项目在项目整体管理方面存在哪些问题？

【问题4】（5分）
　　针对案例中项目的现状，请指出在继续实施此项目时小李可采取哪些措施？

【问题5】（5分）
　　请简要说明实施整体变更控制的完整流程。

试题二分析

　　该题目是一道有关需求管理和需求变更控制的案例题。需求实际上属于项目管理九大知识域中"范围管理"的范畴，实际在项目中，无论发生哪方面的变更，都应当遵循整体变更控制流程的要求做好变更管理。

　　在范围控制的过程中经常遇到的问题是项目范围蔓延，项目经理能够意识到大的范围变化，但是对于小的范围变化就可能不经过正式的变更流程就增加到项目中，当小的变化积累到一定程度时，项目组才发现已经很难按计划完成项目了。

【问题1】

　　是可以的，因为根据《中华人民共和国招标投标法》第六十六条规定：涉及国家安全、国家秘密，不适宜进行招标的项目，按照国家有关规定可以不进行招标。案例中已经说明了该项目涉密，因此可以不进行公开招标。

【问题2】

　　如果需求变化了，也就是项目的范围变化了，例如，客户要求增加原本没有的需求，那么此时工作量一定会增加，可能会导致项目成本增加，项目的工期延长，增加项目组人员，对项目的质量也可能造成一定的影响。因此，在需求变更发生时，项目经理应该考虑各方面的影响，对这些影响进行综合的分析评估。

【问题3】

　　我们先对题目进行细读，找出存在问题的点。案例的第一段和第二段主要交待了项目的背景，由于项目涉密，所以要在客户现场开发，并且最终资料不得带出，这在涉密类型的项目中是很常见的。

接下来，"小李首先与客户沟通了需求，确定了大致的需求要点，形成了一份需求文件"，从这句话我们可以推断出，需求文件是由小李独自完成的，而且比较粗略，没有经过充分的讨论和评审。我们也可以进一步推断，形成需求文件的过程可能也不够规范，没有做好需求调研和需求分析工作。

再往后，"经过客户确认后，小李就安排项目组成员开始进行开发工作"，这一句可以推断出，需求确认工作应该是做了的，但是在此之前的需求评审应该没做。需求确认后就马上进行开发，这种做法也存在问题，因为需求完成后一般要先做设计，然后才能进行开发。另外，我们还能从中分析出一个问题，那就是小李并没有做项目管理计划。

进入开发阶段之后，小李的一系列做法都有悖于整体变更管理流程，他对客户提出的修改意见全盘接收，不做分析和评估，也没有提交给公司的变更委员会进行评审。此外，小李既然没有做项目计划，那么也就有可能没有对项目做监控工作。

【问题 4】

目前项目的现状是"此时软件的实际功能与最初确定的需求文件中确定的功能已经相差很远，眼看时间越来越接近年底"，也就是说需求已经失控，项目进度延误。

面对这种混乱情况，估计项目多半无法按时完成。此时，项目经理只能从头开始重新整理需求，并且此次需求确定后不能再反复变更。所以，小李应该与客户做好充分的沟通，一方面告知客户项目的实际情况，另一方面要与客户重新确定需求。需求确定下来之后应编写详细的需求说明书，并提交评审（即使时间再紧，必要的工作一定不能省略，为了避免后面的返工，一旦返工耽误的时间会更长），然后再根据需求文件编写设计说明书，同样也要做好评审。设计说明书编写完成后，要根据已完成的软件编码情况，进行修改甚至重新开发，同时做好测试工作。

面对进度延误的现状，项目经理应该向公司领导汇报，争取多增加人手，平时也要加班加点，以追赶进度。

【问题 5】

此问题主要考查理论知识，《信息系统项目管理师教程》（第 2 版）[①]中已有讲述。

参考答案

【问题 1】（3 分）

可以。（1 分）

因为《中华人民共和国招标投标法》第六十六条规定：涉及国家安全、国家秘密，不适宜进行分开招标的项目，按照国家有关规定可以不进行招标。（2 分）

【问题 2】（4 分）

进度、成本、合同、人力资源、质量。（每个 1 分，最多得 4 分）

【问题 3】（8 分）

（1）没有制订项目管理计划。

（2）没有编写正式的需求说明书。

---

① 本章提及的《信息系统项目管理师教程》（第 2 版）为全国计算机技术与软件专业技术资格（水平）考试指定用书，由清华大学出版社出版。

（3）没有进行概要设计和详细设计就进入开发阶段。
（4）没有按照整体变更控制流程处理需求变更。
（5）项目开发过程中没有做好配置管理工作。
（6）没有实施项目监控过程。
（每项 2 分，最多得 8 分）

【问题 4】（5 分）
（1）先与客户进行充分的沟通，告知项目现状以及可能的影响。
（2）与客户重新确定需求并编写正式的需求说明书。
（3）按照需求说明书制定设计文件。
（4）对照设计文件修改程序。
（5）在整个过程中做好配置管理、版本管理。
（6）增加人员。
（7）加班加点追赶进度。
（每项 1 分，最多得 5 分）

【问题 5】（5 分）
（1）提出变更请求。
（2）对变更影响进行评估。
（3）将评估结果通知干系人。
（4）CCB 对变更进行审批。
（5）如果通过则执行变更并重新验证。
（6）记录变更的实施情况。
（7）变更验证和审计。
（每项 1 分，最多得 5 分）

试题三（25 分）
阅读下列说明，回答问题 1 至问题 4，将解答填入答题纸的对应栏内。

【说明】
某公司承接了某银行的信息系统集成项目，并任命王工为项目经理，这也是王工第一次担任项目经理。王工带领近 20 人的团队，历经近 11 个月的时间，终于完成了系统建设工作，并通过了试运行测试。王工在与甲方项目负责人简单地对接了项目交付清单之后，就报告公司项目已经结束，部分项目人员可以进行转移。王工组织剩下的项目团队成员召开了项目总结会议。随后公司的财务要求王工根据合同催甲方支付剩余 30%的项目款。

当王工打电话催促甲方支付项目尾款时，甲方的项目经理告诉他项目还没有结束，甲方还没有在验收报告上签字确认，项目的很多常规性文件还没有提交，而且需要在试运行的基础上，进一步修改程序和功能设置，现在根本没有达到项目收尾的条件。

【问题 1】（4 分）
项目收尾包括哪些具体工作？

【问题2】（8分）
　　项目经理王工收尾管理方面主要存在哪些问题？
【问题3】（5分）
　　对于软件和信息系统集成项目来说，项目收尾时一般提交的文件包括哪些类？
【问题4】（8分）
　　（1）王工组织的项目总结会议是否恰当？请说明理由。
　　（2）请简要叙述项目总结会议上一般讨论的内容包括哪些？

试题三分析
　　本题目考核的重点是项目收尾阶段的相关问题，包括项目收尾的过程、项目收尾提交的文件、项目总结会的内容，并分析项目收尾管理方面，以及项目总结会议存在的问题。
【问题1】
　　本问题希望大家能够掌握项目收尾要做哪些工作，可直接参见《信息系统项目管理师教程》（第2版）的相关部分。项目收尾包括合同收尾与项目收尾两部分，首先是系统验收、签收验收报告、收费、结束合同，然后进行项目总结、评估或审计、项目满意度调查、归档、资源项目释放。
【问题2】
　　对外：没有制订项目验收计划并通知客户，没有按计划与客户正式验收项目的可交付物，没有让用户签字确认验收结果。
　　对内：没有验收项目文档，没有对项目进行全面总结评估或审计，没有进行满意度调查，没有归档。
【问题3】
　　项目文档包括三类：系统文档（产品文档）、开发文档、管理文档。产品类包括：可执行程序文件、使用手册等。开发类包括：用户需求说明书、需求规格说明书、设计说明书、源程序代码文件、配置管理文件、培训手册等。管理类包括：项目管理计划、项目范围说明书、进度计划、质量计划、风险管理计划、验收计划、验收报告等。
【问题4】
　　（1）项目总结会应全员参与，应对项目进行全面总结评估，包括经验教训，使每个人获得提升，故其做法是不恰当的。
　　（2）项目总结会讨论的内容，可直接参见《信息系统项目管理师教程》（第2版）的相关部分，包括项目绩效、技术绩效、成本绩效、进度计划绩效、项目的沟通、识别问题和解决问题、意见和建议等。

参考答案
【问题1】（4分）
　　项目验收、项目总结、项目评估、项目审计、合同收尾、资源释放。（每个1分，最多得4分）
【问题2】（8分）
　　（1）没有制订验收计划。

（2）没有与甲方项目负责人沟通收尾事宜。
（3）没有进行必要的文档验收（或文档验收准备不充分）。
（4）项目收尾没有进行最终验收报告的签署。
（每项 2 分，共 8 分）

【问题 3】（5 分）
（1）项目的系统需求、设计文档。
（2）项目的验收报告（或相关测试文档）。
（3）信息系统说明书（手册）。
（4）信息系统维护手册。
（5）软硬件产品说明书、质量保证书等。
（6）培训手册。
（每项 1 分，最多得 5 分）

【问题 4】（8 分）
（1）不恰当。（1 分）
理由：项目总结会议需要全体参与项目的成员都参加，会议形成的文档需要所有成员确认。（1 分）
（2）项目总结会议上一般讨论的内容包括：项目绩效、技术绩效、成本绩效、进度计划绩效、项目的沟通、识别问题和解决问题、意见和建议等。（每个 1 分，最多得 6 分）

第6章 2016下半年信息系统项目管理师下午试题 II 写作要点

> 从下列的 2 道试题（试题一至试题二）中任选 1 道解答。请在答题纸上的指定位置处将所选择试题的题号框涂黑。若多涂或者未涂题号框，则对题号最小的一道试题进行评分。

试题一 论信息系统项目的绩效管理

绩效管理是任何组织都必须要面对的问题，是组织管理的重要组成部分。作为项目经理或项目团队的相关负责人员，不仅必须要关注项目绩效，激发员工的活力，并且还需要定期或不定期地对项目的绩效进行考核，保证项目能够按照预期的计划实施。如何有效地实施项目绩效管理，充分发挥项目团队每个成员的积极性，是项目经理在管理项目时必须面对的一项重要任务。

请以"信息系统项目的绩效管理"为题，分别从以下三个方面进行论述：

1. 简要说明你参与的信息系统项目的背景、目的、发起单位的性质，项目的技术和运行特点、项目的周期、绩效管理的特点，以及你在项目中的主要角色和职责。
2. 结合你参与的项目，论述项目绩效管理的流程、方法，以及使用的基本工具。
3. 根据你的项目绩效管理实践，说明你是如何进行项目绩效管理的，有哪些经验和教训。

试题一分析

本题考查对项目绩效管理的认识。考生应以本人所管理过的信息系统项目为背景，从题目要求的几个方面展开论述。

论述的要点要覆盖题目要求的三个方面，但又不局限于该三个方面，在内容方面要注意：

(1) 应对项目绩效管理的意义、重要性有较深入的认识；

(2) 应站在项目承担方项目经理的角度展开论述；

(3) 对所参与项目的叙述要清晰，文章整体要紧扣项目绩效管理；

(4) 应覆盖项目绩效管理的核心内容，涉及项目绩效管理的流程、方法，以及使用的基本工具；

(5) 要结合项目实践，举例说明所选项目中遇到的实际问题，具体介绍应对措施、方法流程，避免泛泛而谈，没有实质性内容；

(6) 心得体会部分可结合项目绩效管理的实践经验，提升对项目管理理论的认识，体现推广价值，同时首尾呼应。

试题一写作要点

一、论文结构合理，摘要正确，正文完整。应首先给出论点，说明项目绩效管理的重要性；

二、对所参与项目的叙述要清晰，尤其项目细节上要准确，且要紧扣项目绩效管理的内容。重点关注以下几点：

（1）项目描述清晰；

（2）紧扣项目的绩效管理；

（3）对自己在项目中的角色点位明确；

（4）概括说明本项目中绩效管理的特色方法。

三、介绍项目绩效管理的流程、方法，以及使用的基本工具等相关内容，并能够根据相关理论，分析案例中项目的绩效管理。

1. 对于绩效管理的流程，可以考查如下内容：

（1）首先，项目绩效指的是项目的时间、成本、质量和范围信息，有时也包括项目的风险和采购等信息。具体包括：进度情况、哪些交付物已完成、哪些活动已开始、哪些活动已完成、质量标准的满足情况、资金使用情况、完工估算，以及已发生的风险和正在监控中的风险、采购情况等。

（2）一个完整的项目绩效管理体系包括：设定项目绩效目标、制订项目绩效计划、记录团队成员的项目绩效表现、项目绩效考评、项目绩效考核结果的反馈及合理运用等内容。可以简单地表述为项目绩效计划、项目绩效执行与沟通、项目绩效控制、项目绩效考核、项目绩效反馈等内容，这些环节形成一个封闭的循环回路。

（3）绩效管理工作不是一个静态的过程，而是动态的过程，因此要从全过程来动态考虑绩效管理。对于项目绩效管理来说，更要突出其动态性、风险的补偿性、绩效考核的全面性等内容。

（4）突出绩效管理中的 3E，即经济审计、效率审计和效果审计的特点。

2. 项目绩效评估的方法主要包括：

进行整体评估，即从整体性（综合集成经济、技术、运行、环境、质量、风险进行评估）、目标性、相关性（时间、知识、逻辑三维结构）、动态性（项目生命周期）4 个方面来对大项目或多项目进行评估。

项目风险评估。对于信息系统建设项目而言，项目风险可分为项目的规模与范围、数据处理能力、技术能力与经验、管理模式、项目运行环境等类型。

项目财务绩效评估。财务指标。

四、论述所承担的信息系统项目是如何进行绩效管理及心得体会、经验教训，将项目管理理论与实践结合，主线不脱离项目的绩效管理，充分展现信息系统项目管理的经验，做到陈述问题得当、真实，分析方式正确，论述恰当。

试题二 论信息系统项目的人力资源管理

随着信息系统集成项目不断地向智能化、规模化发展，项目团队成员呈现高学历、高专业化分工以及年轻化的趋势。如何管理好项目团队成员，并充分调动他们的积极性，成为当前项目经理急需解决的问题。尤其是对于专业的信息系统集成公司和软件公司而言，人力资源成本基本是公司最大的投入。如何充分利用公司的人力资源，实现公司的战略目标，保证项目能够按照计划完成，是项目经理的重要任务。

请以"信息系统项目的人力资源管理"为题，分别从以下三个方面进行论述：

1．简要说明你参与的信息系统项目的背景、目的、发起单位的性质，项目的技术和运行特点、项目的周期、人力资源需求的特点，以及你在项目中的主要角色和职责。

2．结合你参与的项目，论述项目人力资源管理的主要流程，关键的输入输出、使用的基本工具，以及相关的激励理论和团队建设理论。

3．根据你的项目人力资源管理实践，说明你是如何进行项目人力资源管理的，有哪些经验和教训。

试题二分析

本题考查对项目人力资源管理的认识。考生应以本人所管理过的信息系统项目为背景，从题目要求的几个方面展开论述。

论述的要点要覆盖题目要求的三个方面，但又不局限于该三个方面，在内容方面要注意：

（1）应对项目人力资源管理的重要性有较深入的认识；

（2）应站在项目承担方项目经理的角度展开论述；

（3）对所参与项目的叙述要清晰，文章整体要紧扣项目人力资源管理的内容；

（4）应覆盖人力资源管理的核心内容，涉及项目人力资源管理的过程、关键的输入输出、使用的管理方法、技术等，以及对相关的激励理论和团队建设理论的认识；

（5）要结合项目实践，举例说明所选项目中遇到的实际问题，具体介绍应对措施、方法流程，避免泛泛而谈，没有实质性内容；

（6）经验和教训部分可结合项目人力资源管理的实践经验，提升对项目管理理论的认识，体现推广价值，同时做到首尾呼应。

试题二写作要点

一、论文结构合理，摘要正确，正文完整。应首先给出论点，说明人力资源管理的重要性。

二、介绍项目相关的背景，概括人力资源需求的特点、管理方法，其重点包括：

（1）项目描述要清晰；

（2）要紧扣项目的人力资源管理；

（3）要明确自己在项目中的角色定位；

（4）概括本项目中人力资源管理特色。

三、分别论述：

1．项目人力资源管理过程包含的主要内容。

（1）编制项目人力资源计划。编制的工具和技术主要包括组织结构图和职位描述、人际交往、组织理论、会议和专家判断；输入包括项目管理计划、活动资源要求、事业环境因素、组织过程资产；输出项目人力资源计划主要包括角色和职责分配，项目组织结构图，人员配备管理计划。

（2）项目团队组织建设。包括两部分内容组建项目团队和项目团队建设。组建项目团的工具和技术包括事先分派、谈判、招募、虚拟团队、多维决策分析；项目团队建设包括五个阶段，即形成阶段、震荡阶段、规范阶段、发挥阶段和结束阶段；项目团队建设的可能形式和应用包括人际关系技能、培训、团队建设活动、基本规则、集中办公、认可与奖励和人事评测工具。

（3）项目团队管理。项目团队管理的方法包括观察和交谈、项目绩效评估、问题清单和人际关系管理；团队冲突的 6 种解决方法包括问题解决、合作、强制、妥协、求同存异和撤退。

（4）激励理论包括马斯洛的需要层次理论、赫茨伯格的双因素理论、X 理论和 Y 理论、领导和管理等。

四、论述所承担的信息系统项目是如何进行人力资源管理及心得体会、经验教训，将项目管理理论与实践结合，主线不脱离项目的人力资源管理，充分展现信息系统项目管理的经验。做到陈述问题得当、真实；分析方式正确，论述恰当。

第7章 2017上半年信息系统项目管理师上午试题分析与解答

试题（1）

信息系统是由计算机硬件、网络和通信设备、计算机软件，以及 (1) 组成的人机一体化系统。

(1) A．信息资源、信息用户和规章制度　　B．信息资源、规章制度
　　C．信息用户、规章制度　　　　　　　D．信息资源、信息用户和场地机房

试题（1）分析

信息系统的组成部分包括硬件、软件、数据库、网络、存储设备、感知识别、外设、人员以及把数据处理成信息的规程等。

参考答案

(1) A

试题（2）

企业信息化是指企业在作业、管理、决策的各个层面利用信息技术，提高企业的智能化、自动化水平的过程。(2) 一般不属于企业信息化的范畴。

(2) A．在产品中添加了跟踪服务功能　　B．实现了 OA 系统的扩展
　　C．引入了专家决策系统　　　　　　D．第三方广告平台的更新

试题（2）分析

企业信息化是在企业作业、管理、决策的各个层面，科学计算、过程控制、事务处理、经营管理的各个领域，引进和使用现代信息技术。第三方广告平台不属于企业内部，不涉及企业作业、管理、决策层面。

参考答案

(2) D

试题（3）

智能制造是制造技术发展的必然趋势，从理论上讲，(3) 是智能制造的核心。

(3) A．制造机器人　　B．CPS　　C．互联网　　D．3D打印

试题（3）分析

信息物理系统（Cyber-Physical Systems，CPS）是一个综合计算、网络和物理环境的多维复杂系统，通过3C（Computer、Communication、Control）技术的有机融合与深度协作，实现大型工程系统的实时感知、动态控制和信息服务。CPS实现计算、通信与物理系统的一体化设计，可使系统更加可靠、高效、实时协同，具有重要而广泛的应用前景。2013年德国

《工业 4.0 实施建议》将 CPS 作为工业 4.0 的核心技术。

参考答案

（3）B

试题（4）

以下关于信息系统生命周期的叙述中，不正确的是：(4)。

（4）A. 信息系统生命周期可分为立项、开发、运维和消亡四个阶段

　　B. 立项阶段结束的里程碑是集成企业提交的立项建议书

　　C. 广义的开发阶段包括系统实施和系统验收

　　D. 在系统建设的初期就要考虑系统的消亡条件和时机

试题（4）分析

信息系统生命周期分为立项、开发、运维及消亡四个阶段。立项阶段成果形成《需求规格说明书》确定立项；开发阶段包括系统分析、系统设计、系统实施、系统验收等工作；在信息系统建设的初期就应该注意系统消亡的条件和时机。

参考答案

（4）B

试题（5）

以下关于需求分析的叙述中，不正确的是：(5)。

（5）A. 需求分析的目的是确定系统必须完成哪些工作，对目标系统提出完整、准确、清晰、具体的要求

　　B. 完整的需求分析过程包括：获取用户需求、分析用户需求、编写需求说明书三个过程

　　C. 根据项目的复杂程度，需求分析的工作可以由专门的系统分析人员来做，也可以由项目经理带领技术人员完成

　　D. 软件需求分为三个层次：业务需求、用户需求、功能需求与非功能需求

试题（5）分析

完整的需求分析过程包括：获取用户需求、分析用户需求、编写需求说明书和需求确认等过程，B 的表述不完整。

参考答案

（5）B

试题（6）

(6) 不是获取需求的方法。

（6）A. 问卷调查　　B. 会议讨论　　C. 获取原型　　D. 决策分析

试题（6）分析

信息系统项目需求获取最常用的方法：问卷调查法、会议讨论法、界面原型法、可运行原型系统法。

决策分析是一种运筹学方法，决策分析是研究决策者在复杂而不确定环境下如何进行决策的理论和方法。

参考答案

（6）D

试题（7）、（8）

软件设计过程是定义一个系统或组件 (7) 的过程，其中描述软件的结构和组织，标识各种不同组件的设计是 (8)。

（7）A．数据和控制流　　B．架构和接口　　C．对象模型　　D．数据模型

（8）A．软件详细设计　　　　　　　　　B．软件对象设计

　　　C．软件环境设计　　　　　　　　　D．软件架构设计

试题（7）、（8）分析

软件设计：根据软件需求，产生一个软件内部结构的描述，并将其作为软件构造的基础。通过软件设计，描述出软件架构及相关组件之间的接口。软件设计可以分为软件架构设计和软件详细设计两个阶段。

参考答案

（7）B　（8）D

试题（9）

软件工程中，(9) 的目的是评价软件产品，以确定其对使用意图的适合性。

（9）A．审计　　B．技术评审　　C．功能确认　　D．质量保证

试题（9）分析

技术评审的目的是评价软件产品，以确定其对使用意图的适合性。

参考答案

（9）B

试题（10）

(10) 的目的是提供软件产品和过程对于可应用的规则、标准、指南、计划和流程的遵从性的独立评价。

（10）A．软件审计　　B．软件质量保证　　C．软件过程管理　　D．软件走查

试题（10）分析

软件审计的目的是提供软件产品和过程对于可应用的规则、标准、指南、计划和流程的遵从性的独立评价。

参考答案

（10）A

试题（11）

以下关于软件测试的描述，不正确的是：(11)。

（11）A．为评价和改进产品质量进行的活动

　　　B．必须在编码阶段完成后才开始的活动

　　　C．是为识别产品的缺陷而进行的活动

　　　D．一般分为单元测试、集成测试、系统测试等阶段

试题（11）分析

测试不再只是一种仅在编码阶段完成后才开始的活动。现在的软件测试被认为是一种应该包括在整个开发和维护过程中的活动。

参考答案

（11）B

试题（12）

依据GB/T 11457—2006《信息技术软件工程术语》，__(12)__ 是一种静态分析技术或评审过程。在此过程中，设计者或程序员引导开发组的成员通读已书写的设计或者代码，其他成员负责提出问题，并对有关技术、风格、可能的错误、是否违背开发标准等方面进行评论。

（12）A．走查　　　　B．审计　　　　C．认证　　　　D．鉴定

试题（12）分析

走查是一种静态分析技术或评审过程。在此过程中，设计者或程序员引导开发组的成员通读已书写的设计或者代码，其他成员负责提出问题，并对有关技术、风格、可能的错误、是否违背开发标准等方面进行评论。

参考答案

（12）A

试题（13）、（14）

过程质量是指过程满足明确和隐含需要的能力的特性之总和。根据 GB/T 16260—2006 中的观点，在软件工程项目中，评估和改进一个过程是提高__(13)__ 的一种手段，并据此成为提高__(14)__ 的一种方法。

（13）A．产品质量　　　B．使用质量　　　C．内部质量　　　D．外部质量

（14）A．产品质量　　　B．使用质量　　　C．内部质量　　　D．外部质量

试题（13）、（14）分析

过程质量（即在 GB/T 8566—2001 中定义的任一生存周期过程的质量）有助于提高产品质量，而产品质量又有助于提高使用质量。

参考答案

（13）A　　（14）B

试题（15）

依据 GB/T 16680—2015《系统与软件工程用户文档的管理者要求》，管理者应制订和维护用户文档编制计划。__(15)__ 不属于用户文档编制计划内容。

（15）A．文档开发过程中实施的质量控制
　　　B．用户文档的可用性要求
　　　C．确定用户文档需要覆盖的软件产品
　　　D．每个文档的媒体和输出格式的控制模板和标准设计

试题（15）分析

文档开发过程中实施的质量控制属于开发文档，描述软件开发过程，不需要给用户看，所以不属于用户文档编制计划的内容。

参考答案

（15）A

试题（16）

信息系统的安全威胁分成七类，其中不包括 (16) 。

(16) A．自然事件风险和人为事件风险　　B．软件系统风险和软件过程风险
　　　C．项目管理风险和应用风险　　　　D．功能风险和效率风险

试题（16）分析

从风险源的角度划分，可以将安全威胁划分为：自然事件风险、人为事件风险、软件风险、软件过程风险、项目管理风险、应用风险和用户使用风险。

参考答案

（16）D

试题（17）

(17) 不能保障公司内部网络边界的安全。

(17) A．在公司网络与 Internet 或外界其他接口处设置防火墙
　　　B．公司以外网络上用户要访问公司网时，使用认证授权系统
　　　C．禁止公司员工使用公司外部的电子邮件服务器
　　　D．禁止公司内部网络的用户私自设置拨号上网

试题（17）分析

网络边界指内外网的交叉处，采用防火墙、认证授权系统、禁止私自拨号上网等措施可有效控制内外网的边界，禁止员工使用公司外部电子邮件服务器与边界安全无关。

参考答案

（17）C

试题（18）

安全审计（security audit）是通过测试公司信息系统对一套确定标准的符合程度来评估其安全性的系统方法。安全审计的主要作用不包括 (18) 。

(18) A．对潜在的攻击者起到震慑或警告作用
　　　B．对已发生的系统破坏行为提供有效的追究证据
　　　C．通过提供日志，帮助系统管理员发现入侵行为或潜在漏洞
　　　D．通过性能测试，帮助系统管理员发现性能缺陷或不足

试题（18）分析

一个安全审计系统，主要有以下作用：

- 对潜在的攻击者起到震慑或警告作用；
- 对已发生的系统破坏行为提供有效的追究证据；
- 为系统安全管理员提供有价值的系统使用日志，从而帮助及时发现系统入侵行为或潜在的系统漏洞；
- 为系统安全管理员提供系统运行的统计日志，使其能够发现系统性能上的不足或需要改进与加强的地方。

参考答案
(18) D

试题(19)
局域网中,常采用广播消息的方法来获取访问目标 IP 地址对应的 MAC 地址,实现此功能的协议为 (19)。
(19) A．RARP 协议　　B．SNMP 协议　　C．SLIP 协议　　D．ARP 协议

试题(19)分析
ARP 协议就能把 IP 地址解析成 MAC 地址。ARP 将包含目标 IP 地址域的数据报封装在广播帧中,接收到 ARP 的实体,如果与本机 IP 相同则发回应答数据报,告之本机 MAC 地址,否则丢弃。

参考答案
(19) D

试题(20)
"采用先进成熟的技术和设备,满足当前业务需求,兼顾未来的业务需求"体现了"(20)"的机房工程设计原则。
(20) A．实用性和先进性　　　　B．灵活性和可扩展性
　　　C．经济性/投资保护　　　　D．可管理性

试题(20)分析
机房设计的原则,其中的实用性和先进性:机房必须具有良好的灵活性和可扩展性,能够根据业务不断深入发展的需要,扩大设备容量,提高可容纳的用户数量。具备支持多种网络传输、多种物理接口的能力,提供技术升级、设备更新的灵活性。

参考答案
(20) A

试题(21)
以下关于综合布线的叙述中,正确的是:(21)。
(21) A．综合布线系统只适用于企业、学校、团体,不适合家庭
　　　B．垂直干线子系统只能用光纤介质传输
　　　C．出于安全考虑,大型楼宇的设备间和管理间必须单独设置
　　　D．楼层配线架不一定在每一楼层都要设置

试题(21)分析
综合布线系统,每层可以有一个配置架,也可以多层共用一个配置架。

参考答案
(21) D

试题(22)
在进行网络规划时,应制定全网统一的网络架构,并遵循统一的通信协议标准,使符合标准的计算机系统很容易进行网络互联,这体现了网络规划的 (22) 原则。
(22) A．实用性　　　B．开放性　　　C．先进性　　　D．可靠性

试题（22）分析

在进行网络规划时，应制定全网统一的网络架构，并遵循统一的通信协议标准，使符合标准的计算机系统很容易进行网络互联，这体现了网络规划的开放性原则。

参考答案

（22）B

试题（23）

以下关于网络规划、设计与实施工作的叙述中，不正确的是：(23)。

(23) A．在设计网络拓扑结构时，应考虑的主要因素有：地理环境、传输介质与距离以及可靠性

B．在设计主干网时，连接建筑群的主干网一般考虑以光缆作为传输介质

C．在设计广域网连接方式时，如果网络用户有 WWW、E-mail 等具有 Internet 功能的服务器，一般采用专线连接或永久虚电路连接外网

D．无线网络不能应用于城市范围的网络接入

试题（23）分析

无线网络适用于很难布线的地方，支持十几平方千米的区域，对于城市范围的网络接入也能适用。

参考答案

（23）D

试题（24）

在无线通信领域，现在主流应用的是第四代（4G）通信技术，其理论下载速率可达到 (24) Mbps（兆比特每秒）。

(24) A．2.6　　　B．4　　　C．20　　　D．100

试题（24）分析

4G 的理论下载速度为 100Mbps。

参考答案

（24）D

试题（25）

为了将面向对象的分析模型转化为设计模型，设计人员必须完成以下任务：设计用例实现方案、设计技术支撑设施、(25)、精化设计模型。

(25) A．设计用例实现图　　　　　B．设计类图
　　　C．设计用户界面　　　　　　D．设计测试方案

试题（25）分析

为将面向对象分析模型转化为设计模型，设计人员必须完成以下任务：设计用例实现方案、设计技术支撑设施、设计用户界面和精化设计模型。

参考答案

（25）C

试题（26）

以下关于 UML（Unified Modeling Language，统一建模语言）的叙述中，不正确的是：(26)。

(26) A．UML 适用于各种软件开发方法

　　　B．UML 适用于软件生命周期的各个阶段

　　　C．UML 不适用于迭代式的开发过程

　　　D．UML 不是编程语言

试题（26）分析

UML 适用于各种软件开发方法，软件生命周期的各个阶段，各种应用领域以及各种开发工具。UML 是一种可视化建模语言，而不是编程语言。

参考答案

(26) C

试题（27）

面向对象的软件开发过程是用例驱动的，用例是 UML 的重要部分，用例之间存在着一定的关系。下图表示的是用例之间的 (27) 关系。

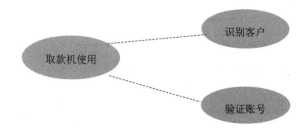

(27) A．泛化　　　　B．包含　　　　C．扩展　　　　D．等同

试题（27）分析

包含（include）关系指的是两个用例之间的关系，其中一个用例（称作基本用例，Base Use Case）的行为包含了另一个用例（称作包含用例，Inclusion Use Case）的行为。图所示是包含关系的例子，其中用例取款机专用（ATMSession）是基本用例，用例识别客户（IdentifyCustomer）和验证账号（ValidateAccount）是包含用例。

参考答案

(27) B

试题（28）

根据《中华人民共和国政府采购法》，(28) 应作为政府采购的主要采购方式。

(28) A．公开招标　　B．邀请招标　　C．竞争性谈判　　D．询价

试题（28）分析

《中华人民共和国政府采购法》第二十六条　政府采购采用以下方式：

（一）公开招标；

（二）邀请招标；

（三）竞争性谈判；

（四）单一来源采购；

（五）询价；

（六）国务院政府采购监督管理部门认定的其他采购方式。

公开招标应作为政府采购的主要采购方式。

参考答案

（28）A

试题（29）

根据《中华人民共和国政府采购法》，以下叙述中，不正确的是：__(29)__。

（29）A．集中采购机构是非营利性事业法人，根据采购人的委托办理采购事宜

B．集中采购机构进行政府采购活动，应当符合采购价格低于市场平均价格、采购效率更高、采购质量优良和服务良好的要求

C．采购纳入集中采购目录的政府采购项目，必须委托集中采购机构代理采购

D．采购未纳入集中采购目录的政府采购项目，只能自行采购，不能委托集中采购机构采购

试题（29）分析

《中华人民共和国政府采购法》第十八条　采购人采购纳入集中采购目录的政府采购项目，必须委托集中采购机构代理采购；采购未纳入集中采购目录的政府采购项目，可以自行采购，也可以委托集中采购机构在委托的范围内代理采购。

参考答案

（29）D

试题（30）

甲乙两人分别独立开发出相同主题的发明，但甲完成在先，乙完成在后。依据专利法规定，__(30)__。

（30）A．甲享有专利申请权，乙不享有　　B．甲不享有专利申请权，乙享有

C．甲、乙都享有专利申请权　　　　D．甲、乙都不享有专利申请权

试题（30）分析

《中华人民共和国专利法》第九条同样的发明创造只能授予一项专利权。但是，同一申请人同日对同样的发明创造既申请实用新型专利又申请发明专利，先获得的实用新型专利权尚未终止，且申请人声明放弃该实用新型专利权的，可以授予发明专利权。

两个以上的申请人分别就同样的发明创造申请专利的，专利权授予最先申请的人。

参考答案

（30）C

试题（31）

通常在__(31)__任命项目经理比较合适。

（31）A．可研过程之前　　　　　　　　B．签定合同之前

C．招投标之前　　　　　　　　　D．开始制订项目计划前

试题（31）分析

尽可能在项目早期确定和任命项目经理。通常在开始项目计划前就确定和任命项目经理。

参考答案

（31）D

试题（32）

现代项目管理过程中，一般会将项目的进度、成本、质量和范围作为项目管理的目标，这体现了项目管理的_(32)_特点。

（32）A．多目标性　　　B．层次性　　　C．系统性　　　D．优先性

试题（32）分析

项目管理具有多目标性，对于实际的项目，不管哪种类型，项目目标基本表现在三个方面：时间、成本、质量。

参考答案

（32）A

试题（33）

项目范围说明书（初步）的内容不包括_(33)_。

（33）A．项目和范围的目标　　　　B．产品或服务的需求和特点
　　　C．项目需求和交付物　　　　D．项目计划网络图

试题（33）分析

初步范围说明书的内容包括：项目和范围的目标；产品或服务的需求和特点；产品的验收标准；项目的边界；项目需求和交付物等。项目计划网络图是进度计划的内容。

参考答案

（33）D

试题（34）

下图是变更控制管理流程图，该流程图缺少_(34)_。

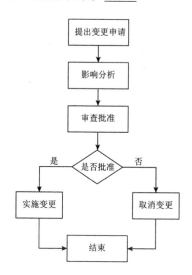

(34) A. 评估影响记录　　　　　　　B. 配置审计
　　　　　C. 变更定义　　　　　　　　　D. 记录变更实施情况

试题（34）分析

　　变更控制流程包括：提出变更、变更影响分析、CCB 审查批准、实施变更、监控变更、记录变更实施情况、结束变更。

参考答案

　　(34) D

试题（35）

　　在创建工作分解结构时，描述生产一个产品所需要的实际部件、组件的分解层次表格称为 (35)。

　　(35) A. 风险分解结构　　　　　　　B. 物料清单
　　　　　C. 组织分解结构　　　　　　　D. 资源分解结构

试题（35）分析

　　物料清单（BOM）描述了生产一个产品所需的实际部件、组件和构件的分级层次表格。

参考答案

　　(35) B

试题（36）、(37)

　　下图是某项目的箭线图（时间单位：周），其关键路径是 (36)，工期是 (37) 周。

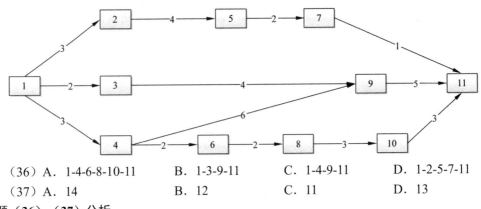

　　(36) A. 1-4-6-8-10-11　　B. 1-3-9-11　　C. 1-4-9-11　　D. 1-2-5-7-11
　　(37) A. 14　　　　　　　B. 12　　　　　C. 11　　　　　D. 13

试题（36）、(37) 分析

　　双代号网络图，关键路径是最长的路径：1-4-9-11，工期为 3+6+5=14。

参考答案

　　(36) C　　(37) A

试题（38）

　　项目范围基线包括 (38)。

　　(38) A. 批准的项目范围说明书、WBS 及 WBS 字典
　　　　　B. 项目初步范围说明书、WBS 及 WBS 字典

C．批准的项目范围说明书、WBS 字典
D．项目详细范围说明书、WBS

试题（38）分析

已批准的项目范围说明书（详细）、WBS 及其 WBS 字典构成了项目的范围基线。

参考答案

（38）A

试题（39）

辅助（功能）研究是项目可行性研究中的一项重要内容。以下叙述中，正确的是：__(39)__。

(39) A．辅助（功能）研究只包括项目的某一方面，而不是项目的所有方面
   B．辅助（功能）研究只能针对项目的初步可行性研究内容进行辅助的说明
   C．辅助（功能）研究只涉及项目的非关键部分的研究
   D．辅助（功能）研究的费用与项目可行性研究的费用无关

试题（39）分析

辅助（功能）研究包括项目的一个或几个方面，但不是所有方面，并且只能作为初步可行性研究、项目可行性研究和大规模投资建议的前提或辅助。

参考答案

（39）A

试题（40）

在进行项目可行性分析时，需要在__(40)__过程中针对投入/产出进行对比分析，以确定项目的收益率和投资回收期等。

(40) A．经济可行性分析   B．技术可行性分析
   C．运行环境可行性分析   D．法律可行性分析

试题（40）分析

经济可行性分析的目的是为了将项目的范围由技术语言转化为财务视角可以读懂投资回报信息；是对整个项目的投资及其所产生的经济效益进行分析，具体包括指出分析、收益分析、投资汇报分析以及敏感性分析等。

参考答案

（40）A

试题（41）

以下关于项目沟通管理的叙述中，不正确的是：__(41)__。

(41) A．对于大多数项目而言，沟通管理计划应在项目初期就完成
   B．基本的项目沟通内容信息可以从项目工作分解结构中获得
   C．制定合理的工作分解结构与项目沟通是否充分无关
   D．项目的组织结构在很大程度上影响项目的沟通需求

试题（41）分析

制定合理的工作分解结构，需要和项目干系人进行充分沟通。

参考答案

（41）C

试题（42）

沟通管理计划包括确定项目干系人的信息和沟通需求，在编制沟通计划时，__(42)__ 不是沟通计划编制的输入。

（42）A．组织过程资产　　　　　B．项目章程
　　　 C．沟通需求分析　　　　　D．项目范围说明书

试题（42）分析

沟通计划编制的输入：①组织过程资产；②项目章程；③项目管理计划；④项目范围说明书。沟通需求分析是沟通计划编制使用的工具和技术。

参考答案

（42）C

试题（43）

在进行项目干系人分析时，经常用到权利/利益分析法，__(43)__ 属于第二区域的项目干系人。

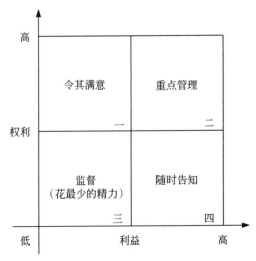

（43）A．项目客户　　B．项目团队成员　　C．项目经理　　D．供应商

试题（43）分析

请参考《信息系统项目管理师教程》（第2版）[①]图12-5，首先关注B区（第二区）的干系人，他们对项目有很高的权力，也很关注项目的结果，项目经理应该"重点管理，及时汇报"，应采取有力的行动让该区干系人满意。项目的客户和项目经理的主管领导，就是这样的项目干系人。

---

① 本章提及的《信息系统项目管理师教程》（第2版）为全国计算机技术与软件专业技术资格（水平）考试指定用书，由清华大学出版社出版。

参考答案

（43）A

试题（44）

在沟通管理中，一般 (44) 是最有效的沟通并解决干系人之间问题的方法。

(44) A．面对面会议　　B．问题日志　　C．问题清单　　D．绩效管理

试题（44）分析

面对面会议是最有效的沟通并解决干系人之间问题的方法。

参考答案

（44）A

试题（45）

 (45) 提供了一种结构化方法以便使风险识别的过程系统化、全面化，使组织能够在统一的框架下进行风险识别，提高组织风险识别的质量。

(45) A．帕累托图　　B．检查表　　C．风险类别　　D．概率影响矩阵

试题（45）分析

风险类别提供了一种结构化方法以便使风险识别的过程系统化、全面化，使组织能够在统一的框架下进行风险识别，提高组织风险识别的工作质量和有效性。

参考答案

（45）C

试题（46）

 (46) 不属于风险管理计划编制的成果。

(46) A．风险类别　　B．风险概率　　C．风险影响力的定义　　D．风险记录

试题（46）分析

风险管理计划编制的输出包含：风险类别、风险概率和影响力的定义、概率及影响矩阵等。风险记录是后续风险评估、风险定性分析、风险定量分析过程的输出。

参考答案

（46）D

试题（47）

赫茨伯格的双因素激励理论中的激励因素类似于马斯洛的需求层次理论中的" (47) "。

(47) A．安全和自我实现　　　　B．尊重和自我实现
　　 C．安全和社会认可　　　　D．社会认可和尊重

试题（47）分析

赫茨伯格的双因素激励理论中的激励需求，类似于马斯洛的自尊和自我实现的需求，积极的激励行为会使员工努力积极地工作，以达到公司的目标和员工自我实现的满足感和责任感。

参考答案

（47）B

试题（48）

某公司任命小王为某信息系统开发项目的项目经理。小王组建的团队经过一段时间的磨

合，成员之间相互熟悉和了解，矛盾基本解决，项目经理能够得到团队的认可。由于项目进度落后，小王又向公司提出申请，项目组加入了 2 名新成员。此时项目团队处于 (48)。

(48) A．震荡阶段　　B．发挥阶段　　C．形成阶段　　D．规范阶段

试题（48）分析

优秀团队的建设并非一蹴而就，要经历几个阶段。第一个阶段称为形成期（Forming）。团队中的个体成员转变为团队成员，开始形成共同目标。第二个阶段称为震荡期（Storming）。团队成员开始执行分配的任务，一般会遇到超出预想的困难，希望被现实打破，个体之间开始争执，互相指责，并且开始怀疑项目经理的能力。第三个阶段称为正规期（Norming）。经过一定时间的磨合，团队成员之间相互熟悉和了解，矛盾基本解决，项目经理能够确立正确的关系。第四个阶段称为发挥期（Performing）。随着相互之间的配合默契和对项目经理信任，成员积极工作，努力实现目标。这时集体荣誉感非常强，常将团队换成第一称谓。

当项目团队已经共同工作了相当一段时间，正处于项目团队建设的发挥阶段时，一个新成员加入了该团队，这个新成员和原有成员之间不熟悉，对项目目标不清晰了解，因此团队建设将从形成阶段重新开始。

参考答案

(48) C

试题（49）

(49) 不属于项目团队建设的工具和技巧。

(49) A．事先分派　　B．培训　　C．集中办公　　D．认可和奖励

试题（49）分析

项目团队建设的工具和技术包括：①一般管理技能；②培训；③团队建设活动；④基本原则；⑤同地办公（集中）；⑥认可和奖励。

事先分派是团队组建的工具和技术。

参考答案

(49) A

试题（50）、（51）

一般，项目计划主要关注项目的 (50)，但是对大型复杂项目来说，必须优先考虑制定项目的 (51)。

(50) A．活动计划　　B．过程计划　　C．资源计划　　D．组织计划
(51) A．活动计划　　B．过程计划　　C．资源计划　　D．组织计划

试题（50）、（51）分析

一般项目的计划主要关注的是项目活动的计划，但是对大型及复杂项目来说，制订项目活动计划之前，必须先制订项目的过程计划。

参考答案

(50) A　 (51) B

试题（52）

大型复杂项目中，统一的项目过程体系可以保证项目质量。在统一过程体系中，(52) 相对更

重要，以使过程制度达到期望的效果。

(52) A．制定过程　　B．执行过程　　C．监督过程　　D．改进过程

试题（52）分析

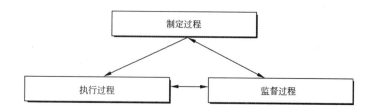

要使过程达到期望的效果，就需要进行监督。现代的社会认为，没有独立的监督机制存在不能保证制度被有效地贯彻。物理学中的"熵增原理"给了我们一个启示：孤立系统的熵是增加的。熵是一个衡量系统混乱度的指标。也就是说，如果没有外部的约束场能量，系统一定会趋于无序状态的。而这个约束系统有序的外部场能量就是指独立的监督机制。一般在组织中，这个监督机制就是质量保证（Quality Assurance）。

参考答案

(52) C

试题（53）

审核并记录供应商的绩效信息，建立必需的纠正和预防措施，作为将来选择供应商的参考过程，属于项目采购管理的__(53)__过程。

(53) A．供方选择　　B．合同收尾　　C．编制合同　　D．合同管理

试题（53）分析

合同管理：管理合同以及买卖关系；审核并记录供应商的绩效以建立必需的纠正和预防措施，并作为将来选择供应商的参考；管理合同相关的变更与项目客户的合同关系。

参考答案

(53) D

试题（54）

采购是从外部获得产品和服务的完整的购买过程。以下关于采购的叙述中，可能不恰当的是：__(54)__。

(54) A．卖方可能会设立一个项目来管理所有的工作
　　　B．企业采购可以分为日常采购行为和项目采购行为
　　　C．如果采购涉及集成众多的产品和服务，企业倾向于寻找总集成商
　　　D．在信息系统集成行业，普遍将项目所需产品或服务资源采购称为"外包"

试题（54）分析

对于企业而言，一般存在不同的采购种类，一种是依据公司的战略计划的采购行为，一种是依据公司所投资（或承包）的项目特点、环境的采购行为。当然，还有一种特例：企业的日常采购行为。

参考答案

（54）B

试题（55）

项目整体绩效评估中风险评估是一个十分重要的技术。风险评估不是简单的凭空想象，必须在 (55) 后才能方便操作。

(55) A．制订风险管理计划　　　　B．风险识别
　　　C．风险定性分析　　　　　　D．风险定量分析

试题（55）分析

风险评估不只是简单的凭空想象，必须进行量化后才能方便操作。

参考答案

（55）D

试题（56）

对项目的投资效果进行经济评价的方法，包含静态分析法和动态分析法，这两种方法的区别主要体现在 (56)。

(56) A．是否考虑了资金的时间价值　　B．是否考虑了投资收益
　　　C．是否考虑了投资回收期　　　　D．是否考虑了投资总额与差额

试题（56）分析

动态分析法也叫贴现法，它考虑了资金的时间价值，较静态分析法更为实际合理。

参考答案

（56）A

试题（57）

以下关于大型复杂项目和多项目管理的叙述中，不正确的是：(57)。

(57) A．大型复杂项目必须建立以过程为基础的管理体系
　　　B．为了确保大型复杂项目的过程制度起到预期作用，必须在项目团队内部建立统一的体系，包括制定过程、计划过程、执行过程
　　　C．大型复杂项目的项目过程确定后，再制定项目计划
　　　D．大型 IT 项目大都是在需求不十分清晰的情况下开始的，所以项目自然分成需求定义和需求实现两个主要阶段

试题（57）分析

对于大型和复杂项目来说，必须建立以过程为基础的管理体系。如果希望过程制度起到期望的作用，还必须在项目团队内部建立一个体系，包括：制定过程、执行过程和监督过程。

参考答案

（57）B

试题（58）

项目经理小王在做软件项目成本估算时，先考虑了最不利的情况，估算出项目成本为 120 人日，又考虑了最有利的情况下项目成本为 60 人·日，最后考虑一般情况下的项目成本可能为 75 人·日，该项目最终的成本预算应为 (58) 人·日。

(58) A. 100　　　　　B. 90　　　　　C. 80　　　　　D. 75

试题（58）分析

三点估算法，成本预算=（75×4+120+60）/6= 80

参考答案

（58）C

试题（59）

项目经理对项目负责，其正式权利由 (59) 获得。

(59) A．项目工作说明书　　　　B．成本管理计划
　　 C．项目资源日历　　　　　D．项目章程

试题（59）分析

项目章程对项目经理进行授权，以便他可以使用组织资源执行项目。

参考答案

（59）D

试题（60）

质量管理工具 (60) 常用于找出导致项目问题产生的潜在原因。

(60) A．控制图　　　B．鱼骨图　　　C．散点图　　　D．直方图

试题（60）分析

因果图（又称石川图或鱼刺图），直观反映了影响项目中可能出现的问题与各种潜在原因之间的关系。

参考答案

（60）B

试题（61）

信息系统工程监理的内容可概括为：四控、三管、一协调，其中"三管"主要是针对项目的 (61) 进行管理。

(61) A．进度管理、成本管理、质量管理　　B．合同管理、信息管理、安全管理
　　 C．采购管理、配置管理、安全管理　　D．组织管理、范围管理、挣值管理

试题（61）分析

"四控"：进度控制、质量控制、成本控制、变更控制。

"三管"：合同管理、安全管理、文档管理。

"一协调"：沟通与协调业主、承建方、设备和材料供应商之间的关系。

参考答案

（61）B

试题（62）

根据《国家电子政务工程建设项目档案管理暂行办法》的规定，电子政务项目实施机构应在电子政务项目竣工验收后 (62) 个月内，根据建设单位档案管理规定，向建设单位或本机构的档案管理部门移交档案。

(62) A．6　　　　　B．1　　　　　C．2　　　　　D．3

试题（62）分析

《国家电子政务工程建设项目档案管理暂行办法》：第十九条　电子政务项目实施机构应在电子政务项目竣工验收后 3 个月内，根据建设单位档案管理规定，向建设单位或本机构的档案管理部门移交档案。需经常利用的档案，可在办理移交手续后借出。

参考答案

（62）D

试题（63）

以下关于软件版本控制的叙述中，正确的是：（63）。

（63）A．软件开发人员对源文件的修改在配置库中进行

　　　B．受控库用于管理当前基线和控制对基线的变更

　　　C．版本管理与发布由 CCB 执行

　　　D．软件版本升级后，新基线存入产品库且版本号更新，旧版本可删除

试题（63）分析

配置库有三类：开发库、受控库、产品库。软件开发人员对源文件的修改在开发库中进行。受控库用于管理当前基线和控制对基线的变更。版本管理与发布由配置管理员执行。软件版本升级后，新基线存入产品库且版本号更新，旧版本不可删除，版本库里保存所有版本。

参考答案

（63）B

试题（64）

在与客户签订合同时，可以增加一些条款，如限定客户提出需求变更的时间，规定何种情况的变更可以接受、拒绝或部分接受，规定发生需求变更时必须执行变更管理流程等内容属于针对需求变更的（64）。

　　（64）A．合同管理　　　B．需求基线管理　　　C．文档管理　　　D．过程管理

试题（64）分析

在与客户签订合同时，可以增加一些相关条款，如限定客户提出需求变更的时间，规定何种情况的变更可以接受、拒绝或部分接受，还可以规定发生需求变更时必须执行变更管理流程。这些都需要通过合同管理的进行约束。

参考答案

（64）A

试题（65）

项目的需求文档应精准描述要交付的产品，应能反映出项目的变更。当不得不作出变更时，应该（65）对被影响的需求文件进行处理。

　　（65）A．从关注高层系统需求变更的角度　　　B．从关注低层功能需求变更的角度
　　　　　C．按照从高层到低层的顺序　　　　　　D．按照从低层到高层的顺序

试题（65）分析

当不得不做出变更时，应该按从高级到低级的顺序对被影响的需求文档进行处理。如果在最低层需求上做出变更，(典型的情况是一个功能性需求)，可能会导致需求同上层文档不一致。

参考答案

（65）C

试题（66）

某机构拟进行办公自动化系统的建设，有四种方式可以选择：①企业自行从头开发；②复用已有的构件；③外购现成的软件产品；④承包给专业公司开发。针对这几种方式，项目经理提供了如下表所示的决策树。其中在复用的情况下，如果变化大则存在两种可能，简单构造的概率为 0.2，成本约 31 万元；复杂构造的概率为 0.8，成本约 49 万元。据此表，管理者选择建设方式的最佳决策是 (66) 。

项目名称	办公自动化系统							
选择方案	自行开发		复用		外购		承包	
决策节点	难度小	难度大	变化少	变化大	变化少	变化大	没变化	有变化
概率分布	0.3	0.7	0.4	0.6	0.7	0.3	0.6	0.4
预期成本/万元	38	45	27.5	见说明	21	30	35	50

(66) A. 企业自行从头开发　　　　B. 复用已有的构件
　　　C. 外购现成的软件产品　　　D. 承包给专业公司开发

试题（66）分析

采用决策树分析帮助管理者进行决策：

自行开发：38×0.3+45×0.7=42.9

复用：27.5×0.4+(0.2×31+0.8×49)=56.4

外购：21×0.7+30×0.3=23.7

承包：35×0.6+50×0.4=41

所以选择外购是期望成本最低的。

参考答案

（66）C

试题（67）

下图标出了某产品从产地 V_s 到销地 V_t 的运输网，箭线上的数字表示这条运输线的最大通过能力（流量）（单位：万吨/小时）。产品经过该运输网从 V_s 到 V_t 的最大运输能力可以达到 (67) 万吨/小时。

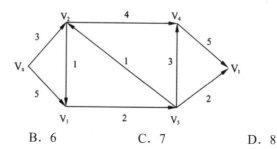

(67) A. 5　　　B. 6　　　C. 7　　　D. 8

试题（67）分析

最大值的二条线路为：

$V_s-V_2-V_4-V_t=3$

$V_s-V_1-V_3-V_t=2$

所以产品经过该运输网从 V_s 到 V_t 的最大运输能力可以达到 3+2=5 万吨/小时。

参考答案

（67）A

试题（68）

假设某 IT 服务企业，其固定成本为 50 万元，每项服务的可变成本为 2000 元/次，提供每项服务的价格为 2500 元/次。那么该企业的盈亏平衡点为（68）次。

（68）A．1500　　　　B．1000　　　　C．600　　　　D．1200

试题（68）分析

设盈亏平衡点为 X 次，$2500X-2000X=500\,000$，$X=1000$。

参考答案

（68）B

试题（69）

某企业生产甲、乙两种产品，其单位利润分别是 300 元、200 元。该公司有两个机械加工中心 I 和 II，它们每天工作的有效工时分别为 20 小时、18 小时。甲、乙产品都需经过这两个中心加工，生产每单位产品甲在加工中心 I 需要 1 小时，在加工中心 II 需要 3 小时。生产每单位产品乙在加工中心 I 和 II 各需要 2 小时和 1 小时。根据市场调查，产品甲的日需求量不会超过 5 单位，产品乙则无论生产多少都能售完。利润最大的生产方案是（69）。

（69）A．每天生产产品甲 4.2 单位，乙 8.6 单位
　　　B．每天生产产品甲 4.6 单位，乙 6.8 单位
　　　C．每天生产产品甲 3.6 单位，乙 7.5 单位
　　　D．每天生产产品甲 3.2 单位，乙 8.4 单位

试题（69）分析

用代入法。

A 选项代入甲乙在中心 I 的时间总和为 21.4 > 20，不符合。

B 选项代入甲乙在中心 II 的时间总和为 20.6 > 18，不符合。

C 选项代入甲乙在中心 II 的时间总和为 18.3 > 18，不符合。

D 选项符合要求。

参考答案

（69）D

试题（70）

项目经理在进行预算方案编制时，收集到的基础数据如下：工作包的成本估算为 40 万元；工作包的应急储备金为 4 万元；管理储备金为 2 万元。该项目的成本基准是（70）万元。

（70）A．40　　　　B．44　　　　C．42　　　　D．46

试题（70）分析

管理储备金不包含在成本基准里。成本基准=40+4=44。

参考答案

（70）B

试题（71）

Cloud computing is a type of Internet-based computing that provides shared computer processing resources and data to computers and other devices on demand. Advocates claim that cloud computing allows companies to avoid up-front infrastructure costs. Cloud computing now has few service form, but it is not including __(71)__ .

（71）A. IaaS　　　B. PaaS　　　C. SaaS　　　D. DaaS

试题（71）分析

云计算是一种基于 Internet 的计算，它为计算机和其他设备提供共享的计算机处理资源和数据。拥护者声称，云计算允许公司避开前端的基础设施成本。云计算可以认为包括以下几个层次的服务：基础设施即服务（IaaS），平台即服务（PaaS）和软件即服务（SaaS），不包括 DaaS。

参考答案

（71）D

试题（72）

__(72)__ represents the information assets characterized by such a High Volume, Velocity and Variety to require specific Technology and Analytical Methods for its transformation into Value.

（72）A. Internet plus　　　　B. Industry 4.0
　　　C. Big data　　　　　　D. Cloud computing

试题（72）分析

大数据代表以高容量、速度和多样性为特征的信息资产，需要特定技术和分析方法将其转化为价值。

参考答案

（72）C

试题（73）

The life cycle of a project is a description of the various phases of the project from the beginning to the end. One of the followings is not a phase of the traditional project life cycle, it is __(73)__ .

（73）A. development　　　　B. concept
　　　C. system analysis　　　D. implementation

试题（73）分析

项目的生命周期是对项目各个阶段从开始到结束的描述。概念、开发、实施都属于传统项目生命周期。

参考答案

(73) C

试题（74）

Projects are a mean of achieving organizational ___(74)___.

(74) A．culture　　　　B．strategy　　　　C．spirit　　　　D．structure

试题（74）分析

项目是实现组织战略的手段。

参考答案

(74) B

试题（75）

___(75)___ seeks to build confidence that a future output or an unfinished output, will be completed in a manner that meets the specified requirements and expectations.

(75) A．Quality assurance　　　　B．Quality plan
　　 C．Quality control　　　　　D．Quality metrics

试题（75）分析

质量保证寻求建立一种未来产出或未完成产出的信心，以满足特定要求和期望的方式。

参考答案

(75) A

第8章 2017上半年信息系统项目管理师下午试题 I 分析与解答

试题一（25分）
阅读下列说明，回答问题1至问题4，将解答填入答题纸的对应栏内。

【说明】
某项目工期为6个月，该项目的项目经理在第3月末对项目进行了中期检查，检查结果表明完成了计划进度的90%，相关情况见下表（单位：万元），表中活动之间存在F-S关系。

序号	活动	第1月	第2月	第3月	第4月	第5月	第6月	PV值
1	编制计划	4	4					8
2	需求调研		6	6				12
3	概要设计			4	4			8
4	数据设计				8	4		12
5	详细设计					8	2	10
	月度PV	4	10	10	12	12	2	
	月度AC	4	11	11				

【问题1】（8分）
计算中期检查时项目的CPI、CV和SV，以及"概要设计"活动的EV和SPI。

【问题2】（4分）
如果按照当前的绩效，计算项目的ETC和EAC。

【问题3】（8分）
请对该项目目前的进展情况作出评价。如果公司规定，在项目中期评审中，项目的进度绩效指标和成本绩效指标在计划值的正负10%即为正常，则该项目是否需要采取纠正措施？如需要，请说明可采取哪些纠正措施进行成本控制；如不需要，请说明理由。

【问题4】（5分）
结合本案例，判断下列选项的正误（填写在答题纸的对应栏内，正确的选项填写"√"，错误的选项填写"×"）：

（1）应急储备是包含在成本基准内的一部分预算，用来应对已经接受的已识别风险，并已经制定应急或减轻措施的已识别风险。（　　）

（2）管理储备主要应对项目的"已知-未知"风险，是为了管理控制的目的而特别留出的项目预算。（　　）

（3）管理储备是项目成本基准的有机组成部分，不需要高层管理者审批就可以使用。（　　）

（4）成本基准就是项目的总预算，不需要按照项目工作分解结构和项目生命周期进行分解。（　　）

（5）成本管理过程及其使用的工具和技术会因应用领域的不同而变化，一般在项目生命期定义过程中对此进行选择。（　　）

试题一分析

本题重点考核成本管理方法和技术。

【问题 1】

定义与计算题，需要考生熟记挣值管理 PV、EV、AC 的定义，并应用挣值管理技术进行计算：CPI=EV/AC，SPI=EV/PV。

【问题 2】

计算题，应用挣值管理技术进行计算 ETC=（BAC-EV）/CPI，EAC=AC+ETC。

【问题 3】

考查考生应用挣值管理技术进行项目管理，评价项目进展情况，并如何采取一些措施进行成本控制。

【问题 4】

判断细节题，考查考生对应急储备、管理储备、成本基准等概念的理解。

参考答案

【问题 1】（8 分）

目前项目 PV=4+10+10=24 万元（1 分）

EV=24×0.9=21.6 万元（1 分）

AC=4+11+11=26 万元（1 分）

所以此时项目的 CPI=EV/AC=21.6/26=83%（1 分）

CV=EV-AC=21.6-26=-4.4 万元（1 分）

SV=EV-PV=21.6-24=-2.4 万元（1 分）

（直接给出 CPI、CV、SV 的正确结果每个给 2 分）

"概要设计"活动的 EV=21.6-8-12=1.6 万元（1 分）

SPI=EV/PV=1.6/4=40%（1 分）

【问题 2】（4 分）

ETC=（BAC-EV）/CPI=（50-21.6）/0.83=34.22 万元（2 分）

EAC=AC+ETC=26+34.22=60.22 万元（2 分）

【问题 3】（8 分）

项目经理对该项目目前的进展情况的评价是：进度落后（1 分），成本超支（1 分）。

由于项目的 SPI=90%，CPI=83%<90%，所以项目当前已经超出了允许的误差范围，应该采取相应的成本纠正措施。（1 分）

项目经理可以采取：

（1）对造成成本基准变更的因素施加影响；

（2）确保所有变更请求都得到及时处理，当变更发生时，管理这些变更；

(3) 管理WBS每个组件的成本;
(4) 监督成本绩效，找出并分析与成本基准的偏差;
(5) 防止在成本或资源使用报告中出现未经批准的变更，并向相关当事人报告。
（每项1分，共5分，其他合理答案酌情给分）

【问题4】（5分）
(1) √
(2) ×
(3) ×
(4) ×
(5) √
（每个1分，共5分）

试题二（29分）

阅读下列说明，回答问题1至问题4，将解答填入答题纸的对应栏内。

【说明】
某系统集成公司A中标某信息中心IT运维平台开发项目，公司A任命小李为项目经理。小李在项目启动阶段确定了项目团队和项目组织架构。项目团队分为三个小组：研发组、测试组和产品组。各组成员分别来自研发部、测试部以及产品管理部。

小李制订了项目整体进度计划，将项目分为需求分析、设计、编码、试运行和验收五个阶段。为保证项目质量，小李请有着多年的编码、测试工作经历的测试组组长张工兼任项目的质量保证人员。

在项目启动会上，小李对张工进行了口头授权，并要求张工在项目的重要阶段（如完成需求分析、完成总体设计、完成单元编码和测试等）必须对项目交付物进行质量检查。在检查时，张工可以根据自己的经验提出要求，对于不满足要求的工作，必须立即进行返工。

项目在实施过程中，遇到一些问题，具体如下：

在项目组完成编码与单元测试工作，准备进行系统集成前，张工按照项目经理小李的要求进行了质量检查。在检查过程中，张工凭借多年开发经验，认为某位开发人员负责的一个模块代码存在响应时间长的问题，并对其开具了不符合项报告。但这位开发人员认为自己是严格按照公司编码规范编写的，响应时间长不是自己的问题。经过争吵，张工未能说服该开发人员，同时考虑到该模块对整体项目影响不大，张工没有再追究此事，该代码也没有修改。

在项目上线前，信息中心领导组织技术专家到项目现场进行调研和考察。专家组对已完成的编码进行了审查，发现很多模块不能满足甲方的质量要求。

【问题1】（10分）
请指出该项目在质量管理方面可能存在哪些问题？

【问题2】（8分）
请指出张工在质量检查中可能存在的问题。

【问题3】（6分）
针对上述问题，如果你是项目经理，你会采取哪些措施？

【问题4】（5分）

在（1）～（5）中填写恰当内容（从候选答案中选择一个正确选项，将该选项编号填入答题纸对应栏内）。

在质量控制中，可以使用的工具和技术有 (1) 、 (2) 、 (3) 、 (4) 、 (5) 。

候选答案：
  A．趋势分析   B．实验设计   C．因果图   D．统计抽样
  E．帕累托图   F．质量成本   G．成本/效益分析 H．控制图

试题二分析

本题重点考核质量管理流程、方法和技术。

【问题1】

需要考生仔细分析质量管理相关流程是否符合项目管理理论与实践。

【问题2】

问答题，考核质量管理人员工作内容与工作方法。

【问题3】

结合问题1，要求考生写出正确的质量管理流程和方法。

【问题4】

选择细节题，考查考生对质量控制工具的理解。

参考答案

【问题1】（10分）

（1）没有制订项目质量管理计划。

（2）只考虑了项目交付物的质量控制，未考虑项目管理过程的质量保证。

（3）不应只在项目的重要阶段进行质量检查（不要等产品完成后再检查），应加强项目过程中的质量控制或检查。

（4）没有根据用户的质量要求形成项目的质量检查标准、规范，及配备相应的质量检查工具（如质量检查单），而是以个人经验（张工的经验）作为质量要求。

（5）质量管理中，没有与合适的技术手段相结合。

（6）项目质量保证人员应独立于项目组。

（7）"对于不满足要求的工作，必须立即进行返工"不符合变更流程。

（8）与客户沟通不够。

（每项2分，最多得10分）

【问题2】（8分）

（1）没有提前编制质量管理计划（质量检查单）。

（2）没有依据相关的质量标准或规范进行检查，而是凭借个人经验检查并开具不符合项。

（3）没有对质量检查中的不符合项进行分析，并制定预防或纠正措施。

（4）没有将质量检查中出现的问题（如人员不配合等）及时升级给项目经理，请项目经理协调处理。

（5）对项目中发现的质量问题，不能主观认为是小问题而不去纠正。

（每项 2 分，最多得 8 分）

【问题 3】（6 分）

（1）与客户确认本项目的质量要求和质量规范。
（2）科学制定项目后续的质量管理计划。
（3）加强质量保证和质量控制，将项目交付物和项目管理过程都纳入质量控制范围。
（4）合理分配质量职责（任命或调入独立于项目组的 QA 人员）。
（5）处理不符合项，必要时进行项目变更（调整项目进度、成本计划）。
（6）加强与客户的沟通和交流。

（每项 2 分，最多得 6 分）

【问题 4】（5 分）

（1）A
（2）C
（3）D
（4）E
（5）H

（1）～（5）答案可互换

（每个 1 分，共 5 分）

试题三（21 分）

阅读下列说明，回答问题 1 至问题 4，将解答填入答题纸的对应栏内。

【说明】

项目经理小李负责了一个新的项目，该项目的内容是为某市开发一套智慧城市公共综合信息服务平台。项目启动阶段，甲方仔细查看了小李提交的项目实施方案，提出由于该项目的投资方构成复杂，项目需求不清晰，希望项目组能想办法解决这个问题。

小李向公司申请了几名经验丰富的系统分析师，加强需求分析阶段的工作。经过较为充分的需求调研，形成了初步的需求说明书。小李认为需求分析工作较为详细，按照公司常用的软件开发生命周期模型，选择了瀑布模型进行开发。

在编写概要设计和详细设计说明书的过程中，客户方提出了几处需求的修改要求。由于其工作量不大，小李直接安排系统分析师按客户的要求进行了修改。在编码阶段后期，由于客户的投资方发生了变化，新的投资方采用了新的运营模式，导致需求发生较大变化。由于前期甲方已经强调过项目需求特点和要求，小李只能接受客户新的变更要求。在执行变更的过程中，项目组发现新的需求将导致系统架构的更改，经过评估该变更将使项目延期。

【问题 1】（5 分）

请分析该项目在整个过程中存在哪些主要问题？

【问题 2】（7 分）

请说明项目范围（需求）变更控制流程。

【问题 3】（6 分）

请将下面（1）～（6）处的答案填写在答题纸的对应栏内。

每项记录在册的变更请求都必须由 (1) 批准或否决。

变更结束后，形成新的项目基线并纳入配置库的 (2) 库中，这时配置管理员应向项目组成员提交一份 (3) 报告。

(4)、(5)、(6) 构成了项目的范围基准。

【问题 4】（3 分）

小李选择瀑布模型作为生命周期模型是否合适？如合适，请说明理由；如不合适，请说明理由，并给出合适的生命周期模型。

试题三分析

本题重点考核范围管理、变更流程、方法和技术。

【问题 1】

需要考生仔细分析范围管理、需求相关的其他流程是否符合项目管理理论与实践。

【问题 2】

问答题，考核变更管理流程。

【问题 3】

细节题，考查考生变更管理过程中针对 CCB、配置库、范围基准等概念的理解。

【问题 4】

细节题，考查考生对各种常用生命周期模型特点的理解。

参考答案

【问题 1】（5 分）

（1）需求说明书可能未经过双方的评审和确认。

（2）不应该选择瀑布模型作为项目的生命周期模型。

（3）未按照整体变更控制流程实施项目变更。

（4）对于需求方面的风险应对不足。

（5）项目系统架构设计不合理。

（每项 1 分，共 5 分）

【问题 2】（7 分）

（1）由客户或项目组提出变更申请。

（2）项目经理应对需求变更产生的影响进行评估。

（3）提交 CCB 进行审批。

（4）CCB 审批通过后，安排相应人员实施变更。

（5）对变更过程要进行记录。

（6）对变更的结果要进行验证。

（7）相关干系人要对变更的结果进行确认。

（8）对变更的结果进行归档。

（每项 1 分，最多得 7 分）

【问题 3】（6 分）

（1）变更控制委员会（或 CCB）。

（2）受控。
（3）配置状态。
（4）经确认的范围说明书。
（5）WBS。
（6）WBS 字典。
（4）～（6）答案可互换。
（每个 1 分，共 6 分）

【问题 4】(3 分)

不合适。（1 分）

理由：项目需求不清晰。（1 分）

迭代模型（或原型、敏捷等）更为合适。（1 分）

第9章 2017上半年信息系统项目管理师下午试题 II 写作要点

> 从下列的 2 道试题（试题一至试题二）中任选 1 道解答。请在答题纸上的指定位置处将所选择试题的题号框涂黑。若多涂或者未涂题号框，则对题号最小的一道试题进行评分。

试题一 论信息系统项目的范围管理

实施项目范围管理的目的是包括确保项目做且只做所需的全部工作，以顺利完成项目的各个过程。项目范围管理关注为项目界定清楚工作边界，防止范围蔓延。当必须改变项目工作边界时，项目范围管理提供了一套规范的方法处理范围变更。

请围绕"信息系统项目的范围管理"论题，依次从以下三个方面进行论述。

1. 概要叙述你所参与管理过的信息系统项目（项目的背景、目标、规模、发起单位、项目内容、组织结构、项目周期、交付成果等），并说明你在其中承担的工作。

2. 结合项目实际，论述你对项目范围管理的认识，可以包括但不限于以下几个方面。
   （1）项目范围对项目的意义。
   （2）项目范围管理的主要过程、工具和技术。
   （3）引起项目范围变更的因素。
   （4）如何做好项目范围控制，防止项目范围蔓延。

3. 请结合论文中所提到的信息系统项目，介绍你是如何进行范围管理的，包括具体做法和经验教训。

试题一写作要点

第一方面评分要点：
论文结构合理，摘要正确，正文完整，语言流畅，字迹清楚。
所述项目真实可信，介绍得当。

第二方面评分要点：
论述的要点要覆盖题目要求的四个方面，但又不局限于该四方面。
（1）项目范围对项目的意义
（a）清楚了项目的工作具体范围和具体工作内容，为提高成本、时间和资源估算的准确性提供了基础。
（b）项目范围是确定要完成哪些具体的工作，项目范围基准是确定项目进度测量和控制的基准。

(c) 项目范围的确定就是确定了项目的具体工作任务，有助于清楚的责任划分和任务分配。

（2）项目范围管理的过程包含的主要内容

(a) 范围计划编制——制订一个项目范围管理计划，它规定了如何对项目范围进行定义、确认、控制，以及如何制定工作分解结构（WBS）。

(b) 范围定义——开发一个详细的项目范围说明书，作为将来项目决策的基础。

(c) 创建工作分解结构——将项目的主要可交付成果和项目工作细分为更小更易于管理的部分。

(d) 范围确认——正式接受已完成的项目交付物。

(e) 范围控制——控制项目范围变更。

（3）项目范围管理中用到的工具和技术

(a) 范围计划编制的工具和技术：专家判断；模板、表格和标准。

(b) 范围定义的工具和技术：产品分析；可选方案识别；专家判断法；项目干系人分析。

(c) 创建工作分解结构的工具和技术：工作分解结构模板；分解；WBS 编码设计。

(d) 范围确认的工具和技术：检查，包括测量、测试、检验等活动。

(e) 范围控制的工具和技术：变更控制系统；偏差分析；重新规划；配置管理系统。

（4）造成范围变更的原因

(a) 客户对项目、项目产品或服务的要求发生变化。

(b) 外部环境、政策变化。

(c) 新技术手段、方法。

(d) 项目实施组织本身变化。

(e) 范围定义有错误。

（5）范围变更控制的重点

(a) 对造成范围变更的因素施加影响。

(b) 确定范围变更已发生。

(c) 确保所有被请求的变更按照项目整体变更过程处理。

(d) 识别用户需求中关键、核心、紧迫部分作为一期需求边界并定义清楚，其他作为二期需求处理，避免需求不断变化范围蔓延。

第三方面评分要点：

根据考生论述其所承担的信息系统项目是如何进行的范围管理及其心得体会，确定其叙述的范围管理及其评论是否合适，是否具有信息系统项目管理的经验。陈述问题得当、真实；分析方式正确，论述恰当。

试题二　论项目采购管理

项目采购管理是为完成项目工作，从项目外部购买或获取所需要的产品、服务或成果的过程。随着 IT 行业的快速发展和技术的不断进步，行业的分工更细，更加强调分工与合作。不仅规范的采购能够降低成本、增强市场竞争力，而且实施规范的采购管理还能为项目贡献"利润"。项目采购管理对项目的成功至关重要。规范的采购管理兼顾符合项目的需要、经济性、合理性和有效性，可以有效降低项目成本，促进项目顺利实现各个目标，从而成功地完成项目。

请围绕"项目采购管理"论题，依次从以下三个方面进行论述。

1. 概要叙述你参与管理过的信息系统项目（项目的背景、目标、规模、发起单位、项目内容、组织结构、项目周期、交付成果等），并说明你在其中承担的工作。

2. 结合项目管理实际情况并围绕以下要点论述你对项目采购管理的认识。

（1）编制采购计划。

（2）控制采购。

3. 请结合论文中所提到的信息系统项目，介绍你是如何进行项目采购管理的（可叙述具体做法），并总结你的心得体会。

试题二写作要点

第一方面评分要点：

论文结构合理，摘要正确，正文完整，语言流畅，字迹清楚。

所述项目真实可信，介绍得当。

第二方面评分要点：

分别论述：

（1）对编制采购计划的具体内容的分析和说明：

（a）对信息系统集成项目编制采购计划的具体内容有比较清晰的认识。

（b）对编制采购计划的输入、输出的认识（重要）。

（c）对编制采购计划过程中合同（总价合同、成本补偿合同和工料合同）的选择有比较清晰的认识。

（d）对编制采购计划过程的技术与工具的认识（重要）。

（e）对编制采购计划的重点内容的分析到位，真实可行。

（2）对控制采购的论述：

（a）对信息系统集成项目控制采购的具体内容有比较清晰的认识。

（b）对控制采购的输入、工具与技术和输出的认识（重要）。

（c）对控制采购过程的重点内容分析到位，真实可行。

（d）所举事例及项目采购管理的内容思路清晰，符合信息系统集成项目特点。

第三方面评分要点：

如何进行项目采购管理：

（1）根据考生描述的信息系统项目、对其所承担的项目如何进行的项目采购管理的阐述以及总结的心得体会，确定其叙述的项目采购管理是否合适。

（2）针对实施采购过程的阐述，确定其叙述的项目采购管理是否合适。

（3）针对结束采购管理及合同收尾管理的阐述，确定其叙述的项目采购管理是否合适。

（4）判断其是否具有信息系统项目管理的经验。

第10章 2017下半年信息系统项目管理师上午试题分析与解答

试题（1）

(1)是物联网应用的重要基础，是两化融合的重要技术之一。
(1) A．遥感和传感技术　　　　　B．智能化技术
　　C．虚拟计算技术　　　　　　D．集成化和平台化

试题（1）分析

遥感和传感技术是"物联网"应用的重要基础，而物理网已成为计算机软件服务行业的应用重点，也是工业化学信息化深度融合的关键技术之一。

参考答案

　　（1）A

试题（2）

两化深度融合已经成为我国工业经济转型和发展的重要举措之一。对两化融合的含义理解正确的是：(2)。

(2) A．工业化与现代化深度融合　　B．信息化与现代化深度融合
　　C．工业化与信息化深度融合　　D．信息化与社会化深度融合

试题（2）分析

"两化融合"：是指信息化与工业化的融合。

参考答案

　　（2）C

试题（3）

某大型种植企业今年要建设一个构建在公有云上的企业招投标信息系统，项目经理称现在正在进行软件采购，按照信息系统的生命周期5阶段划分法，当前处于(3)阶段。

(3) A．系统规划　　B．系统分析　　C．系统设计　　D．系统实施

试题（3）分析

信息系统的生命周期5阶段包括：系统规划、系统分析、系统设计、系统实施、系统运行和维护。其中系统规划阶段是分析现状、了解需求形成可行性研究报告和系统设计任务书；系统分析阶段主要是根据系统设计任务书确定系统的目标和逻辑模型形成系统说明书；系统设计阶段根据系统说明书进行技术方案设计形成总体设计和详细设计报告；系统实施阶段主要开展设备购置、安装调试、编码测试等工作；系统运行和维护阶段主要是上线后的系统维护和评价工作。设备采购属于D阶段。

参考答案

（3）D

试题（4）

商业智能将企业中现有的数据转化为知识，帮助企业做出明智的业务经营决策，包括数据预处理、建立数据模型、数据分析及数据展现4个阶段；其主要应用的3个关键技术是__(4)__。

（4）A．数据仓库/OLAP/数据挖掘　　B．ETL/OLAP/数据展现
　　　C．数据仓库/OLTP/OLAP　　　　D．数据集市/数据挖掘/数据质量标准

试题（4）分析

从技术层面上讲，商业智能不是什么新技术，它只是数据仓库、OLAP 和数据挖掘等技术的综合应用。

参考答案

（4）A

试题（5）

区块链是一种按照时间顺序将数据区块以顺序相连的方式组合成的一种链式数据结构，并以密码学方式保证的不可篡改和不可伪造的分布式账本。主要解决交易的信任和安全问题，最初是作为__(5)__的底层技术出现的。

（5）A．电子商务　　B．证券交易　　C．比特币　　D．物联网

试题（5）分析

区块链（Blockchain）是比特币的一个重要概念，《2014—2016 全球比特币发展研究报告》提到区块链是比特币的底层技术和基础架构。本质上是一个去中心化的数据库，同时作为比特币的底层技术。狭义来讲，区块链是一种按照时间顺序将数据区块以顺序相连的方式组合成的一种链式数据结构，并以密码学方式保证的不可篡改和不可伪造的分布式账本。广义来讲，区块链技术是利用块链式数据结构来验证与存储数据、利用分布式节点共识算法来生成和更新数据、利用密码学的方式保证数据传输和访问的安全、利用由自动化脚本代码组成的智能合约来编程和操作数据的一种全新的分布式基础架构与计算范式。区块链技术将应用于金融行业的征信，交易安全和信息安全。

参考答案

（5）C

试题（6）

人工智能（Artificial Intelligence，AI），是研究、开发用于模拟、延伸和扩展人的智能的理论、方法、技术及应用系统的一门新的技术科学。近年在技术上取得了长足的进步，其主要研究方向不包含__(6)__。

（6）A．人机对弈　　B．人脸识别　　C．自动驾驶　　D．3D打印

试题（6）分析

人工智能的主要成果体现在四个方面：①人机对弈（AlphaGo、深蓝）；②模式识别（指纹识别、人像识别、文字识别、图像识别、车牌识别、语音识别）；③自动工程（自动驾驶）；

④知识工程（专家系统、计算机视觉和图像处理、机器翻译和自然语言理解、数据挖掘和知识发现）等。

3D打印（3DP）即快速成型技术的一种，它是一种以数字模型文件为基础，运用粉末状金属或塑料等可黏合材料，通过逐层打印的方式构造物体的技术。

参考答案

（6）D

试题（7）

研究软件架构的根本目的是解决软件的复用、质量和维护问题，软件架构设计是软件开发过程中关键的一步，因此需要对其进行评估，在这一活动中，评估人员关注的是系统的__(7)__属性。

（7）A．功能 　　　　　B．性能 　　　　　C．质量 　　　　　D．安全

试题（7）分析

在架构评估过程中，评估人员所关注的是系统的质量属性。质量属性包括功能性、可靠性、易用性、效率、维护性和可移植性。

参考答案

（7）C

试题（8）

通常软件的质量管理可以通过质量工具解决，在新七种工具中__(8)__是用于理解一个目标与达成此目标的步骤之间的关系，该工具能帮助团队预测一部分可能破坏目标实现的中间环节，因此有助于制订应急计划。

（8）A．过程决策程序图 　　B．关联图 　　C．因果图 　　D．流程图

试题（8）分析

七种工具包括因果图、流程图、检查表、帕累托图、直方图、控制图、散点图；新七种工具包括：亲和图、过程决策程序图、关联图、树形图、优先矩阵、活动网络图、矩阵图。

过程决策图用于理解一个目标与达成此目标的步骤之间的关系，关联图是关系图的变种，有助于保包还相互交叉逻辑关系的中等复杂情形中创新性地解决问题，因果图即鱼骨图，通过分析现象的合理可能性最终发现可行动的根本原因，流程图也称过程图，用来显示在一个或多个输入转化成一个或多个输出的过程中，所需要的步骤顺序的可能分支。

参考答案

（8）A

试题（9）

以下关于质量保证的叙述中，不正确的是：__(9)__。

（9）A．实施质量保证是确保采用合理的质量标准和操作性定义的过程

　　　B．实施质量保证是通过执行产品检查并发现缺陷来实现的

　　　C．质量测量指标是质量保证的输入

　　　D．质量保证活动可由第三方团队进行监督，适当时提供服务支持

试题（9）分析

实施质量保证是审计质量要求和质量控制测量结果，确保采用合理的质量标准和操作性定义的过程。质量保证通过用规划过程预防缺陷，或者在执行阶段对正在进行的工作检查出缺陷来保证质量的确定性，应该有两个部分组成，因此 B 不正确；质量保证部门或类似部门经常要对质量保证活动进行监督，可能要向项目组提供质量保证支持，此处应可理解为第三方；质量保证的输入包括：质量管理计划、过程改进计划、质量测量指标、质量控制测量结果、项目文件。

参考答案

（9）B

试题（10）

某软件企业为了及时、准确地获得某软件产品配置项的当前状态，了解软件开发活动的进展状况，要求项目组出具配置状态报告，该报告内容应包括：（10）。

①各变更请求概要：变更请求号、申请日期、申请人、状态、发布版本、变更结束日期
②基线库状态：库标识、至某日预计库内配置项数、实际配置项数、与前版本差异描述
③发布信息：发布版本、计划发布时间、实际发布时间、说明
④备份信息：备份日期、介质、备份存放位置
⑤配置管理工具状态
⑥设备故障信息：故障编号、设备编号、申请日期、申请人、故障描述、状态

（10）A．①②③⑤　　　　　　B．②③④⑥
　　　C．①②③④　　　　　　D．②③④⑤

试题（10）分析

配置状态报告应该包含以下内容：①每个受控配置项的标识和状态；②每个变更申请的状态和已批准的修改的实施状态；③每个基线的当前和过去版本的状态及版本的比较；④其他配置管理过程活动的记录。

题干中指出是软件企业的某软件产品的配置管理，因此⑤⑥不应在报告中。

参考答案

（10）C

试题（11）

关于企业应用集成（EAI）技术，描述不正确的是：（11）。

（11）A．EAI 可以实现表示集成、数据集成、控制集成、应用集成等
　　　B．表示集成和数据集成是白盒集成，控制集成是黑盒集成
　　　C．EAI 技术适用于大多数实施电子商务的企业以及企业之间的应用集成
　　　D．在做数据集成之前必须首先对数据进行标识并编成目录

试题（11）分析

EAI 包括表示集成、数据集成、控制集成和业务流程集成等多个层次和方面；表示集成和控制集成是黑盒集成，数据集成是白盒集成；在做数据集成之前必须首先对数据进行标识并编成目录。EAI 技术适用于大多数要实施电子商务的企业以及企业之间的应用集成。

参考答案

（11）B

试题（12）

依据标准 GB/T 11457—2006《信息技术软件工程术语》，__(12)__ 是忽略系统或部件的内部机制只集中于响应所选择的输入和执行条件产生的输出的一种测试，是有助于评价系统或部件与规定的功能需求遵循性的测试。

（12）A．结构测试　　B．白盒测试　　C．功能测试　　D．性能测试

试题（12）分析

《信息技术软件工程术语》GB/T 11457—2006 功能测试（Functional Testing）忽略系统或部件的内部机制只集中于响应所选择的输入和执行条件产生的输出的一种测试。有助于评价系统或部件与规定的功能需求遵循性的测试。

参考答案

（12）C

试题（13）

依据标准 GB/T 16260.1—2006《软件工程产品质量第 1 部分质量模型》定义的外部和内部质量的质量模型，可将软件质量属性划分为 __(13)__ 个特性。

（13）A．三　　B．四　　C．五　　D．六

试题（13）分析

《软件工程产品质量第 1 部分质量模型》GB/T 16260.1—2006 根据外部和内部质量的质量模型定义，将软件质量属性划分为六个特性：功能性、可靠性、易用性、效率、维护性和可移植性。

参考答案

（13）D

试题（14）

《信息技术软件生存周期过程》GB/T 8566—2007 标准为软件生存周期过程建立了一个公共库框架，其中定义了三类过程，__(14)__ 不属于 GB/T 8566—2007 定义的过程类别。

（14）A．主要过程　　B．支持过程　　C．组织过程　　D．工程过程

试题（14）分析

参考《信息系统项目管理师教程》（第 3 版）[①]的表 26-3，软件生存周期过程分为：主要过程、支持过程和组织过程三类。

参考答案

（14）D

试题（15）

《信息安全技术 信息系统安全等级保护定级指南》GB/T 22240—2008 标准将信息系统的

---

① 本章提及的《信息系统项目管理师教程》（第 2 版）为全国计算机技术与软件专业技术资格（水平）考试指定用书，由清华大学出版社出版。

安全保护等级分为五级。"信息系统受到破坏后，会对社会秩序和公共利益造成严重损害，或者对国家安全造成损害"是_(15)_的特征。

(15) A．第二级　　　B．第三级　　　C．第四级　　　D．第五级

试题（15）分析

信息系统的安全保护等级分为以下五级：

第一级，信息系统受到破坏后，会对公民、法人和其他组织的合法权益造成损害，但不损害国家安全、社会秩序和公共利益。

第二级，信息系统受到破坏后，会对公民、法人和其他组织的合法权益产生严重损害，或者对社会秩序和公共利益造成损害，但不损害国家安全。

第三级，信息系统受到破坏后，会对社会秩序和公共利益造成严重损害，或者对国家安全造成损害。

第四级，信息系统受到破坏后，会对社会秩序和公共利益造成特别严重损害，或者对国家安全造成严重损害。

第五级，信息系统受到破坏后，会对国家安全造成特别严重损害。

参考答案

(15) B

试题（16）

针对信息系统，安全可以划分为四个层次，其中不包括_(16)_。

(16) A．设备安全　　B．人员安全　　C．内容安全　　D．行为安全

试题（16）分析

针对信息系统，安全可以划分为四个层次：设备安全、数据安全、内容安全、行为安全。其中，不包括人员安全。

参考答案

(16) B

试题（17）

以下网络安全防御技术中，_(17)_是一种较早使用、实用性很强的技术，它通过逻辑隔离外部网络与受保护的内部网络的方式，使得本地系统免于受到威胁。

(17) A．防火墙技术　　　　　　　B．入侵检测与防护技术
　　　C．VPN 技术　　　　　　　　D．网络蜜罐技术

试题（17）分析

网络安全分防护技术包括防火墙、入侵检测与防护、VPN、安全扫描、网络蜜罐技术等。

防火墙技术是一种较早使用、实用性很强的技术，它通过逻辑隔离外部网络与受保护的内部网络的方式，使得本地系统免于受到威胁。入侵检测与防护技术主要是通过对网络检测，寻找违反安全策略的行为或迹象并报警。VPN 技术主要是在公共网络中建立专用的、安全的数据通信通道来保证数据安全。网络蜜罐技术通过"诱捕"的方式来延缓或干扰入侵者的攻击。

参考答案

(17) A

试题（18）

按照行为方式，可以将针对操作系统的安全威胁划分为：切断、截取、篡改、伪造四种。其中 (18) 是对信息完整性的威胁。

(18) A．切断　　　　B．截取　　　　C．篡改　　　　D．伪造

试题（18）分析

切断，是对可用性的威胁。截取，是对机密性的威胁。篡改，是对完整性的威胁。伪造，是对合法性的威胁。

参考答案

(18) C

试题（19）

IP 协议属于 (19)。

(19) A．物理层协议　　B．传输层协议　　C．网络层协议　　D．应用层协议

试题（19）分析

网络层的主要功能是将网络地址（例如，IP 地址）翻译成物理地址，并决定如何将数据从发送方路由到接收方。网络层中的协议主要有 IP、ICMP、ARP 和 RARP 等。

参考答案

(19) C

试题（20）

2015 年国务院发布的《关于积极推进"互联网+"行动的指导意见》提出：到 (20) 年，网络化、智能化、服务化、协同化的"互联网+"产业生态体系基本完善，"互联网+"成为经济社会创新发展的重要驱动力量。

(20) A．2018　　　　B．2020　　　　C．2025　　　　D．2030

试题（20）分析

2015 年，国务院发布了《关于积极推进"互联网+"行动的指导意见》提出，到 2018 年，互联网与经济社会各领域的融合发展进一步深化，基于互联网的新业态成为新的经济增长动力，互联网支撑大众创业、万众创新的作用进一步增强，互联网成为提供公共服务的重要手段，网络经济与实体经济协同互动的发展格局基本形成。到 2025 年，"互联网+"新经济形态初步形成，"互联网+"成为我国经济社会创新发展的重要驱动力量。

参考答案

(20) C

试题（21）

以下关于移动互联网的描述，不正确的是：(21)。

(21) A．移动互联网使得用户可以在移动状态下接入和使用互联网服务
　　　B．移动互联网是桌面互联网的复制和移植
　　　C．传感技术能极大地推动移动互联网的成长
　　　D．在移动互联网领域，仍存在浏览器竞争及"孤岛"问题

试题（21）分析

移动互联网的核心是互联网，因此一般认为移动互联网是桌面互联网的补充和延伸。移动互联网的特点：终端移动性，移动互联网业务使得用户可以在移动状态下接入和使用互联网服务。将传感技术应用到互联网中，极大地推动了移动互联网的成长。移动互联网具备如下特点：①重视对传感技术的应用；②有效地实现人与人的连接；③浏览器竞争及孤岛问题突出。

B 的错误之处：移动互联网不是传统桌面互联网的简单复制和移植，而是传统互联网的延伸和补充。所以应选 B。

参考答案

（21）B

试题（22）

在计算机网络设计中，主要采用分层（分级）设计模型。其中，_(22)_ 的主要目的是完成网络访问策略控制、数据包处理、过滤、寻址，以及其他数据处理的任务。

（22）A．接入层　　　　B．汇聚层　　　　C．主干层　　　　D．核心层

试题（22）分析

网络的三层规划包括接入层、汇聚层和主干层。

接入层是网络中直接面向用户连接或访问网络的部分。汇聚层是接入层和核心层的分界面，完成网络访问策略控制、数据包处理、过滤、寻址，以及其他数据处理的任务。主干层和核心层是同一个概念，主要目的是通过高速转发通信，提供优化、可靠的骨干传输结构。

参考答案

（22）B

试题（23）

以下关于无线网络的叙述中，不正确的是：_(23)_。

（23）A．无线网络适用于很难布线或经常需要变动布线结构的地方
　　　　B．红外线技术和射频技术也属于无线网络技术
　　　　C．无线网络主要适用于机场、校园，不适用于城市范围的网络接入
　　　　D．无线网络提供了许多有线网络不具备的便利性

试题（23）分析

无线网络的出现就是为了解决有线网络无法克服的困难。无线网络首先适用于很难布线的地方或者经常变动布线结构的地方。无线网络支持十几千米的区域，因此对于城市范围的网络接入也能适用。

无线网络既包括允许用户建立远距离连接的全球语音和数据网络，也包括近距离无线连接进行优化的红外线技术及射频技术。

C 的错误之处在于：无线网络不仅适用于机场、学校、也适用于城市范围，因为无线网络可以支持十几千米的区域。

参考答案

（23）C

试题（24）

在无线通信领域，现在主流应用的是第四代（4G）通信技术。5G 正在研发中，其理论速度可达到 (24)。

(24) A．50Mbps　　　B．100Mbps　　　C．500Mbps　　　D．1Gbps

试题（24）分析

3G 的理论下载速率为 2.6Mbps，4G 的理论下载速率为 100Mbps，5G 的理论速度可以达到 2Gbps。

参考答案

(24) D

试题（25）

面向对象软件开发方法的主要优点包括 (25)。

①符合人类思维习惯②普适于各类信息系统的开发③构造的系统复用性好④适用于任何信息系统开发的全生命周期

(25) A．①③④　　　　　　　　　B．①②③

　　　C．②③④　　　　　　　　　D．①②④

试题（25）分析

客观世界都是由对象构成的，复杂的对象可以由简单的对象以不同的方式组合而成。不同的对象的组合及其相互作用构成了系统。使用 OO 方法构造的系统因其建立了全面、同意、合理的模型而具有更好的复用性，OO 方法是系统的描述及信息模型的表示与客户实体相对应，符合人的思维习惯，普遍适用于各类信息系统的开发，但也有一定局限性，在大型系统的开发上具有一定局限性，不能涉足系统分析以前的开发环节。故④是不准确的。

参考答案

(25) B

试题（26）

UML 2.0 中共包括 14 种图，其中 (26) 属于交互图。

(26) A．类图　　　B．定时图　　　C．状态图　　　D．对象图

试题（26）分析

类图描述系统中类的静态结构，是静态设计图；定时图也称设计图，强调消息跨越不同对象或参与者的实际时间，是交互图；状态图描述类的对象所有可能的状态以及事件发生时状态的转移条件，是对类图的补充，属于行为图。对象图是类图的实例，是静态设计图。

参考答案

(26) B

试题（27）

(27) 又称为设计视图，它表示了设计模型中在架构方面具有重要意义的部分，即类、子系统、包和用例实现的子集。

(27) A．逻辑视图　　　B．进程视图　　　C．实现视图　　　D．用例视图

试题（27）分析

UML 共有 5 个系统视图，其中逻辑视图又称为设计视图，它表示了设计模型中在架构方面具有重要意义的部分，即类、子系统、包和用例实现的子集。

参考答案

（27）A

试题（28）

甲公司因业务开展需要，拟购买 10 部手机，便向乙公司发出传真，要求以 2000 元/台的价格购买 10 部手机，并要求乙公司在一周内送货上门。根据《中华人民共和国合同法》，甲公司向乙公司发出传真的行为属于 (28)。

(28) A．邀请　　　　B．要约　　　　C．承诺　　　　D．要约邀请

试题（28）分析

根据《中华人民共和国合同法》规定，要约是希望和他人订立合同的意思表示，该意思表示应当符合下列规定：（一）内容具体确定；（二）表明经受要约人承诺，要约人即受该意思表示约束。要约邀请是希望他人向自己发出要约的意思表示。承诺是受要约人同意要约的意思表示。

公司甲向公司乙发出传真的行为符合上述两条规定，故为要约行为。

参考答案

（28）B

试题（29）

根据《中华人民共和国招标投标法》，招标人和中标人应当自中标通知书发出之日起 (29) 日内，按照招标文件和中标人的投标文件订立书面合同。

(29) A．30　　　　B．20　　　　C．15　　　　D．10

试题（29）分析

根据《中华人民共和国招标投标法》规定，招标人和中标人应当自中标通知书发出之日起 30 日内，按照招标文件和中标人的投标文件订立书面合同。

参考答案

（29）A

试题（30）

(30) 不属于项目经理的岗位职责。

(30) A．为严格控制项目成本，可不全面执行所在单位的技术规范标准
　　　B．对项目的全生命周期进行有效控制，确保项目质量和工期
　　　C．在工作中主动采用项目管理理念和方法
　　　D．以合作和职业化方式与团队和项目干系人打交道

试题（30）分析

根据项目管理工程师职业道德规范，B、C、D 都属于项目管理工程师的岗位职责，执行所在单位的各项管理制度和有关技术规范标准也是项目管理工程师的岗位职责，不能因项目成本而违反相关规定，故答案为 A。

参考答案

（30）A

试题（31）

项目经理小李依据当前技术发展趋势和所掌握的技术能否支撑该项目的开发，进行可行性研究。小李进行的可行性研究属于 (31) 。

(31) A. 经济可行性分析　　　　　　B. 技术可行性分析
　　　C. 运行环境可行性分析　　　D. 其他方面的可行性分析

试题（31）分析

可行性研究的内容：技术可行性分析包括进行项目开发的风险，人力资源的有效性、技术能力的可能性、物资（产品）的可用性。技术能力的可行性：相关技术的发展趋势和当前所掌握的技术是否支持该项目的开发，市场上是否存在支持该技术开发的环境、平台和工具。

参考答案

（31）B

试题（32）

某系统开发项目邀请第三方进行项目评估，(32) 不是项目评估的依据。

(32) A. 项目建议书及其批准文件
　　　B. 项目可行性研究报告
　　　C. 报送单位的申请报告及主管部门的初审意见
　　　D. 项目变更管理策略

试题（32）分析

项目评估的依据内容包括：项目建议书及其批准文件、项目可行性研究报告、报送单位的申请报告及主管部门的初审意见、有关资源、配件等的协议文件、必需的其他文件和资料。

参考答案

（32）D

试题（33）

项目质量管理包括制订质量管理计划、质量保证、质量控制，其中质量控制一般在项目管理过程组的 (33) 中进行。

(33) A. 启动过程组　　　　　　B. 执行过程组
　　　C. 监督和控制过程组　　D. 收尾过程组

试题（33）分析

监督与控制过程组要求定期测量和监控项目绩效情况，识别与项目管理计划的偏差，以便在必要时采取纠正措施，确保项目或阶段目标达成。包括监督和控制项目工作、实施整体变更控制、核实范围、控制进度、控制成本、执行质量控制、控制沟通等过程。

参考答案

（33）C

试题（34）

项目经理张工带领团队编制项目管理计划，(34) 不属于编制项目管理计划过程的依据。

(34) A．项目章程　　　　　　B．事业环境因素
C．组织过程资产　　　　D．工作分解结构

试题（34）分析

编制项目管理计划过程的依据包括项目章程、事业环境因素、组织过程资产、其他过程的输出结果。

参考答案

（34）D

试题（35）

（35）不属于项目监控工作的成果。

(35) A．进度预测　　　　　　B．项目文件更新
C．工作绩效报告　　　　D．项目管理计划更新

试题（35）分析

监控项目工作的成果包括变更请求、工作绩效报告、项目管理计划更新、项目文件更新。工作绩效信息属于监控项目工作的依据。

参考答案

（35）A

试题（36）

依据变更的重要性分类，变更一般分为 (36)、重要变更和一般变更。

(36) A．紧急变更　　　　　　B．重大变更
C．标准变更　　　　　　D．特殊变更

试题（36）分析

依据变更的性质分类，变更一般分为重大变更、重要变更和一般变更。

参考答案

（36）B

试题（37）、（38）

下图中（单位：周）显示的项目历时总时长是 (37) 周。在项目实施过程中，活动 d-i 比计划延期了 2 周，活动 a-c 实际工期是 6 周，活动 f-h 比计划提前了 1 周，此时该项目的历时总时长为 (38) 周。

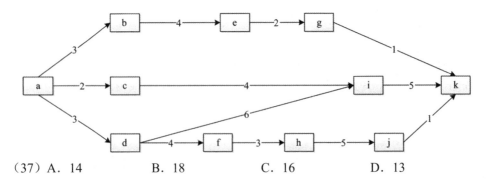

(37) A．14　　　　B．18　　　　C．16　　　　D．13

(38) A. 14   B. 18   C. 16   D. 17

试题（37）、（38）分析

（37）关键路径计算，a-d-f-h-j-k，最长时长为 3+4+3+5+1=16 周。

（38）调整关键路径计算，重新计算后关键路径是 a-d-i-k，历时总时长为 3+8+5=16 周。

参考答案

（37）C   （38）C

试题（39）

某公司中标一个企业信息化系统开发项目，合同中该项目包括：人事系统、OA 系统和生产系统。下图为项目经理制作的 WBS，此处项目经理违反了关于 WBS 的 (39) 原则。

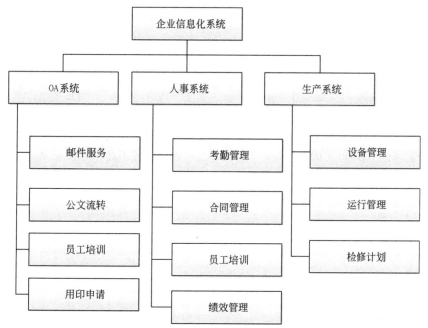

(39) A. WBS 需要考虑将不同的人员的工作分开
B. WBS 中各项工作是为提供可交付成果服务的
C. 可以按照系统子系统来逐层分解 WBS
D. 一个工作单元只能从属于某个上层单元

试题（39）分析

图中员工培训模块开发同时出现在 OA 系统开发和人事系统开发，这违反了一个工作单元只能从属于某个上层单元的原则。

参考答案

（39）D

试题（40）

(40) 不属于范围变更控制的工作。

(40) A. 确定影响导致范围变更的因素，并尽量使这些因素向有利的方面发展
B. 判断范围变更是否已经发生
C. 管理范围变更，确保所有被请求变更按照项目整体变更控制过程处理
D. 确定范围正式被接受的标准和要素

试题（40）分析

控制范围的活动包括：①影响导致范围变更的因素，并尽量使这些因素向有利的方面发展；②判断范围变更是否已经发生；③范围变更发生时管理实际的变更，确保所有被请求的变更按照项目整体变更控制过程处理。确定范围正式被接受的标准和要素属于范围确认的活动。

参考答案

（40）D

试题（41）

沟通的基本模型用于显示信息如何在双方之间被发送和被接收，日常与人交往过程中发生的误解，通常在 (41) 环节发生。

(41) A. 编码　　　　B. 解码　　　　C. 媒介　　　　D. 信息

试题（41）分析

沟通模型的关键要素包括：①编码；②信息和反馈信息；③媒介；④噪声；⑤解码。解码负责把信息还原，产生的误解是由于解码不当，造成信息不对等导致。

参考答案

（41）B

试题（42）

你正在组织项目沟通协调会，参加会议的人数为12人，沟通渠道有 (42) 条。

(42) A. 66　　　　B. 72　　　　C. 96　　　　D. 132

试题（42）分析

计算题：渠道数=12×(12-1)/2=66。

参考答案

（42）A

试题（43）

在编制沟通计划时，干系人登记册是沟通计划编制的输入，(43) 不是干系人登记册的内容。

(43) A. 主要沟通对象　　　　　　B. 关键影响人
　　　C. 次要沟通对象　　　　　　D. 组织结构与干系人的责任关系

试题（43）分析

干系人登记册的主要内容包括：主要沟通对象、关键影响人、次要沟通对象。组织结构与干系人的责任关系是分析沟通需求时需要考虑的内容。

参考答案

（43）D

试题（44）

_(44)_ 不属于项目干系人管理的输入。

(44) A．干系人管理计划　　　　　　B．干系人沟通需求
　　　C．变更日志　　　　　　　　　D．问题日志

试题（44）分析

干系人管理输入包括：干系人管理计划、沟通管理计划、变更日志、组织过程资产。问题日志属于干系人管理输出。

参考答案

（44）D

试题（45）

风险可以从不同的角度、根据不同的标准来进行分类。百年不遇的暴雨属于 _(45)_ 。

(45) A．不可预测风险　　　　　　　B．可预测风险
　　　C．已知风险　　　　　　　　　D．技术风险

试题（45）分析

项目风险按照可预测性分为已知风险、可预测风险、不可预测风险三种。

已知风险指在认真、严格分析项目及计划后就能明确的那些经常发生的、而且后果可预见的风险，地震不属于此类风险。

可预测风险指根据经验，可以预见其发生，但不可预见其后果的风险。地震、暴雨属于此类风险。

不可预测风险指的是有可能发生，但发生的可能性即时最有经验的人也不能预见的风险。百年不遇的暴雨属于不可预见的。

参考答案

（45）A

试题（46）

在风险识别时，可以用到多种工具和技术。其中，_(46)_ 指的是从项目的优势、劣势、机会和威胁出发，对项目进行考查，从而更全面地考虑风险。

(46) A．头脑风暴法　　B．因果图　　C．SWOT 分析法　　D．专家判断法

试题（46）分析

SWOT 分析法：从项目的优势（Strength）、劣势（Weakness）、机会（Opportunity）和威胁（Threat）出发对项目考查，把产生于内部的风险都包括在内，从而更全面地考虑风险。

参考答案

（46）C

试题（47）

某项目有 40% 的概率获利 10 万元，30% 的概率会亏损 8 万元，30% 的概率既不获利也不亏损。该项目的预期货币价值分析（EMV）是 _(47)_ 。

(47) A．0 元　　　　　B．1.6 万元　　　　C．2 万元　　　　D．6.4 万元

试题（47）分析

EMV = 10 万元×40%–8 万元×30% + 30%×0% = 1.6 万元。

参考答案

（47）B

试题（48）

一般来说，团队发展会经历 5 个阶段。"团队成员之间相互依靠，平稳高效地解决问题，团队成员的集体荣誉感非常强"是 (48) 的主要特征。

(48) A．形成阶段　　B．震荡阶段　　C．规范阶段　　D．发挥阶段

试题（48）分析

发挥阶段的特征是团队成员之间相互依靠，平稳高效地解决问题，团队成员的集体荣誉感非常强。

参考答案

（48）D

试题（49）

(49) 是通过考查人们的努力行为与其所获得的最终奖酬之间的因果关系来说明激励过程，并以选择合适的行为达到最终的奖酬目标的理论。

（49）A．马斯洛需求层次理论　　　　B．赫茨伯格双因素理论
　　　　C．X 理论和 Y 理论　　　　　　D．期望理论

试题（49）分析

马斯洛需求层次理论将人的需求分为五层，分别为生理需求、安全需求、社交需求、受尊重需求和自我实现需求，人的行为在受到一系列需求的引导和刺激，在不同层次满足不同需求，才能达到激励的作用。

赫茨伯格双因素理论认为两种不同的因素影响这人民的工作行为，一类是保健因素；另一类是激励因素；

X 理论和 Y 理论分别对人性做了截然相反的两种假设：X 理论认为人性是"恶"的，Y 理论认为人性是"善"的；

期望理论通过考查人们的努力行为与其所获得的最终奖酬之间的因果关系来说明激励过程，并以选择合适的行为达到最终的奖酬目标的理论。它认为，一个目标对人的激励程度受目标效价和期望值两个因素影响。

参考答案

（49）D

试题（50）

项目经理的权力有多种来源，其中 (50) 是由于他人对你的认可和敬佩从而愿意模仿和服从你，以及希望自己成为你那样的人而产生的，这是一种人格魅力。

（50）A．职位权力　　B．奖励权力　　C．专家权力　　D．参照权力

试题（50）分析

职位权力来源于管理者在组织中的职位和职权。奖励权力来源于使用降薪、扣薪、惩罚、

批评的负面手段的能力。专家权力来源于个人的专业技能。参照权力是由于他人对你的认可和敬佩从而愿意模仿和服从你,以及希望自己成为你那样的人而产生的,这是一种人格魅力。

参考答案

(50) D

试题(51)、(52)

在组织级项目管理中,要求项目组合、项目集、项目三者都要与 (51) 保持一致。其中,(52) 通过设定优先级并提供必要的资源的方式进行项目选择,保证组织内所有项目都经过风险和收益分析。

(51) A. 组织管理　　B. 组织战略　　C. 组织文化　　D. 组织投资
(52) A. 项目组合　　B. 项目集　　　C. 项目　　　　D. 大项目

试题(51)、(52)分析

组织级项目管理中,要求项目组合、项目集、项目与组织的战略方向保持一致,另一方面,三者为实现战略目标所做的贡献又有所不同。项目组合通过选择正确的项目集和项目、设定工作的优先级并提供必要的资源的方式来促成组织的战略实现。

参考答案

(51) B　　(52) A

试题(53)

项目经理张工管理着公司的多个项目,在平时工作中,需要不时地与上层领导或其他职能部门进行沟通。通过学习项目管理知识,张工建议公司成立一个 (53) 进行集中管理。

(53) A. 组织级质量管理部门　　　B. 变更控制委员会
　　　C. 大项目事业部　　　　　　D. 项目管理办公室

试题(53)分析

很多组织认识到了开发和实现一个项目管理办公室的好处,对于那些采用矩阵型结构和项目型结构的组织来说,更是经常会认识到这一点,特别是同时管理多个项目或一系列上层组织必须参与时。

参考答案

(53) D

试题(54)

在采购规划过程中,需要考虑组织过程资产等一系列因素,以下 (54) 不属于采购规划时需要考虑的。

(54) A. 项目管理计划　　　　　B. 风险登记册
　　　C. 采购工作说明书　　　　D. 干系人登记册

试题(54)分析

参考《信息系统项目管理师教程》(第3版)规划采购的输入:项目管理计划、需求文档、风险登记册、干系人登记册等。规划采购的输出:采购计划、采购工作说明书等。采购工作说明书是规划采购的输出。

参考答案

（54）C

试题（55）

项目外包是承接项目可能采取的方式，但只有 (55) 是允许的。

(55) A．部分外包　　B．整体外包　　C．主体外包　　D．层层转包

试题（55）分析

订立项目分包合同必须同时满足 5 个条件，即：
- 经过买方认可；
- 分包的部分必须是项目非主体工作；
- 只能分包部分项目，而不能转包整个项目；
- 分包方必须具备相应的资质条件；
- 分包方不能再次分包。

参考答案

（55）A

试题（56）

战略管理包含 3 个层次，(56) 不属于战略管理的层次。

(56) A．目标层　　B．规划层　　C．方针层　　D．行为层

试题（56）分析

完整的战略管理包含如下 3 个层次：目标层、方针层、行为层。

参考答案

（56）B

试题（57）

业务流程重构（BPR）注重结果的同时，更注重流程的实现，所以 BPR 需要遵循一定的原则，(57) 不属于BPR遵循的原则。

(57) A．以流程为中心的原则　　　　B．团队管理原则
　　　C．以客户为导向的原则　　　　D．风险最小化原则

试题（57）分析

BPR 在注重结果的同时，更注重流程的实现，并非以短期利润最大化为追求目标，二是追求企业能够持续发展的能力，因此，必须坚持以流程为中心的原则、团队式管理原则（以人为本的原则）和以顾客为导向的原则。

参考答案

（57）D

试题（58）～（60）

某系统集成项目包含了三个软件模块，现在估算项目成本时，项目经理考虑到其中的模块 A 技术成熟，已在以前类似项目中多次使用并成功交付，所以项目经理忽略了 A 的开发成本，只给 A 预留了 5 万元，以防意外发生。然后估算了 B 的成本为 50 万元，C 的成本为 30 万元，应急储备 10 万元，三者集成成本为 5 万元，并预留了项目的 10 万元管理储备。

如果你是项目组成员,该项目的成本基准是 (58) 万元,项目预算是 (59) 万元。项目开始执行后,当项目的进度绩效指数 SPI 为 0.6 时,项目实际花费为 70 万元,超出预算 10 万元,如果不加以纠偏,请根据当前项目进展,估算该项目的完工估算值(EAC)为 (60) 万元。

(58) A. 90　　　　B. 95　　　　C. 100　　　　D. 110
(59) A. 90　　　　B. 95　　　　C. 100　　　　D. 110
(60) A. 64　　　　B. 134　　　　C. 194.4　　　　D. 124.4

试题(58)～(60)分析

成本基准,包括各项目活动的成本估算及其应急储备。

在成本基准上加管理储备,得到项目预算。

成本基准=5+50+30+10+5=100,项目预算=100+10=110。

项目 BAC=100,SPI=60%,AC=70,PV=60。

CPI=EV/AC=SPI×PV/AC=60×60%/70=36/70。

EAC=AC+ETC= AC +(BAC–EV)/CPI=70+(100–36)×70/36=194.4。

参考答案

(58) C　　(59) D　　(60) C

试题(61)、(62)

某项目进行到系统集成阶段,由于政策发生变化,需要将原互联网用户扩展到手机移动用户,于是项目经理提出变更请求,CCB 审批通过后,项目经理安排相关人员进行了系统修改,项目虽然延期了 2 个月,还是顺利进行了系统集成,准备试运行,这时其中一个投资商提出:项目的延期影响后期产品上线,要求赔偿。为了避免以上事件,正确的做法是: (61)。在以上事件处理过程中,对于项目组开发人员,最需要关注的是 (62)。

(61) A. 提出变更申请阶段,应该由甲方提出变更申请
　　　B. CCB 审批阶段,CCB 应该评估延期的风险
　　　C. CCB 审批通过后,应该将审批结果通知相关所有干系人
　　　D. 变更执行阶段,项目经理执行变更时应该采取进度压缩策略

(62) A. 提交变更申请　　　　　　B. 执行变更评估
　　　C. 变更验证与确认　　　　　D. 变更关联的配置项

试题(61)、(62)分析

参考《信息系统项目管理师教程》(第 3 版)变更流程:①变更申请;②变更评估;③通告评估结果;④实施变更;⑤变更验证与确认;⑥变更的发布;⑦基于配置库的变更控制。

在通知变更结果环节,如果变更申请得到批准,应该及时把变更批准信息和变更实施方案通知给那些正在使用受影响的配置项和基线的干系人。

基于配置库的变更控制:系统一处发生变更,经常会连锁引起多出变更,会涉及参与开发工作的许多人员。

参考答案

(61) C　　(62) D

试题（63）

过程改进计划详细说明了对项目管理过程和产品开发过程进行分析的各个步骤，有助于识别增值活动。在项目管理知识领域，过程改进计划产生于__(63)__阶段。

（63）A．质量规划　　B．实施质量保证　　C．控制质量　　D．质量改进

试题（63）分析

规划质量管理的输出：质量管理计划、过程改进计划、质量测量指标、质量核对单、项目文件更新等。

参考答案

（63）A

试题（64）

质量成本包括预防不符合要求、为评价产品或服务是否符合要求，以及因未达到要求而发生的所有成本，对于质量保证人员而言，其职业生涯过程中往往处于因不产生效益而尴尬的境地，从质量成本角度来看，其原因是因为质量保证工作发生的成本属于__(64)__。

（64）A．预防成本　　B．外部失败成本　　C．内部失败成本　　D．评价成本

试题（64）分析

参考《信息系统项目管理师教程》（第3版）实施质量保证和图 8-1。

质量保证开展的预防和检查，应该对项目有明显的影响。质量保证工作属于质量成本框架中的一致性工作。

图 8-1，一致性成本，包括预防成本和评价成本，非一致性成本包括内部失败成本和外部失败成本。

参考答案

（64）A

试题（65）

下图是质量控制中常用到的 SIPOC 模型，数字 1、2 部分代表的模型内容为__(65)__。

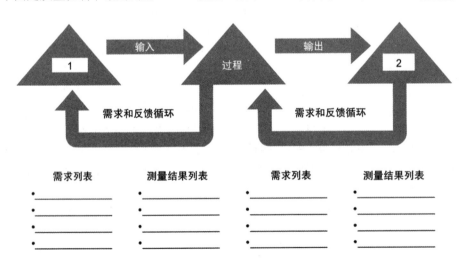

(65) A. 建设方承建方　　　　　　B. 供应商客户
　　　C. 买方卖方　　　　　　　　D. 生产者消费者

试题（65）分析

SIPOC 模型图，Supplier 供应者；Input 输入；Process 流程；Output 输出；Customer 客户。

参考答案

（65）B

试题（66）、（67）

某企业生产甲、乙两种产品，这两种产品都需要 A、B 两种原材料。生产每一个甲产品需要 3 万个 A 和 6 万个 B，销售收入为 2 万元；生产每一个乙产品需要 5 万个 A 和 2 万个 B，销售收入为 1 万元。该企业每天可用的 A 数量为 15 万个，可用的 B 数量为 24 万个。为了获得最大的销售收入，该企业每天生产的甲产品的数量应为 (66) 万个，此时该企业每天的销售收入为 (67) 万元。

（66）A. 2.75　　　B. 3.75　　　C. 4.25　　　D. 5
（67）A. 5.8　　　 B. 6.25　　　C. 8.25　　　D. 10

试题（66）、（67）分析

根据题意，可以得出如下表格。

	产品甲/个	产品乙/个	可用数量/个
原材料 A	3	5	15
原材料 B	6	2	24
销售收入/万元/个	2	1	

建立线性规划的数学模型。

确定决策变量：X_1=生产甲的数量　　X_2=生产乙的数量

确定目标函数最大值：$I = 2X_1 + X_2$

确定约束条件：$3X_1 + 5X_2 \leq 15$，$6X_1 + 2X_2 \leq 24$，X_1、$X_2 \geq 0$

利用图解法求出 X_1、X_2、I 的最优解。

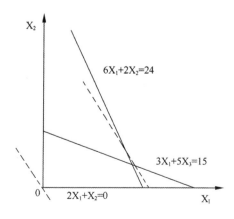

当 $X_1=3.75$，$X_2=0.75$ 时，I 取得最大值为 8.25。

参考答案

（66）B （67）C

试题（68）

产量（X，台）与单位产品成本（Y，元/台）之间的回归方程为 Y=365–2X，这说明：（68）。

（68）A．产品产量每增加 1 台，单位产品成本减少 2 元

B．产品产量每增加 1 台，单位产品成本增加 2 元

C．产品产量每增加 1 台，单位产品成本减少 365 元

D．产品产量每增加 1 台，单位产品成本增加 365 元

试题（68）分析

线性规划的基本概念理解。随着产量 X 增加一台，单位产品成本 Y 平均减少 2 元。

参考答案

（68）A

试题（69）

假设某项目风险列表中，风险分为一、二、三级各占 10%、30%、60%，项目经理小李随机抽查一个风险等级情况，结果不是一级风险，则本次抽查到三级风险的概率是（69）。

（69）A．2/3 B．1/3 C．3/5 D．2/5

试题（69）分析

一级风险概率=60%/(30%+60%)=2/3。

参考答案

（69）A

试题（70）

同时抛掷 3 枚均匀的硬币，恰好有两枚正面向上的概率为（70）。

（70）A．1/4 B．3/8 C．1/2 D．1/3

试题（70）分析

假设第一枚硬币朝上，则有 2 种可能，假设第一枚硬币正面朝下，则有 1 种可能，故恰好有两枚正面向上有 3 种可能，其概率=3/(2×2×2)=3/8。

参考答案

（70）B

试题（71）

（71）: a cloud service, allied to the set of business terms under which the cloud service is offered.

（71）A．Cloud service B．Cloud service product

C．Product catalogue D．Service catalogue

试题（71）分析

出自：ISO/IEC 17789:2014 <Information technology—Cloud computing—Reference architecture>

参考答案

(71) B

试题(72)

(72) is a computer technology that headsets, sometimes in combination with physical spaces or multi-projected environments, to generate realisitic images, sounds and other sensations that simulate a user's physical presence in a virtual or imaginary environment.

(72) A．Virtual Reality　　　　　　B．Cloud computing
　　　C．Big data　　　　　　　　　D．Internet+

试题(72)分析

虚拟现实是一种计算机技术，它使用头戴设备，有时与物理空间和多投影环境结合，通过模拟用户在虚拟和想象的环境中的物理存在感，产生逼真的图像、声音和其他感知。

参考答案

(72) A

试题(73)

Validate Scope is the process of formalizing acceptance of the completed (73) .

(73) A．project deliverables　　B．WBS　　C．activities　　D．milestones

试题(73)分析

确认范围是验收项目已完成的项目交付物。

参考答案

(73) A

试题(74)

(74) is a document generated by the creating WBS process that support the WBS, which provides more detailed descriptions of the components in the WBS.

(74) A．The project charter　　　　B．The project scope statement
　　　C．The WBS dictionary　　　　D．The activity list

试题(74)分析

在创建WBS过程产生的，用于详细描述WBS各组成部分的文档是WBS字典。

参考答案

(74) C

试题(75)

In project network diagram, the number of critical path is (75) .

(75) A．none　　　　　　　　　　　B．only one
　　　C．only two　　　　　　　　　D．one or more

试题(75)分析

在项目网络图中，关键路径可以有多条。

参考答案

(75) D

第11章 2017下半年信息系统项目管理师下午试题I分析与解答

试题一（26分）
阅读下列说明，回答问题1至问题3，将解答填入答题纸的对应栏内。
【说明】
A公司承接了一个为某政府客户开发ERP软件的项目，任命小张担任项目经理。由于该客户与A公司每年有上千万元的项目合作，A公司管理层对该客户非常重视，并一再嘱咐小张要保证项目的客户满意度。为此，小张从各部门抽调了经验丰富的工程师组成了项目团队。

在项目初期，小张制定了变更和配置管理规则：客户需求发生变化时，应首先由工程师对需求变化造成的影响做评估，如果影响不大，工程师可以直接进行修改并更新版本，不需要上报项目经理；当工程师不能判断需求变化对项目的影响时，应上报给项目经理，由项目经理作出评估，并安排相关人员进行修改。

在项目实施过程中，用户针对软件的功能模块提出一些修改需求，工程师针对需求做了评估，发现修改工作量不大，对项目进度没有影响，因此，出于客户满意度的考虑，工程师直接接受了客户的要求，对软件进行修改。在软件测试联调阶段，测试人员发现部分功能模块与原先设计不符，造成很多接口问题。经调查发现，主要原因是客户针对这些功能模块提出过修改要求，项目经理要求查验，没有发现相关变更文件。

【问题1】（10分）
请分析该项目实施过程中存在哪些主要问题。
【问题2】（10分）
结合案例，请描述项目变更管理的主要工作程序。
【问题3】（6分）
请将下面（1）～（6）处的答案填写在答题纸的对应栏内。
根据变更的迫切性，变更可分为 (1) 和 (2) ，通过不同流程处理。
变更管理过程涉及的角色主要包括项目经理、(3)、(4)、(5)、(6)。

试题一分析
本题重点考核变更管理流程和执行效果。
【问题1】
需要考生仔细分析变更管理和配置管理相关流程是否符合项目管理理论与实践：
1. 项目经理制定的规则是否全面？是否符合变更管理流程？
2. 客户需求发生变化时，应首先由工程师对需求变化造成的影响做评估，如果影响不大，工程师可以直接进行修改并更新版本，不需要上报项目经理——是否合理？

3. 当工程师不能判断需求变化对项目的影响时,应上报给项目经理,由项目经理作出评估,并安排相关人员进行修改——是否合理?

【问题 2】

问答题,考核变更管理工作程序(请参考《信息系统项目管理师教程》(第 3 版)[①]16.3.2 小节,及《系统集成项目管理工程师教程》(第 2 版)[②]16.3.2 小节)。

【问题 3】

细节题,考核变更管理中的对变更的分类(请参考《信息系统项目管理师教程》(第 3 版)16.1.2 小节);根据变更的迫切性,变更可分为紧急变更和非紧急变更,通过不同变更处理流程进行。变更涉及的角色实际上考核的是变更处理流程的执行者。

参考答案

【问题 1】(10 分)

(1)作为项目经理,小张只定义了简单规则,没有建立变更控制流程;
(2)变更的影响不能由工程师或项目经理个人评估;
(3)没有对变更和修改进行记录;
(4)变更完成后,客户没有对变更进行验证;
(5)变更没有通知相关人员;
(6)变更没有与配置管理相关联。
(每条 2 分,满分 10 分)

【问题 2】(10 分)

(1)提出变更申请;
(2)对变更进行评估;
(3)变更审批并通知相关人员;
(4)发出变更通知并实施变更;
(5)对变更结果进行验证;
(6)更新配置信息(通知相关人员)。
(每条 2 分,满分 10 分)

【问题 3】(6 分)

(1)紧急变更;
(2)非紧急变更;
(3)变更申请人;
(4)变更控制委员会;
(5)变更执行人和验证人(二者答其一即可得分);
(6)配置管理员。

---

① 本章提及的《信息系统项目管理师教程》(第 3 版)为全国计算机技术与软件专业技术资格(水平)考试指定用书,由清华大学出版社出版。
② 本章提及的《系统集成项目管理工程师教程》(第 2 版)为全国计算机技术与软件专业技术资格(水平)考试指定用书,由清华大学出版社出版。

（每空1分，共6分，（1）至（2）空没有顺序要求，（3）至（6）空没有顺序要求）

试题二（26分）

阅读下列说明，回答问题1至问题4，将解答填入答题纸的对应栏内。

【说明】

某信息系统项目包含A、B、C、D、E、F、G、H、I、J十个活动。各活动的历时、成本估算值、活动逻辑关系如下表所示：

活动名称	活动历时（天）	成本估算值（元）	紧前活动
A	2	2000	-
B	4	3000	A
C	6	5000	B
D	4	3000	A
E	3	2000	D
F	2	2000	A
G	2	2000	F
H	3	3000	E、G
I	2	2000	C、H
J	3	3000	I

【问题1】（10分）

(1) 请计算活动H、G的总浮动时间和自由浮动时间。
(2) 请指出该项目的关键路径。
(3) 请计算该项目的总工期。

【问题2】（3分）

项目经理在第9天结束时对项目进度进行统计，发现活动C完成了50%，活动E完成了50%，活动G完成了100%，请判断该项目工期是否会受到影响？为什么？

【问题3】（10分）

结合问题2，项目经理在第9天结束时对项目成本进行了估算，发现活动B的实际花费比预估多了1000元，活动D的实际花费比预估少了500元，活动C的实际花费为2000元，活动E的实际花费为1000元，其他活动的实际花费与预估一致。

(1) 请计算该项目的完工预算BAC。
(2) 请计算该时点计划值PV、挣值EV、成本绩效指数CPI、进度绩效指数SPI。

【问题4】（3分）

项目经理对项目进度、成本与计划不一致的原因进行了详细分析，并制定了改进措施。假设该改进措施是有效的，能确保项目后续过程中不会再发生类似问题，请计算该项目的完工估算EAC。

试题二分析

本题重点考核进度管理中的估算活动持续时间、关键路径、项目工期的方法也技术，以及成本管理的挣值分析方法。

【问题 1】

（1）考查考生利用前导图法估算活动的持续时间，具体计算方法见《信息系统项目管理师教程》（第 3 版）6.3.3 小节和《系统集成项目管理工程师教程》（第 2 版）8.6.3 小节。

（2）考查基于前导图法找关键路径并计算项目工期的方法。关键路径上：总浮动时间为零。项目工期，关键路径上最后一个活动的完工时间。

【问题 2】

考查考生对关键路径特征的理解，判断在第 9 天结束时活动 C、E、G 是否延迟，是否在关键路径上，如果在关键路径上，就会对项目工期造成影响。

按照问题 1 的前导图，C 和 E 都在关键路径上，C 历时 6 天最早最晚完成时间是 12，9 天结束时理论上应该完成 50%，没有延迟。E 的最早完成和最晚完成时间都是 9，所以 9 天结束时应该完成 100%。所以活动 E 实际完成了 50%，会对项目工期造成影响。

【问题 3】

考查考生对挣值计算方法的掌握程度。

（1）完工预算 BAC 为项目所有活动的 PV 值总和。

（2）需要根据 9 天结束时的进度，计算涉及的每个活动的 PV、AC 和 EV 值，列出下表：

活动名称	完成百分比/%	PV/元	EV/元	AC/元
A	100	2000	2000	2000
B	100	3000	3000	4000
C	50	2500	2500	2000
D	100	3000	3000	2500
E	50	2000	1000	1000
F	100	2000	2000	2000
G	100	2000	2000	2000
合计		16 500	15 500	15 500

【问题 4】

继续考查考生对挣值中 EAC 的计算方法。

假设该改进措施是有效的，能确保项目后续过程中不会再发生类似问题——说明偏差是非典型的。EAC=AC+ETC=AC+BAC–EV。

参考答案

【问题 1】（10 分）

根据题意，绘制网络图如下：（该图为了便于过程计算，不要求考生在答题纸上绘制该图）。

（1）活动 H 位于关键路径上，总浮动时间是 0 天，自由浮动时间是 0 天。　　（2 分）

活动 G 的总浮动时间是 3 天，自由浮动时间是 3 天。（2 分）

（2）该项目的关键路径有 2 条，分别是 A-B-C-I-J 和 A-D-E-H-I-J。

（4 分，只答出一条得 2 分）

（3）总工期=2+4+6+2+3=17 天或 2+4+3+3+2+3=17 天。　　　　（2 分）

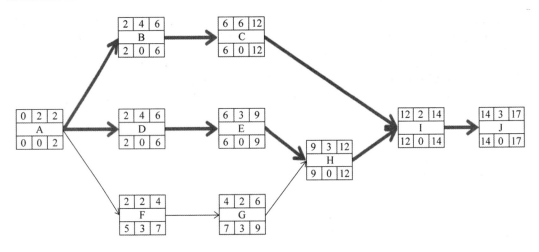

【问题 2】（3 分）

项目工期会受到影响，可能会延迟。（1 分）

原因：

（1）E 是位于关键路径上的活动；

（2）而 E 只完成 50%，比计划延迟。

（每条 1 分，共 2 分）

【问题 3】（10 分）

9 天结束时项目的成本数据如下表（该表格为了便于过程计算，不要求考生在答题纸上编写该表格）。

活动名称	完成百分比/%	PV/元	EV/元	AC/元
A	100	2000	2000	2000
B	100	3000	3000	4000
C	50	2500	2500	2000
D	100	3000	3000	2500
E	50	2000	1000	1000
F	100	2000	2000	2000
G	100	2000	2000	2000
合计		16 500	15 500	15 500

（1）BAC = 2000+3000+5000+3000+2000+2000+2000+3000+2000+3000 = 27 000 元（2 分）

（2）PV = 2000+3000+2500+3000+2000+2000+2000 = 16 500 元（1 分）

　　　AC = 2000+4000+2000+2500+1000+2000+2000 = 15 500 元（1 分）

　　　EV = 2000+3000+2500+3000+1000+2000+2000 = 15 500 元（2 分）

　　　CPI = EV/AC = 15 500/15 500 = 1　（2 分，写对公式但答案错误得 1 分）

　　　SPI = EV/PV = 15 500/16 500 ≈ 0.94　（2 分，写对公式但答案错误得 1 分）

【问题 4】（3 分）

由于项目滞后的原因是非典型的。

EAC=AC+ETC=AC+BAC−EV=15 500+27 000−15 500=27 000 元

（3分，写对公式得2分）

试题三（23分）

阅读下列说明，回答问题1至问题4，将解答填入答题纸的对应栏内。

【说明】

甲公司中标一个城市轨道交通监控系统开发项目，公司领导决定启用新的技术骨干作为项目经理，任命研发部软件开发骨干小王为该项目的项目经理。

小王技术能力强，自己承担了该项目核心模块开发任务，自从项目管理计划发布以后，一直投身于自己的研发任务当中。除了项目阶段验收会之外，没有召开过任何项目例会，只是在项目出现问题时才召开项目临时会议。经过项目团队共同努力，该项目进展到系统测试阶段。

在系统测试前，发现该项目有一个指示灯显示模块开发进度严重滞后，小王立刻会同该模块负责人小李一起熬夜加班赶工，完成了该模块。

小王在项目绩效考核时，认为小李的工作态度不认真，给予较差评价并在项目团队内公布考核结果。小李认为自己连续熬夜加班，任务也已完成，觉得考核结果不公平，两人就此问题发生了严重冲突，小李因此消极怠工，甚至影响到了项目验收。

【问题1】（11分）

（1）基于以上案例，请指出小王在项目团队管理和沟通管理过程中的不恰当之处。

（2）针对小李在项目中的问题，请说明小王该如何预防和改进。

【问题2】（4分）

结合案例，说明项目经理小王应当重点学习哪些项目团队管理的方法？

【问题3】（2分）

结合案例中小王和小李的冲突，请指出他们之间的冲突属于（从候选答案中选择一个正确选项，将该选项编号填入答题纸对应栏内）。

A．项目优先级冲突　　B．资源冲突　　C．个人冲突　　D．技术冲突

【问题4】（6分）

请简要描述项目冲突管理的方法。

试题三分析

本题重点考核团队管理和沟通管理。

【问题1】

（1）需要考生仔细阅读题干，站在项目经理的职责角度，分析项目经理在项目管理过程尤其是团队管理和沟通管理中的做法是否符合项目管理理论与实践（思考时要与沟通管理和团队管理要求进行匹配）：

①自己承担了该项目核心模块开发任务——自己承担任务是否合适？

②自从项目管理计划发布以后，一直投身于自己的研发任务当中。除了项目阶段验收会之外，没有召开过任何项目例会，只是在项目出现问题时才召开项目临时会议——不召开项目例会，偶尔召开临时会议是否合适？

③小王立刻会同该模块负责人小李一起熬夜加班赶工，完成了该模块——自己加班一起完成，是否合适？

④小王在项目绩效考核时，认为小李的工作态度不认真，给予较差评价并在项目团队内公布考核结果。两人就此问题发生了严重冲突，小李因此消极怠工，甚至影响到了项目验收——绩效考核方式是否合适？

（2）项目经理需要管理项目组成员及工作，激励大家往项目目标上努力。本题需要考生仔细阅读题干，针对小李的工作，提出项目经理的管理方式。

①在系统测试前，发现该项目有一个指示灯显示模块开发进度严重滞后，小王立刻会同该模块负责人小李一起熬夜加班赶工，完成了该模块——系统测试前才发现小李的工作滞后，说明项目经理对小李的工作缺乏监控。

②小王在项目绩效考核时，认为小李的工作态度不认真，给予较差评价并在项目团队内公布考核结果——项目经理认为小李的工作态度不认真，说明项目经理以个人主观认识来进行绩效考评，没有和被考评人沟通，就在项目团队内公布了考评结果，引发了冲突。

【问题2】

问答题，考核项目团队管理的方法（见《信息系统项目管理师教程》（第3版）9.2.4 小节，及《系统集成项目管理工程师教程》（第2版）11.4.2 小节）。

【问题3】

细节题，考核冲突的分类（见《系统集成项目管理工程师教程》（第2版）11.4.3 小节）：根据题干，小王和小李的冲突与项目优先级、资源和技术都无关。

【问题4】

问答题，考核冲突管理的方法（见《信息系统项目管理师教程》（第3版）9.3.6 小节，及《系统集成项目管理工程师教程》（第2版）11.4.3 小节）。

参考答案

【问题1】（11分）

（1）小王在项目团队管理和沟通管理过程中不恰当的做法：

①沟通管理中没有建立沟通管理计划/机制，（沟通的频次、内容、方式等），不能及时掌握项目状况；

②只采用了临时性沟通方法，不能有效解决项目实施过程中的问题；

③绩效考核结果未与被考核人进行沟通；

④没有正确处理与小李的冲突。

（每条2分，共8分）

（2）针对小李的问题，小王应该：

①对小李工作的进度进行监控；

②建立合理的绩效考核机制，不应该只通过自己主观判断进行绩效考核；

③与小李进行有效、当面沟通，化解矛盾。

（每条1分，共3分）

【问题 2】（4 分）
　　（1）观察与交谈；
　　（2）项目绩效评估；
　　（3）问题清单或冲突管理；
　　（4）人际关系技能。
　　（每条 1 分，共 4 分）

【问题 3】（2 分）
　　C（2 分）

【问题 4】（6 分）
　　（1）问题解决；
　　（2）合作；
　　（3）撤出/回避；
　　（4）强制/强迫/命令；
　　（5）妥协/调解；
　　（6）求同存异/缓和/包容。
　　（每条 1 分，共 6 分）

第12章 2017下半年信息系统项目管理师下午试题 II 写作要点

> 从下列的 2 道试题（试题一至试题二）中任选 1 道解答。请在答题纸上的指定位置处将所选择试题的题号框涂黑。若多涂或者未涂题号框，则对题号最小的一道试题进行评分。

试题一 论信息系统项目的安全管理

2017 年 6 月 1 日《中华人民共和国网络安全法》正式实施，全社会对信息安全的关注提到前所未有的新高度。目前，很多单位都建立了信息安全管理体系，制定了信息安全相关的制度、规范或要求等。在项目实施过程中如何遵循这些制度、规范和要求，成为项目经理需要重点关注的问题。

请以"信息系统项目的安全管理"为题，分别从以下三个方面进行论述。

1. 概要叙述你参与过的或者你所在组织开展过的信息系统相关项目的基本情况（项目背景、规模、目的、项目内容、组织结构、项目周期、交付成果等），并说明你在其中承担的工作。

2. 结合项目实际，论述你对项目安全管理的认识，可以包括但不限于以下几个方面。
（1）信息安全管理的主要工作内容。
（2）信息安全管理中可以使用的工具、技术和方法等。
（3）信息安全管理工作内容、使用的工具、技术和方法如何在项目管理的各方面（如人力资源管理、文档管理、沟通管理、采购管理）得到体现。

3. 请结合论文中所提到的信息系统项目，介绍你是如何进行安全管理的，包括具体做法和经验教训。

试题一写作要点

第一部分评分要点：
论文结构合理，摘要正确，正文完整，语言流畅，字迹清楚。
所述项目真实可信，介绍得当。

第二部分评分要点：
论述的要点要覆盖题目要求的三个方面，但又不局限于该三方面。
（1）信息安全管理包括的主要内容。
可从信息安全策略、人员安全、资产安全、访问控制、物理和环境安全、运行安全、通信安全、信息系统的获取、开发和保持、供应商安全等方面展开。

（2）相关的技术和工具包括但不限于加密技术、数字签名技术、访问控制技术、数据完整性技术、认证技术、信息安全审计等。

（3）信息安全管理内容可以与项目管理内容有所结合。例如：

①信息安全管理工作包括人员安全管理，具体涉及安全管理组织、安全岗位设置、人员离岗安全等工作内容，这些内容可以在项目的人力资源管理、文档管理、沟通管理中有所体现。

②信息安全管理中的供应商安全管理可以在项目采购管理、沟通管理、文档中有所体现。

③信息安全管理技术（如加密技术、数字签名技术、访问控制技术）可应用在各类项目管理工具中。

第三部分评分要点：

根据考生论述其所承担的信息系统项目（包含安全类的项目）是如何进行的安全管理及其心得体会，确定其叙述的安全管理及其评论是否合适，是否具有信息系统项目管理的经验（考生可以从承建方或建设方角度进行论述）。陈述问题得当、真实；分析方式正确，论述恰当。

试题二 论信息系统项目的成本管理

项目管理受范围、时间、成本和质量的约束，项目成本管理在项目管理中占有重要的地位。项目成本管理就是要确保在批准的项目预算内完成项目，通过项目成本管理尽量使项目实际发生的成本控制在预算范围之内。如果项目建设的实际成本远远超出批准的投资预算，就很容易造成成本失控。

请以"信息系统项目的成本管理"为题，分别从以下三个方面进行论述。

1. 概要叙述你参与管理过的信息系统项目（项目的背景、项目规模、目的、项目内容、组织结构、项目周期、交付的产品等），并说明你在其中承担的工作。

2. 结合项目管理实际情况并围绕以下要点论述你对项目成本管理的认识。

（1）制订项目成本管理计划。

（2）项目成本估算、项目成本预算、项目成本控制。

3. 请结合论文中所提到的信息系统项目，介绍你是如何进行项目成本管理的（可叙述具体做法），并总结你的心得体会。

试题二写作要点

第一部分评分要点：

论文结构合理，摘要正确，正文完整，语言流畅，字迹清楚。

所述项目真实可信，介绍得当。

第二部分评分要点：

分别论述：

（1）对制订项目成本管理计划的具体内容的分析和说明：

①对信息系统集成项目成本管理计划的具体内容有比较清晰的认识；

②对制订项目成本管理计划的输入、工具与技术、输出的认识；

③对制订项目成本管理计划的重点内容的分析到位，真实可行。

（2）对项目成本估算、项目成本预算、项目成本控制的论述：

①项目成本估算、项目成本预算的主要步骤的简介；
②项目成本估算、项目成本预算所采用的技术和工具的介绍；
③项目成本估算、项目成本预算的输入和输出；
④项目成本控制的内容的简介；
⑤项目成本控制所采用的技术和工具的介绍；
⑥项目成本控制的输入和输出。

第三部分评分要点：

如何进行项目成本管理：

（1）根据考生描述的信息系统项目、对其所承担的项目如何进行的项目成本管理的阐述以及总结的心得体会，确定其叙述的项目成本管理是否合适。

（2）针对制定成本管理计划的阐述，确定其叙述的项目采购管理是否合适。

（3）针对成本估算、成本预算和成本控制的阐述，确定其叙述的项目成本管理是否合适。

（4）判断其是否具有信息系统项目管理的经验。

第13章 2018上半年信息系统项目管理师上午试题分析与解答

试题（1）

我国在"十三五"规划纲要中指出要加快信息网络新技术开发应用，以拓展新兴产业发展空间。纲要中提出将培育的新一代信息技术产业创新重点中不包括 (1)。

(1) A．人工智能 B．移动智能终端
 C．第四代移动通信 D．先进传感器

试题（1）分析

参考《信息系统项目管理师教程》（第3版）①1.7.1 小节。

我国在"十三五"规划纲要中将培育人工智能、移动智能终端、第五代移动通信（5G）、先进传感器等作为新一代信息技术产业创新重点发展，拓展新兴产业发展空间。

参考答案

(1) C

试题（2）

智能具有感知、记忆、自适应等特点，能够存储感知到的外部信息及由思维产生的知识，同时能够利用已有的知识对信息进行分析、计算、比较、判断、联想和决策属于智能的 (2) 能力。

(2) A．感知 B．记忆和思维
 C．学习和自适应 D．行为决策

试题（2）分析

参考《信息系统项目管理师教程》（第3版）1.7.6 小节。

大力推进信息化和工业化深度融合的主要发展方向是加快推动新一代信息技术与制造技术融合发展，把智能制造作为两化深度融合的主攻方向。

参考答案

(2) B

试题（3）

某快消品连锁企业委托科技公司A开发部署电子商务平台。A公司根据系统设计任务书所确定的范围，确定系统的基本目标和逻辑功能要求，提出新系统的逻辑模型。这属于信息系统生命周期中 (3) 阶段的工作。

---

①本章所提的《信息系统项目管理师教程》（第3版）为全国计算机技术与软件专业技术资格（水平）考试指定用书，由清华大学出版社出版。

（3）A．系统规划　　　　　　　　　B．系统分析
　　　C．系统设计　　　　　　　　　D．系统实施

试题（3）分析

参考《信息系统项目管理师教程》（第3版）1.1.4小节。

系统分析阶段又称为逻辑设计阶段。系统分析阶段的任务是根据系统设计任务书所确定的范围，对现行系统进行详细调查，描述现行系统的业务流程，指出现行系统的局限性和不足之处，确定新系统的基本目标和逻辑功能要求，即提出新系统的逻辑模型。

参考答案

（3）B

试题（4）

区块链2.0技术架构自下而上分为数据层、网络层、共识层、激励层、智能合约层。数据传播机制、数据验证机制属于其中的__(4)__。

（4）A．数据层　　　B．网络层　　　C．共识层　　　D．激励层

试题（4）分析

参考工信部指导发布的《中国区块链技术和应用发展白皮书（2016）》。

参考答案

（4）B

试题（5）

区块链是__(5)__、点对点传输、共识机制、加密算法等计算机技术的新型应用模式。

（5）A．数据仓库　　　　　　　　　B．中心化数据库
　　　C．非链式数据结构　　　　　　D．分布式数据存储

试题（5）分析

参考《2014—2016全球比特币发展研究报告》。

区块链是一种按照时间顺序将数据区块以顺序相连的方式组合成的链式数据结构。区块链的技术特点是分布式数据存储。《2014—2016全球比特币发展研究报告》提到区块链本质上是一个去中心化的数据库。

参考答案

（5）D

试题（6）

某云计算服务商向电信运营商提供计算能力、存储空间及相应的运营管理服务。按照云计算服务提供的资源层次，该服务类型属于__(6)__。

（6）A．IaaS　　　B．CaaS　　　C．PaaS　　　D．SaaS

试题（6）分析

参考《信息系统项目管理师教程》（第3版）1.5.2小节。

IaaS（基础设施即服务），向用户提供计算机能力、存储空间等基础设施方面的服务。这种服务模式需要较大的基础设施投入和长期运营管理经验。

参考答案

(6) A

试题(7)

老于是某银行的系统架构师,他为银行投资管理系统设计的软件架构包括进程通信和事件驱动的系统,该软件架构风格属于 (7) 。

(7) A．数据流风格　　B．独立构件风格　　C．仓库风格　　D．虚拟机风格

试题(7)分析

参考《信息系统项目管理师教程》(第3版)1.4.2小节。

架构风格反映了领域中众多系统所共有的结构和语义特性。独立构件风格包括进程通信和事件驱动的系统。

参考答案

(7) B

试题(8)

办公软件开发公司A非常重视软件过程管理,按照CMMI(能力成熟度模型)逐步进行过程改进,刚刚实现了组织级过程性能、定量项目管理,按照CMMI,A公司达到了 (8) 级别。

(8) A．CMMI2　　B．CMMI3　　C．CMMI4　　D．CMMI5

试题(8)分析

参考《信息系统项目管理师教程》(第3版)1.4.4小节。

CMMI4级是量化管理级,可进行组织结构过程性能、定量项目管理。

参考答案

(8) C

试题(9)

软件测试是发现软件错误(缺陷)的主要手段,软件测试方法可分为静态测试和动态测试,其中 (9) 属于静态测试。

(9) A．代码走查　　B．功能测试　　C．黑盒测试　　D．白盒测试

试题(9)分析

参考《信息系统项目管理师教程》(第3版)1.4.5小节。

代码的静态测试一般采用桌前检查、代码走查、代码审查。动态测试一般采用白盒测试和黑盒测试方法。白盒测试也称为结构测试。

参考答案

(9) A

试题(10)

结束软件测试工作时,应按照软件配置管理的要求,将 (10) 纳入配置管理。

(10) A．全部测试工具　　　　　　B．被测试软件
　　　C．测试支持软件　　　　　　D．以上都是

试题（10）分析

参考《信息系统项目管理师教程》(第3版) 1.4.5 小节中的软件测试管理。

结束软件测试工作，一般应达到（准出条件）：全部测试工具、被测试软件、测试支持软件、评审结果已纳入配置管理。

参考答案

（10）D

试题（11）

企业应用集成技术（EAI）可以消除信息孤岛，将多个企业信息系统连接起来，实现无缝集成。EAI 包括多个层次和方面，其中在业务逻辑层上对应用系统进行黑盒集成的，属于 (11) 。

(11) A．数据集成　　B．控制集成　　C．表示集成　　D．业务流程集成

试题（11）分析

参考《信息系统项目管理师教程》(第3版) 1.4.6 小节。

控制集成也称为功能集成或应用集成，在业务逻辑层上对应用系统进行集成。

参考答案

（11）B

试题（12）

根据 GB/T 11457—2006《软件工程术语》，由某人、某小组或借助某种工具对源代码进行的独立的审查，以验证其是否符合软件设计文件和程序设计标准，称为 (12) 。

(12) A．桌面检查　　B．代码评审　　C．代码走查　　D．代码审计

试题（12）分析

参考《信息系统项目管理师教程》(第3版) 26.5.2 小节。

代码审计：由某人、某小组或借助某种工具对源代码进行的独立的审查，以验证其是否符合软件设计文件和程序设计标准。还可能对正确性和有效性进行估计。

参考答案

（12）D

试题（13）

根据 GB/T 16260.1—2006《软件工程产品质量》，软件产品使用质量特性中的可靠性，是指与软件在规定的一段时间内和规定的条件下维持其性能水平的一组软件属性。(13) 不属于可靠性质量特性。

(13) A．安全性　　B．成熟性　　C．容错性　　D．可恢复性

试题（13）分析

参考《信息系统项目管理师教程》(第3版) 26.5.5 小节。

可靠性包括成熟性、容错性、可恢复性。安全性属于功能性质量特性。

参考答案

（13）A

试题（14）

根据 GB/T 14394—2008《计算机软件可靠性和可维护性管理》，软件开发各阶段都要进行评审，与软件可靠性和可维护性有关的评审要求中，(14)不属于需求评审的内容。

(14) A．测试用例　　　　　　　　B．可靠性和可维护性目标
　　　C．实施计划　　　　　　　　D．验证方法

试题（14）分析

参考《计算机软件可靠性和可维护性管理》4.1.3.2 小节。

GB/T14394—2008《计算机软件可靠性和可维护性管理》4.1.3.2　在需求活动中的可靠性和可维护性管理要求：分析和确定软件可靠性和可维护性的具体设计目标，确保与研制任务书或合同中相应要求的可追随性，制定实施计划，制定各实施阶段的基本准则，确定各实施阶段的验证方法。

参考答案

(14) A

试题（15）

信息系统设备安全是信息系统安全的重要内容，其中设备的(15)是指设备在一定时间内不出故障的概率。

(15) A．完整性　　　B．稳定性　　　C．可靠性　　　D．保密性

试题（15）分析

参考《信息系统项目管理师教程》（第 3 版）1.6.1 小节。

信息系统设备稳定性是指设备在一定时间内不出故障的概率。

参考答案

(15) B

试题（16）

信息系统安全技术中，关于信息认证、加密、数字签名的描述，正确的是(16)。

(16) A．数字签名具备发送方不能抵赖、接收方不能伪造的能力
　　　B．数字签名允许收发双方互相验证其真实性，不准许第三方验证
　　　C．认证允许收发双方和第三方验证
　　　D．认证中用来鉴别对象真实性的数据是公开的

试题（16）分析

参考《信息系统项目管理师教程》（第 3 版）1.6.2 小节中认证的概念。

数字签名具有发送方不能抵赖、接收方不能伪造和具有在公证人前解决纠纷的能力，认证则不一定具备该能力。认证允许收发双方互相验证其真实性，不准许第三方验证。数字签名允许收发双方和第三方都能验证。认证中用来鉴别对象真实性的数据是保密的。

参考答案

(16) A

试题（17）

在网络安全防护中，(17)注重对网络安全状况的监管，通过监视网络或系统资源，寻

找违反安全策略的行为或攻击迹象，并发出报警。

(17) A．防火墙　　　　B．蜜罐技术　　　C．入侵检测系统　　　D．入侵防护系统

试题（17）分析

参考《信息系统项目管理师教程》（第 3 版）1.6.3 小节中的网路安全。

入侵检测系统注重的是网络安全状况的监管，通过监视网络或系统资源，寻找违反安全策略的行为或攻击迹象，并发出报警。入侵防护系统倾向于提供主动防护，注重对入侵行为的控制。

参考答案

(17) C

试题（18）

(18)不属于网页防篡改技术。

(18) A．时间轮询　　　　　　　　　B．事件触发
　　　C．文件过滤驱动　　　　　　　D．反间谍软件

试题（18）分析

参考《信息系统项目管理师教程》（第 3 版）1.6.3 小节中的应用系统安全。

网页防篡改技术包括时间轮询技术、核心内嵌技术、事件触发技术、文件过滤驱动技术等。反间谍软件属于内容安全管理的技术之一。

参考答案

(18) D

试题（19）

TCP/IP 是 Internet 的核心协议，应用程序通过应用层协议利用网络完成数据交互的任务。其中，(19)是用来在客户机与服务器之间进行简单文件传输的协议，提供不复杂、开销不大的文件传输服务。

(19) A．FTP　　　　B．TFTP　　　　C．HTTP　　　　D．SMTP

试题（19）分析

参考《信息系统项目管理师教程》（第 3 版）1.3.1 小节中的 TCP/IP。

FTP 是两台计算机传送文件的协议。TFTP 是传输简单文件的协议。HTTP 是超文本传输协议。SMTP 是简单邮件传输协议。

参考答案

(19) B

试题（20）

在开放系统互连参考模型（OSI）中，(20)的主要功能是将网络地址翻译成对应的物理地址，并决定如何将数据从发送方经路由送达到接收方。

(20) A．数据链路层　　B．物理层　　　C．网络层　　　　D．传输层

试题（20）分析

参考《信息系统项目管理师教程》（第 3 版）1.3.1 小节。

物理层包括物理连网媒介。数据链路层控制网络层与物理层之间的通信。传输层负责确

保数据可靠、顺序、无错地从 A 点传输到 B 点。网络层的主要功能是将网络地址翻译成对应的物理地址，并决定如何将数据从发送方路由到接收方。

参考答案

（20）C

试题（21）

IEEE 802 规范定义了网卡如何访问传输介质，以及如何在传输介质上传输数据的方法。其中，__(21)__是重要的局域网协议。

（21）A．IEEE 802.1　　　　　　　　B．IEEE 802.3
　　　C．IEEE 802.6　　　　　　　　D．IEEE 802.11

试题（21）分析

参考《信息系统项目管理师教程》（第3版）1.3.1 小节。

IEEE 802.1 是 802 协议概论。IEEE 802.3 是以太网的 CSMA/CD 载波监听多路访问/冲突检测协议。IEEE 802.6 城域网 MAN 协议。IEEE 802.11 无线局域网 WLAN 标准协议。

参考答案

（21）B

试题（22）

大型信息系统具备的特点包括：__(22)__。
①规模庞大，包含的独立运行和管理的子系统多
②跨地域性，系统分布广阔，部署不集中
③提供的业务种类繁多，业务的处理逻辑复杂
④采用虚拟化技术管理软硬件环境
⑤采用国际领先的软硬件设备
⑥处理的业务和信息量大，存储的数据复杂、内容多且形式多样

（22）A．①②③⑥　　　　　　　　B．②③⑤⑥
　　　C．②③④⑤　　　　　　　　D．①②③④⑤⑥

试题（22）分析

参考《信息系统项目管理师教程》（第3版）1.9.1 小节。

是否采用了虚拟化技术和是否采用了国际领先的软硬件设备并不是大型信息系统的特点。④⑤不应选择。

参考答案

（22）A

试题（23）

企业系统规划（Business System Planning，BSP）方法包含一定的步骤，完成准备工作后，需要进行的四个步骤依次是：__(23)__。

（23）A．定义企业过程，识别定义数据类，确定管理部门对系统的要求，分析现有系统
　　　B．识别定义数据类，定义企业过程，确定管理部门对系统的要求，分析现有系统
　　　C．定义企业过程，识别定义数据类，分析现有系统，确定管理部门对系统的要求

D．识别定义数据类，定义企业过程，分析现有系统，确定管理部门对系统的要求

试题（23）分析

参考《信息系统项目管理师教程》（第3版）1.9.2小节。

BSP方法的步骤为：项目确定—准备工作—定义企业过程—识别定义数据类—分析现有系统—确定管理部门对系统的要求—提出判断和结论……

参考答案

（23）C

试题（24）

在信息系统的规划工具中，下表是 (24) 。

		总经理	财务总监	业务总监
人事	人员计划	√	*	
	招聘培训			
	合同支付	√	*	+

说明："√"代表负责和决策，"*"代表过程主要涉及，"+"代表过程有涉及，空白代表过程不涉及

（24）A．过程/组织矩阵　　　　B．资源/数据矩阵
　　　C．优先矩阵　　　　　　D．过程/数据矩阵

试题（24）分析

参考《信息系统项目管理师教程》（第3版）1.9.3小节。

题中的表格反映了企业组织结构和企业过程的联系，属于过程/组织矩阵。

优先矩阵属于质量管理过程中的新七工具之一。

参考答案

（24）A

试题（25）

在面向对象的基本概念中， (25) 体现对象间的交互，通过它向目标对象发送操作请求。

（25）A．继承　　　B．多态　　　C．接口　　　D．消息

试题（25）分析

参考《系统集成项目管理工程师教程》（第2版）[①]3.4.1小节。

本题主要考查消息的定义。消息体现对象间的交互，通过它向目标对象发送操作请求。

参考答案

（25）D

试题（26）

关于UML的描述，不正确的是： (26) 。

（26）A．UML是一种可视化编程语言
　　　B．UML适用于各种软件开发方法

[①] 本章提及的《系统集成项目管理工程师教程》（第2版）为全国计算机技术与软件专业技术资格（水平）考试指定用书，由清华大学出版社出版。

C. UML 用于对软件进行可视化描述

D. UML 适用于软件生命周期的各个阶段

试题（26）分析

参考《系统集成项目管理工程师教程》（第 2 版）3.4.2 小节。

UML 不是一种编程语言，而是建模语言。

参考答案

（26）A

试题（27）

UML 图不包括 (27) 。

(27) A. 用例图　　　　B. 序列图　　　　C. 组件图　　　　D. 继承图

试题（27）分析

参考《系统集成项目管理工程师教程》（第 2 版）3.4.2 小节。

都是 UML 图之一。

参考答案

（27）D

试题（28）

在合同履行过程中，当事人就有关合同内容约定不明确时，不正确的是：(28) 。

(28) A. 价款或者报酬不明确的，按照订立合同时履行地的市场价格履行

B. 履行地点不明确，给付货币的，在支付货币一方所在地履行

C. 履行方式不明确的，按照有利于实现合同目的的方式履行

D. 履行费用的负担不明确的，由履行义务一方负担

试题（28）分析

参考《信息系统项目管理师教程》（第 3 版）26.1.3 小节。

当事人就有关合同内容约定不明确，适用下列规定：

- 价款或者报酬不明确的，按照订立合同时履行地的市场价格履行；
- 履行地点不明确，给付货币的，在接受货币一方所在地履行；
- 履行方式不明确的，按照有利于实现合同目的的方式履行；
- 履行费用的负担不明确的，由履行义务一方负担。

参考答案

（28）B

试题（29）

关于招投标的描述，不正确的是：(29) 。

(29) A. 招标人采用邀请招标方式的，应当向三个以上具备承担项目的能力、资信良好的特定法人或者其他组织发出投标邀请书

B. 招标人对已发出的招标文件进行必要的澄清或者修改的，应当在招标文件要求提交投标文件截止时间至少十五日前，以书面形式通知所有招标文件收受人

C. 投标人在招标文件要求提交投标文件的截止时间前，可以补充、修改或者撤回已提交的投标文件，并书面通知招标人

D. 依法必须进行招标的项目，其评标委员会由招标人的代表和有关技术、经济等方面的专家组成，成员人数为五人以上单数，其中技术、经济等方面的专家不得少于成员总数的一半

试题（29）分析

参考《信息系统项目管理师教程》（第3版）26.2节。

招标人采用邀请招标方式的，应当向三个以上具备承担项目的能力、资信良好的特定法人或者其他组织发出投标邀请书。

招标人对已发出的招标文件进行必要的澄清或者修改的，应当在招标文件要求提交投标文件截止时间至少十五日前，以书面形式通知所有招标文件收受人。投标人在招标文件要求提交投标文件的截止时间前，可以补充、修改或者撤回已提交的投标文件，并书面通知招标人。

依法必须进行招标的项目，其评标委员会由招标人的代表和有关技术、经济等方面的专家组成，成员人数为五人以上单数，其中技术、经济等方面的专家不得少于成员总数的三分之二。

参考答案

（29）D

试题（30）

信息系统可行性研究包括很多方面的内容。（30）中经常会用到敏感性分析。

（30）A．技术可行性分析　　　　　　B．经济可行性分析
　　　 C．运行环境可行性分析　　　　D．社会可行性分析

试题（30）分析

参考《信息系统项目管理师教程》（第3版）3.2.1小节。

经济可行性分析主要是对项目的投资及所产生的经济效益进行分析，包括支出分析、收益分析、投资回报分析以及敏感性分析。

参考答案

（30）B

试题（31）

关于项目评估和项目论证的描述，不正确的是：（31）。

（31）A．项目论证应该围绕市场需求、开发技术、财务经济三个方面展开调查和分析
　　　 B．项目论证一般可分为机会研究、初步可行性研究和详细可行性研究三个阶段
　　　 C．项目评估由项目建设单位实施，目的是审查项目可行性研究的可靠性、真实性和客观性，为银行的贷款决策或行政主管部门的审批决策提供依据
　　　 D．项目评估的依据包括项目建议书及其批准文件、项目可行性研究报告、报送单位的申请报告及主管部门的初审意见等一系列文件

试题（31）分析

参考《信息系统项目管理师教程》（第3版）3.3节项目评估与论证。

项目评估指在项目可行性研究的基础上，由第三方（国家、银行或有关机构）对拟建项目的必要性、建设条件、生产条件、产品市场需求等进行评价、分析和论证，进而判断其是否可行的一个评估过程。

参考答案

（31）C

试题（32）

(32) 不是 V 模型的特点。

(32) A．体现了开发和测试同等重要的思想
　　　B．测试是开发生命周期中的阶段
　　　C．针对每个开发阶段，都有一个测试级别与之相对应
　　　D．适用于用户需求不明确或动态变化的情形

试题（32）分析

参考《信息系统项目管理师教程》（第 3 版）2.7.4 小节。

V 模型的特点：

- V 模型体现的主要思想是开发和测试同等重要。
- V 模型针对每个开发阶段，都有一个测试级别与之相对应。
- 测试依旧是开发生命周期中的阶段。
- V 模型适用于需求明确和需求变更不频繁的情形。

参考答案

（32）D

试题（33）

识别项目干系人是 (33) 中的子过程。

(33) A．启动过程组　　　　　　B．计划过程组
　　　C．执行过程组　　　　　　D．监督与控制过程组

试题（33）分析

参考《信息系统项目管理师教程》（第 3 版）2.8.1 小节。

识别项目干系人是启动过程组的过程之一。

参考答案

（33）A

试题（34）

项目管理计划的内容不包括 (34)。

(34) A．沟通管理计划　　　　　B．选择的生命周期模型
　　　C．资源日历　　　　　　　D．成本基准

试题（34）分析

参考《信息系统项目管理师教程》（第 3 版）4.3.1 小节。

资源日历是项目实施过程中产生的文件，属于项目文件，不属于项目管理计划的内容。

参考答案

(34) C

试题 (35)

关于项目目标的描述,不正确的是:__(35)__。

(35) A. 项目可以有一个目标,也可以有多个目标
　　　B. 项目目标可以量化,也可以不量化
　　　C. 项目的成果目标与约束目标可能会冲突
　　　D. 项目目标应该是具体的、可实现的

试题 (35) 分析

参考《信息系统项目管理师教程》(第3版) 4.2.6 小节。
项目目标应该是量化的,否则无法判定项目的目标是否能够实现。

参考答案

(35) B

试题 (36)

关于变更申请的描述,不正确的是:__(36)__。

(36) A. 实施整体变更控制过程贯穿项目始终
　　　B. 变更请求可能包括纠正措施、预防措施和缺陷补救
　　　C. 变更请求必须由 CCB 来负责审查、评价、批准或否决
　　　D. 实施整体变更过程中涉及的配置管理活动包括配置识别、配置状态记录、配置核实与审计

试题 (36) 分析

参考《信息系统项目管理师教程》(第3版) 4.5.3 小节。
应根据变更控制文件中规定的内容,来决定变更的审批人,如果项目是根据合同进行的,则提出的某些变更必须由顾客批准。

参考答案

(36) C

试题 (37)、(38)

某项目包含 A、B、C、D、E、F、G 七个活动。各活动的历时估算和活动间的逻辑关系如下表所示,活动 C 的总浮动时间是__(37)__天,该项目工期是__(38)__天。

活动名称	活动历时(天)	紧前活动
A	2	—
B	4	A
C	5	A
D	6	A
E	4	B
F	4	C、D
G	3	E、F

(37) A. 0　　　　　B. 1　　　　　C. 2　　　　　D. 3
(38) A. 13　　　　B. 14　　　　C. 15　　　　D. 16

试题（37）、（38）分析

试题（37）、（38）参考《信息系统项目管理师教程》（第 3 版）6.3.3 小节。

绘制该项目的网络图如下，可见活动 C 的总浮动时间为 1 天。

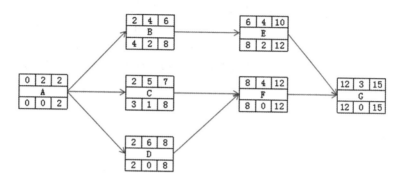

试题（38）根据该项目的网络图可知，项目的关键路径为 A-D-F-G，总工期为 2+6+4+3=15 天。

参考答案

（37）B　　（38）C

试题（39）

关于 WBS 的描述，不正确的是：__(39)__。

(39) A. WBS 必须且只能包括 100%的工作
　　　B. WBS 的元素必须指定一个或多个负责人
　　　C. WBS 应该由全体项目成员、用户和项目干系人一致确认
　　　D. 分包出去的工作也应纳入 WBS 中

试题（39）分析

参考《信息系统项目管理师教程》（第 3 版）5.5.2 小节和 5.5.3 小节。

WBS 的元素必须有且只由一人负责，可以有多人参与。

参考答案

（39）B

试题（40）

__(40)__ 属于控制范围的活动。

(40) A. 与客户仔细讨论项目范围说明书，并请客户签字
　　　B. 当客户提出新的需求时，说服用户放弃新的需求
　　　C. 确认项目范围是否覆盖了需要完成的产品或服务进行的所有活动
　　　D. 确认每项工作是否有明确的质量标准

试题（40）分析

参考《信息系统项目管理师教程》（第 3 版）5.6 节。

A 讨论项目范围说明书属于定义范围的工作。C 活动属于确认范围的工作。
D 活动属于确认范围的工作内容。

参考答案

（40）B

试题（41）

从参与者的观点来看，__(41)__沟通方式的参与程度最高。

（41）A. 叙述　　　　B. 推销　　　　C. 征询　　　　D. 讨论

试题（41）分析

参考《系统集成项目管理工程师教程》（第2版）12.1.2 小节沟通的方式。

从参与者（发送信息方）的观点来看，参与讨论的方式控制力最弱，但参与程度最高。

参考答案

（41）D

试题（42）

在项目沟通过程中，会使用各种沟通方法。电子邮件沟通属于__(42)__。

（42）A. 实时沟通　　B. 推式沟通　　C. 拉式沟通　　D. 情境式沟通

试题（42）分析

参考《信息系统项目管理师教程》（第3版）10.3 节中的沟通方法。

推式沟通可以确保信息的发送，但不能确保信息送达受众或被目标受众理解。

参考答案

（42）B

试题（43）

在了解和管理干系人期望时，可以采用多种分类方法对干系人进行分类管理。其中__(43)__方法是根据干系人主动参与项目的程度以及改变项目计划或执行的能力进行分组。

（43）A. 权力/利益方格　　　　　B. 权力/影响方格
　　　C. 影响/作用方格　　　　　D. 凸显模型

试题（43）分析

参考《信息系统项目管理师教程》（第3版）10.6 节。

影响/作用方格根据干系人主动参与项目的程度以及改变项目计划或执行的能力进行分组。

参考答案

（43）

试题（44）

A 公司承接了某银行网上银行系统的建设项目，包括应用软件开发、软硬件集成适配、系统运维等多项工作内容。针对该项目，不正确的是：__(44)__。

（44）A. 该项目的干系人包括客户、公司高层领导、项目成员以及网上银行用户
　　　B. 干系人管理工作应由该项目成员分工负责
　　　C. 干系人管理有助于为项目赢得更多的资源

D. 通常来说，干系人对项目的影响能力在项目启动阶段最大，随着项目的进展逐渐减弱

试题（44）分析

参考《系统集成项目管理工程师教程》（第2版）12.5节。

干系人管理应当由项目经理负责而不是团队成员分工负责。

参考答案

（44）B

试题（45）

人们对风险事件都有一定的承受能力，当 (45) 时，人们愿意承担的风险越大。

（45）A．项目活动投入的越多

　　　B．项目的收益越大

　　　C．个人、组织拥有的资源越少

　　　D．组织中高级别管理人员相对较少

试题（45）分析

参考《信息系统项目管理师教程》（第3版）11.1.2小节。

风险概念中的风险相对性。

（1）收益的大小。收益越大，人员愿意承担的风险也就越大。

（2）投入的大小。投入越多，人们对成功所抱的希望也就越大，愿意承担的风险也就越小。

（3）项目活动主体的地位和拥有的资源。管理人员中级别高的同级别低的相比，能够承担大的风险。个人或组织拥有的资源越多，其风险承受能力也越大。

参考答案

（45）B

试题（46）

 (46) 不属于风险识别的依据。

（46）A．成本管理计划　　　　　　B．范围基准

　　　C．采购文件　　　　　　　　D．风险类别

试题（46）分析

参考《信息系统项目管理师教程》（第3版）11.3节。

风险识别的依据如下：风险管理计划；成本管理计划；进度管理计划；质量管理计划；人力资源管理计划；范围基准；活动成本估算和活动持续时间估算；干系人登记册；项目文件；采购文件；事业环境因素；组织过程资产。

参考答案

（46）D

试题（47）

通过概率和影响级别定义以及专家访谈，有助于纠正该过程所使用的数据中的偏差属于 (47) 。

（47）A．定性风险分析　　　　　　B．识别风险
　　　 C．定量风险分析　　　　　　D．风险监控

试题（47）分析

参考《信息系统项目管理师教程》（第3版）11.4节。

定性风险分析包括为了采取进一步行动，对已识别风险进行优先排序的方法。实施定性风险分析内容：通过概率和影响级别定义以及专家访谈，有助于纠正该过程所使用的数据偏差。

参考答案

（47）A

试题（48）

项目人力资源管理中对团队进行有效的指导和管理，以保证团队可以完成项目任务。关于项目人力资源管理的描述，正确的是：(48)。

（48）A．新团员加入到项目团队中，他们的经验水平将会降低项目风险
　　　 B．项目人力资源管理包括规划人力资源管理、组建项目团队、建设项目团队三个过程
　　　 C．项目经理对于所有冲突要设法解决或减少，鼓励团队成员良性竞争
　　　 D．项目团队中项目经理的管理能力和领导能力二者缺一不可

试题（48）分析

参考《信息系统项目管理师教程》（第3版）9.2节。

新团队成员加入到团队中，他们的经验水平将会降低或增加项目风险，从而有必要进行额外的风险规划；

项目人力资源管理包括规划人力资源管理、组建项目团队、建设项目团队、管理项目团队四个过程；

项目经理对于有害的冲突要设法加以解决或减少，对有益的冲突要加以利用，要鼓励团队成员良性竞争；

项目经理具有领导者和管理者的双重身份。对于项目经理而言，管理能力和领导能力二者均不可或缺。

参考答案

（48）D

试题（49）

建设项目团队过程所使用的技术不包括(49)。

（49）A．人际关系技能　　　　　　B．基本规则
　　　 C．人事评测工具　　　　　　D．项目人员分派

试题（49）分析

参考《信息系统项目管理师教程》（第3版）9.2.3小节。

建设项目团队的工具与技术：人际关系技能、培训、团队建设活动、基本规则、集中办公、认可与奖励、人事评测工具。

事业环境因素更新属于输入内容。

参考答案

（49）D

试题（50）

某项目团队每周组织羽毛球活动，根据马斯洛需求层次理论，该活动满足了项目成员__(50)__的需求。

(50) A．生理　　　　B．受尊重　　　　C．社会交往　　　　D．自我实现

试题（50）分析

参考《信息系统项目管理师教程》（第3版）9.3.8小节。

马斯洛需求层次理论由低到高的需求为：

（1）生理需求：对衣食住行等需求，如：员工宿舍、工作餐、班车、补贴等；

（2）安全需求：对人身安全、生活稳定、不致失业等，如：养老保险、医疗保险、长期劳动合同、失业保险等；

（3）社会交往的需求：包括对友谊、爱情及隶属关系的需求，如：定期员工活动、聚会、比赛、俱乐部等；

（4）受尊重的需求：自尊心和荣誉感。如：荣誉性奖励，作为导师培训别人等；

（5）自我实现的需求：实现自己的潜力，是自己越来越成为自己所期盼的人物，如：参与公司的管理会议、参与公司的决策、成为智囊团等。

参考答案

（50）C

试题（51）

某软件开发项目在测试时发现需求需要调整，涉及需求规格说明书、概要设计、详细设计及代码等相关文档的变更，需要对__(51)__进行变更控制。

(51) A．知识库　　　　B．配置库　　　　C．产品库　　　　D．数据库

试题（51）分析

参考《信息系统项目管理师教程》（第3版）14.2.3小节。

基于配置库的变更控制：信息系统在一处出现了变更，经常会连锁引起多出变更，会涉及参与开发工作的许多人员。

参考答案

（51）B

试题（52）

做好变更管理可以使项目的质量、进度、成本管理更加有效，关于变更工作程序的描述，不正确的是：__(52)__。

①及时、正式的提出变更，且留下书面记录

②变更初审的常见方式为变更申请文档的格式校验

③变更方案论证首先是对变更请求是否可行实现进行论证

④审查过程中，客户根据变更申请及评估方案，决定是否变更项目基准

⑤发出变更通知并组织实施

⑥变更实施的工程监控，配置管理员负责基准的监控
⑦变更效果评估中的首要评估依据是项目的基准
⑧基准调整后，需要判断项目是否已纳入正轨

(52) A. ②③⑤　　　B. ②④⑥　　　C. ①②③④　　　D. ⑤⑥⑦⑧

试题（52）分析

参考《信息系统项目管理师教程》（第3版）16.3.2 小节。

工作程序：

（1）变更提出应当及时以正式方式进行，并留下书面记录；
（2）变更初审的常见方式为变更申请文档的审核流转；
（3）变更方案的主要作用，首先是对变更请求是否可行实现进行论证；
（4）审查过程，是项目所有者根据变更申请及评估方案，决定是否变更项目基准；
（5）发出变更通知并组织实施；
（6）变更的实施的过程监控，通常由项目经理负责基准的监控；
（7）变更效果的评估，首要的评估依据是项目的基准；
（8）判断发生变更后的项目是否已纳入正常轨道。

参考答案

（52）B

试题（53）

供应商战略伙伴关系是企业与供应商之间达成的最高层次的合作关系。有关战略合作管理的描述，不正确的是：(53)。

(53) A. 战略合作管理的管理模式是"以企业为中心"
　　　B. 可以缩短供应商的供应周期，提高供应灵活性
　　　C. 可以与供应商共享管理经验，推动企业整体管理水平的提高
　　　D. 可以降低企业采购设备的库存水平，降低管理费用，加快资金周转

试题（53）分析

参考《信息系统项目管理师教程》（第3版）12.2 节。
必须摈弃"以企业为中心"的传统管理模式，代之以战略合作的管理模式；
可以缩短供应商的供应周期，提高供应灵活性；
可以降低企业采购设备的库存水平，降低管理费用、加快资金周转；
提高采购设备的质量；
可以加强与供应商沟通，改善订单的处理过程，提高设备需求的准确度；
可以共享供应商技术与革新成果，加快产品开发速度，缩短产品开发周期；
可以与供应商共享管理经验，推动企业整体管理水平的提高。

参考答案

（53）A

试题（54）

关于合同管理的描述，不正确的是：(54)。

①合同管理包括：合同签订管理、合同履行管理、合同变更管理、合同档案管理、合同违约索赔管理

②对于合同中需要变更、转让、解除等内容应有详细说明

③如果合同中有附件，对于附件的内容也应精心准备，当主合同与附件产生矛盾时，以附件为主

④为了使签约各方对合同有一致的理解，合同一律使用行业标准合同

⑤签定合同前应了解相关环境，做出正确的风险分析判断

（54）A．①②　　　　B．③④　　　　C．②⑤　　　　D．①⑤

试题（54）分析

参考《信息系统项目管理师教程》（第3版）13.2.1小节。

合同管理包括：合同签定管理、合同履行管理、合同变更管理、合同档案管理、合同违约索赔管理；

签订合同前应了解相关环境，做出正确的风险分析判断；

使用国家或行业标准的合同格式；

对于合同中需要变更、转让、解除等内容应有详细说明；

如有合同附件，对于附件的内容也应精心准备，并注意保持与主合同一致，不要相互之间产生矛盾。

参考答案

（54）B

试题（55）

关于组织战略的描述，不正确的是：__(55)__。

(55) A．战略目标根据特定时期的战略形式和组织的利益需要确定

B．战略方针在分析当前组织面临战略形势和外部竞争等诸多因素基础上制定，具有较强的针对性，在不同的环境下应采取不同的战略方针

C．战略实施能力根据组织战略目标和战略方针要求，确定战略规模、发展方向和重点，是组织自身拥有的，无法通过外部获得

D．战略措施是组织决策机构根据战略实施的需要，在组织架构、权利分配、监督机制、授权环境等方面的安排

试题（55）分析

参考《信息系统项目管理师教程》（第3版）17.1.2小节。

战略实施能力根据组织战略目标和战略方针要求，确定战略规模、发展方向和重点，是组织战略实施的物质基础，这种物质基础既可以是组织自身拥有的，也可能是组织外部的，但可以被组织协商获得的资源。

参考答案

（55）C

试题（56）

__(56)__是为了从流程角度衡量流程的"瓶颈"活动，通过评价相关活动的三个参数：r（价

值系数)、f(贡献)、c(成本),衡量活动的运行效果。所谓"瓶颈"活动,是指那些制约业务流程运行的关键活动。

(56) A. 供应链分析 　　　　　　　　B. 增值性分析
　　　 C. 挣值分析 　　　　　　　　　D. 净现值分析

试题(56)分析

参考《信息系统项目管理师教程》(第3版)19.2.4小节。

增值性分析是为了从流程角度衡量流程的"瓶颈"活动,通过评价相关活动的三个参数:r(价值系数)、f(贡献)、c(成本),衡量活动的运行效果。所谓"瓶颈"活动,是指那些制约业务流程运行的关键活动。

参考答案

(56) B

试题(57)

小李作为项目经理需要从以下四个项目方案中选择项目,已知项目周期均为2年且期初投资额都是30 000元,折现率均为10%。项目情况如下:

方案A:第一年现金流为14 000元,第二年现金流19 000元

方案B:第一年现金流为23 000元,第二年现金流20 000元

方案C:第一年现金流为18 000元,第二年现金流24 000元

方案D:第一年现金流为21 000元,第二年现金流22 000元

则小李应该优先选择 (57) 。

(57) A. 方案A 　　　B. 方案B 　　　C. 方案C 　　　D. 方案D

试题(57)分析

参考《信息系统项目管理师教程》(第3版)4.2.4小节。

折现因子:$1/(1+0.1)$设为a;$1/(1+0.1)^2$设为b;a>b

计算步骤:A=(−30 000)+14 000a+19 000b

　　　　　B=(−30 000)+23 000a+20 000b

　　　　　C=(−30 000)+18 000a+24 000b

　　　　　D=(−30 000)+21 000a+22 000b

A最小,排除A,优先选择B的23000a,B与C比较,23 000−18 000=5000,20 000−24 000=−4000,a>b,所以B>C。

B与D比较,23 000−21 000=2000,20 000−22 000=−2000,a>b,所以B>D。

参考答案

(57) B

试题(58)

(58) 不属于制定预算过程的输出。

(58) A. 成本基准 　　　　　　　　B. 范围基准
　　　 C. 项目资金需求 　　　　　D. 更新的活动成本估算

试题（58）分析

参考《信息系统项目管理师教程》（第3版）7.2.3 小节。

制定预算流程的输出：成本基准、项目资金需求、项目文件更新（风险登记册、活动成本估算、项目进度计划）。

参考答案

（58）B

试题（59）

某信息系统集成项目计划6周完成，项目经理就前4周的项目进展情况进行分析和汇报情况如下，项目的成本执行指数 CPI 为 (59)。

周	计划投入成本值（元）	实际投入成本值（元）	完成百分比
1	1000	1000	100%
2	3000	2500	100%
3	8000	10 000	100%
4	13 000	15 000	90%
5	17 000		
6	19 000		

(59) A. 0.83　　　　B. 0.87　　　　C. 0.88　　　　D. 0.95

试题（59）分析

参考《信息系统项目管理师教程》（第3版）7.2.3 小节。

计算步骤：AC=1000+2500+10 000+15 000=28 500

EV=1000×100%+3000×100%+8000×100%+13 000×90%=23 700

CPI=EV/AC=23 700/28 500=0.83

参考答案

（59）A

试题（60）

(60) 是项目集的决策机构，负责为项目集的管理方式提供支持。

(60) A. 项目集指导委员会　　　　B. 项目治理委员会
　　　C. 项目集变更控制委员会　　D. 项目管理办公室

试题（60）分析

参考《信息系统项目管理师教程》（第3版）20.3 节。

项目集指导委员会（或项目集治理委员会、项目集董事会），是项目集的决策机构，负责为项目集的管理方式提供支持。

参考答案

（60）A

试题（61）

项目组合管理实施的主要过程不包括 (61)。

(61) A. 评估项目组合管理战略计划

B．定义项目组合管理的愿景和计划
C．实施项目组合管理过程
D．改进项目组合管理过程

试题（61）分析

参考《信息系统项目管理师教程》（第 3 版）21.4 节。

项目组合管理实施的主要过程：（1）评估项目组合管理过程的当前状态；（2）定义项目组合管理的愿景和计划；（3）实施项目组合管理过程；（4）改进项目组合管理过程。

参考答案

（61）A

试题（62）

(62)：按时间顺序统计被发现缺陷的数量分布。

(62) A．缺陷分布密度　　　　B．缺陷修改质量
　　　C．缺陷趋势分析　　　　D．缺陷存活时间

试题（62）分析

参考《信息系统项目管理师教程》（第 3 版）23.3.3 小节。

缺陷分布密度：判断缺陷是否集中在某限需求上。

缺陷修改质量：评价开发部门修改缺陷的质量。

缺陷趋势分析：按时间顺序统计被发现缺陷的数量分布，判断测试是否结束。

缺陷存活时间：表明修改缺陷的效率。

参考答案

（62）C

试题（63）

规划质量管理的输入不包含 (63)。

(63) A．质量测量指标　　　　B．项目管理计划
　　　C．需求文件　　　　　　D．风险登记册

试题（63）分析

参考《信息系统项目管理师教程》（第 3 版）8.2.1 小节。

规划质量管理的输入：（1）项目管理计划；（2）干系人登记册；（3）风险登记册；（4）需求文件等。质量测量指标是输出。

参考答案

（63）A

试题（64）

(64) 是一种统计方法，用于识别哪些因素会对正在生产的产品或正在开发的流程的特定变量产生影响。

(64) A．过程分析　　　　　　B．实验设计
　　　C．标杆对照　　　　　　D．质量审计

试题（64）分析

参考《信息系统项目管理师教程》（第3版）8.3.1小节和8.3.2小节。

过程分析——按照过程改进计划中概括的步骤来识别所需的改进。

实验设计——是一种统计方法，用于识别哪些因素会对正在生产的产品或正在开发的流程的特定变量产生影响。

标杆对照——将实际或计划的项目实践与可比项目的实践进行对照，以便识别最佳实践，形成改进建议，为绩效考核提供依据。

质量审计——质量保证体系审核，是对具体质量活动的结构性评审。

参考答案

（64）B

试题（65）

质量管理实施阶段的工具与技术不包括__(65)__。

(65) A．储备分析　　　　　　　　B．统计抽样
　　　C．过程决策程序图　　　　　D．质量审计

试题（65）分析

参考《信息系统项目管理师教程》（第3版）8.3.2小节。

统计抽样、过程决策程序图、质量审计都是质量管理的工具，储备分析是进度管理的工具。

参考答案

（65）A

试题（66）、（67）

某项工程的活动明细如下表（时间：周；费用：万元）：

活动	紧前	正常进度		赶工	
		所需时间	直接费用	所需时间	直接费用
A	—	3	10	2	15
B	A	8	15	6	17
C	A	4	12	3	13
D	C	5	8	3	11
项目间接费用每周需要1万元					

项目总预算由原先的60万元增加到63万元，根据上表，在预算约束下该工程最快能完成时间为__(66)__周，所需项目总费用为__(67)__万元。

(66) A．9　　　　B．8　　　　C．14　　　　D．12
(67) A．60　　　B．64　　　C．56　　　　D．45

试题（66）、（67）分析

```
         ┌──→ B 8 赶工到 6
A 3 赶工到 2 
         └──→ C 4 赶工到 3 ──→ D 5 赶工到 3
```

（1）正常情况：

项目周期为 3+4+5=12；费用为 10+15+12+8+12（间接管理费用）=57 万元。

（2）增加预算之后：

如果赶工，8 周，需要费用是 15+17+13+11+8=32+24+8=56+8=64 万元，费用不够。

单位赶工成本为 A=5，B=1，C=1，D=1.5。

所以优先选择 A 不赶工，成本最小，9 周完成，费用为 10+17+13+11+9=60 万元。

参考答案

（66）A　　（67）A

试题（68）、（69）

某项目由并行的 3 个活动甲、乙和丙组成，为活动甲分配 3 人 5 天可以完成，活动乙分配 6 人 7 天可以完成，活动丙分配 4 人 2 天可以完成，活动完成后人员可再调配。在此情况下，项目最短工期为（68）天，此时人员最少配置为（69）人。

（68）A．6　　　　　B．7　　　　　C．8　　　　　D．9

（69）A．6　　　　　B．9　　　　　C．10　　　　D．13

试题（68）、（69）分析

参考《信息系统项目管理师教程》(第 3 版)。

观察，最快甲丙串联，和乙并行，7 天完成，所以最少需要 6+4=10 人。

参考答案

（68）B　　（69）C

试题（70）

某拟建项目财务净现金流量如下表所示，该项目的静态投资回收期是（70）年。

时间	1	2	3	4	5	6	7	8	9	10
净现金流量（万元）	–1200	–1000	200	300	500	500	500	500	500	700

A．5.4　　　　　B．5.6　　　　　C．7.4　　　　　D．7.6

试题（70）分析

参考《信息系统项目管理师教程》(第 3 版) 4.2.4 小节。

静态投资回收期=–1200–1000+200+300+500+500+500=–200（所需 7 年）。

200/500=0.4，7+0.4=7.4。

参考答案

（70）C

试题（71）

(71) is the technology that appears to emulate human performance typically by learning, coming to its own conclusions, appearing to understand complex content, engaging in natural dialogs with people, enhancing human cognitive performance (also known as cognitive computing) or replacing people on execution of nonroutine tasks.

（71）A．Cloud service　　　　　　　　B．Blockchain
　　　　C．Internet of things　　　　　　D．Artificial intelligence

试题（71）分析

人工智能是一种通过学习、得出结论、理解复杂内容、与人进行自然对话、提高人类认知能力（也称为认知计算）或在执行非常规任务时取代人来模仿人类的典型技术。

参考答案

（71）D

试题（72）

(72) is a decentralized, distributed and public digital ledger that is used to record transactions across many computers so that the record cannot be altered retroactively without the alteration of all subsequent blocks and the collusion of the network.

（72）A．Cloud service　　　　　　　B．Blockchain
　　　 C．Internet of things　　　　　D．Artificial intelligence

试题（72）分析

区块链是一个分散的、分布式的和公共的数字分类账本，用于记录跨多台计算机的交易，以便在不更改所有后续块和网络合谋的情况下，记录不能进行追溯性更改。

（参考维基百科（Wikipedia））

参考答案

（72）B

试题（73）

(73) includes the processes required to ensure that the project includes all the work required, and only the work required, to complete the project successfully. Managing the project scope is primarily concerned with defining and controlling what is not included in the project.

（73）A．Create scope　　　　　　　　B．Project stakeholder management
　　　 C．Project scope management　　D．Project cost management

试题（73）分析

项目范围管理包括确保项目做且只做所需的全部工作，以成功完成项目的各个过程。管理项目范围主要在于定义和控制哪些工作应该包括在项目内，哪些不应该包括在项目内。

（参考PMBOK第六版）

参考答案

（73）C

试题（74）

Estimate Activity Durations is the process of estimating the number of work periods needed to complete individual activities with estimated resources. The tools and techniques is not including (74).

（74）A．expert judgment
　　　 B．analogous estimating
　　　 C．requirements traceability matrix
　　　 D．three-point estimating

试题（74）分析

估算活动持续时间的工具和技术包括：专家判断、类比估计和三点估算。

（参考 PMBOK 第六版）

参考答案

（74）C

试题（75）

（75）：The process of translating the quality management plan into executable quality activities that incorporate the organization's quality policies into the project.

（75）A．Manage quality　　　　B．Quality audit
　　　C．Quality metrics　　　　D．Quality improvement

试题（75）分析

管理质量是将质量管理计划转化为可执行的质量活动，并将组织的质量政策纳入项目的过程。

（参考 PMBOK 第六版）

参考答案

（75）A

第14章 2018上半年信息系统项目管理师下午试题 I 分析与解答

试题一（共 27 分）

阅读下列说明，回答问题 1 至问题 4，将解答填入答题纸的对应栏内。

【说明】

A 公司承接了某银行大型信息系统建设项目，任命张伟担任项目经理。该项目于 2017 年年初启动，预计 2018 年年底结束。

项目启动初期，张伟任命项目成员李明担任项目的质量管理员，专职负责质量管理。考虑到李明是团队中最资深的工程师，有丰富的实践经验，张伟给予李明充分授权，让他全权负责项目的质量管理。

得到授权后，李明制订了质量管理计划，内容包括每月进行质量抽查、每月进行质量指标分析、每半年进行一次内部审核等工作。

2017 年 7 月份，在向客户进行半年度工作汇报时，客户表示对项目的不满：一是项目进度比预期滞后；二是项目的阶段交付物不能满足合同中的质量要求。

由于质量管理工作由李明全权负责，张伟并不清楚究竟发生了什么问题，因此，他找李明进行了沟通，得到两点反馈：

1. 在每月进行质量检查时，李明总能发现一些不符合项。每次都口头通知了当事人，但当事人并没有当回事，同样的错误不断重复出现；
2. 李明认为质量管理工作太得罪人，自己不想继续负责这项工作。

接着，张伟与项目组其他成员也进行了沟通，也得到两点反馈：

1. 李明月度检查工作的颗粒度不一致。针对他熟悉的领域，会检查得很仔细；针对不熟悉的领域，则一带而过；
2. 项目组成员普遍认为：在项目重要里程碑节点进行检查即可，没必要每月进行检查。

【问题 1】（6 分）

结合案例，请分析该项目质量管理过程中有哪些做得好的地方？

【问题 2】（10 分）

结合案例，请分析该项目质量管理过程中存在哪些问题？

【问题 3】（6 分）

请简述 ISO 9000 质量管理的原则。

【问题 4】（5 分）

请将下面（1）～（5）处的答案填写在答题纸的对应栏内。

国家标准（GB/T 19000—2008）对质量的定义为：一组 (1) 满足要求的程度。

质量管理是指确定 (2) 、目标和职责，并通过质量体系中的质量管理过程来使其实现所有管理职能的全部活动。

在质量管理的技术和工具中，(3) 用来显示在一个或多个输入转化成一个或多个输出的过程中，所需要的步骤顺序和可能分支；(4) 用于识别造成大多数问题的少数重要原因；(5) 可以显示两个变量之间是否有关系，一条斜线上的数据点距离越近，两个变量之间的相关性越密切。

试题一分析

本题重点考核质量管理相关知识和内容。

【问题1】和【问题2】

针对案例问答题，重点考核考生从质量管理角度进行分析哪些是有效的质量管理。

是否有专职的质量管理人员？

是否有对应的质量管理计划？

对质量管理过程中是否严格按照管理计划开展？

从质量管理知识入手，对照质量管理的知识，来查找本案例中李明做得不够好或者没有到位的地方。

例如：质量管理计划是否得到项目组成员的认可？有没有相关的培训？是否遵循统一的检查标准？对发现的问题有没有进行及时记录和纠正，质量管理的沟通工作是否到位等等。

【问题3】

问答题，考核 ISO 9000 质量管理的内容（参考《信息系统项目管理师教程》①（第3版）8.1.3 小节）。

【问题4】

细节填空题，重点考核考生对质量管理定义和质量工具等知识点的掌握程度（参考《信息系统项目管理师教程》（第3版）8.1.1 小节）。

参考答案

【问题1】（6分）

（1）项目经理设立了专职的质量管理人员。

（2）质量管理人员制订了质量管理计划。

（3）质量管理人员能按照质量管理计划的内容开展质量工作，并发现不符合项。

（每条2分，共6分）

【问题2】（10分）

（1）质量目标没有按照合同要求确定。

（2）质量管理计划没有得到项目组成员的认可。

（3）李明在执行项目检查时没有制定合适的检查标准。

（4）项目经理在质量管理过程中管控不够。

（5）没有对项目成员开展质量培训。

（6）李明和项目组成员质量经验不足，意识薄弱。

---

①本章所提的《信息系统项目管理师教程》（第3版）为全国计算机与软件专业技术资格（水平）考试指定用书，由清华大学出版社出版。

（7）李明没有对质量检查中发现的问题进行记录。
（8）李明在检查时，没有遵循统一的检查标准。
（9）针对发现的不符合项，没有采取正式的纠正及改进措施，也没有跟踪纠正及改进措施的落实情况。
（10）质量相关工作沟通不够。
（每条2分，其他合理答案酌情给分，满分10分）

【问题3】（6分）
（1）以顾客为中心。
（2）领导作用。
（3）全员参与。
（4）过程方法。
（5）管理的系统方法。
（6）持续改进。
（7）基于事实的决策方法。
（8）与供方互利的关系。
（每项1分，满分6分）

【问题4】（5分）
（1）固有特性。
（2）质量方针。
（3）流程图。
（4）帕累托图。
（5）散点图。
（每空1分，共5分）

试题二（共27分）

阅读下列说明，回答问题1至问题3，将解答填入答题纸的对应栏内。

【说明】

某软件项目包含8项活动，活动之间的依赖关系，以及各活动的工作量和所需的资源如下表所示。假设不同类型的工作人员之间不能互换，但是同一类型的人员都可以从事与其相关的所有工作。所有参与该项目的工作人员，从项目一开始就进入项目团队，并直到项目结束时才能离开，在项目过程中不能承担其他活动。（所有的工作都按照整天计算）

活动	工作量（人·天）	依赖	资源类型
A	4		SA
B	3	A	SD
C	2	A	SD
D	4	A	SD
E	3	B	SC
F	3	C	SC
G	8	C、D	SC
H	2	E、F、G	SA

SA：系统分析人员　　　　SD：系统设计人员　　　　SC：软件编码人员

【问题1】（14分）

假设该项目团队有SA人员1人，SD人员2人，SC人员3人，请将下面（1）~（11）处的答案填写在答题纸的对应栏内。

- A 结束后，先投入 (1) 个 SD 完成 C，需要 (2) 天。
- C 结束后，再投入 (3) 个 SD 完成 D，需要 (4) 天。
- C 结束后，投入 (5) 个 SC 完成 (6)，需要 (7) 天。
- D 结束后，投入 SD 完成 B。
- C、D 结束后，投入 (8) 个 SC 完成 G，需要 (9) 天。
- G 结束后，投入 (10) 个 SC 完成 E，需要 1 天。
- E、F、G 完成后，投入 1 个 SA 完成 H，需要 2 天。
- 项目总工期为 (11) 天。

【问题2】（7分）

假设现在市场上一名 SA 每天的成本为 500 元，一名 SD 每天的成本为 500 元，一名 SC 每天的成本为 600 元，项目要压缩至 10 天完成。

（1）则应增加什么类型的资源？增加多少？

（2）项目成本增加还是减少？增加或减少多少？（请给出简要计算步骤）

【问题3】（6分）

请判断以下描述是否正确（填写在答题纸的对应栏内，正确的选项填写"√"，不正确的选项填写"×"）：

（1）活动资源估算过程同费用估算过程紧密相关，外地施工团队聘用熟悉本地相关法规的咨询人员的成本不属于活动资源估算的范畴，只属于项目的成本部分。（　　）

（2）制定综合资源日历属于活动资源估算过程的一部分，一般只包括资源的有无，而不包括人力资源的能力和技能。（　　）

（3）项目变更造成项目延期，应在变更确认时发布，而非在交付前发布。（　　）

试题二分析

本题重点考核项目进度管理技术。

【问题1】

计算题，重点考核考生掌握项目活动排序的技术和工具的熟练应用和计算。

【问题2】

计算题，重点考核考生对项目进度计划调整方法的掌握程度。

【问题3】

细节判断题，重点考核活动资源估算、变更等方面的知识点。

（1）活动资源估算过程同费用估算过程紧密相关，外地施工团队聘用熟悉本地相关法规的咨询人员的成本也属于活动资源估算的范畴。

（2）制定综合资源日历属于活动资源估算过程的一部分，不仅包括资源的有无，还要考虑人力资源的能力和技能。

（3）项目变更造成项目延期，应在变更确认时发布，而非在交付前发布。

参考答案

【问题 1】（14 分）

当 SA1 人，SD 人员 2 人，SC 人员 3 人项目带时标的路径图为：

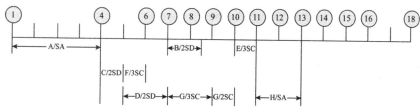

- A 结束后，先开始 _2_ 个 SD 给活动 _C_ ，需要 _1_ 天。
- C 结束后，再投入 _2_ 个 SD 完成 _D_ ，需要 _2_ 天。
- C 结束后，投入 _3_ 个 SC 完成 _F_ ，需要 _1_ 天。
- D 结束后，投入 SD 完成 B。
- C、D 结束后，投入 _3_ 个 SC 完成 G，需要 _3_ 天。
- G 结束后，投入 _3_ 个 SC 完成 E，需要 _1_ 天。
- E、F、G 完成后，投入 1 个 SA 完成 H，需要 _2_ 天。

（以上每空 1 分，共 10 分）

- 项目总工期为 _13_ 天。（4 分）

【问题 2】（7 分）

（1）增加 1 名（1.5 分）SA 人员（1.5 分）。

（2）按照 13 天完成的总成本为：

（500+1000+1800）×13=3300×13=42 900 元（1 分）

增加 1 名 SA，按照 10 天完成的总成本为：

（1000+1000+1800）×10=3800×10=38 000 元（1 分）

成本减少了（1 分），减少了 42 900–38 000=4900 元（1 分）

【问题 3】（6 分）

（1）×　（2）×　（3）√　（每个 2 分，共 6 分）

试题三（共 21 分）

阅读下列说明，回答问题 1 至问题 4，将解答填入答题纸的对应栏内。

【说明】

A 公司是一家为快消行业提供 APP 开发解决方案的软件企业。项目经理范工承接了一个开发鲜花配送 APP 的项目，项目需求非常明确，此前 A 公司承接过一个类似的项目，做得很成功，项目结束后人员已经分派到其他项目组。经过认真考虑反复论证后范工决定采用虚拟团队方式搭建项目组，项目架构师由一位脚踝骨折正在家修养的资深工程师担任，开发团队依据项目模块的技术特点分别选择了西安和南京的两个有经验的项目小组，测试交给了美国旧金山分部的印度籍测试员 Lisa，其他成员均在北京总部的公司内部选拔。项目经理范工编制了人力资源管理计划并下发给每个成员以便他们了解自己的工作任务和进度安排。

项目刚进入设计阶段，开发团队在 APP 的测试部署方式和时间上与 Lisa 发生了争执，南京开发团队没有跟项目经理范工沟通就直接将问题汇报给了当地的执行总经理王总。王总批评了范工，范工虽然觉得非常委屈，但还是立即召集了包括架构师在内的相关人员召开紧急电话会议。会上多方言辞激烈，终于确定了一套开发团队和测试团队都觉得可行的部署方案。

【问题1】（6分）

结合案例，请从项目团队管理的角度说明本项目采用虚拟团队形式的利与弊。

【问题2】（5分）

请简述项目人力资源管理计划的内容和主要的输入输出。

【问题3】（2分）

请将下面（1）～（2）处的答案填写在答题纸的对应栏内。

结合案例，A 公司范工带领的项目团队已经度过了项目团队建设的 (1) 阶段，正在经历震荡阶段的考验，即将步入 (2) 阶段。

【问题4】（8分）

请简述项目冲突的特点和解决的方法。结合案例，你认为项目经理范工采用了哪种方法？

试题三分析

本题重点考核项目人力资源管理中团队管理、团队建设等相关内容。

【问题1】

针对案例问答题，重点考核考生对虚拟团队形式的利弊的理解。

【问题2】

问答题，考核人力资源管理计划的内容和主要的输入输出（参考《信息系统项目管理师教程》（第3版）9.4 节）。

【问题3】

针对案例的填空细节题，重点考核考生对项目团队建设的 5 个阶段，以及每个阶段的主要特征的掌握程度（参考《信息系统项目管理师教程》（第3版）9.3.3 小节）。

参考答案

【问题1】（6分）

利：

（1）本项目任务明确，从公司内部不同区域抽调人员可以节约项目成本。

（2）可以将在家办公的远程专家纳入进来，不用再外聘同类专家。

（3）北京、西安、南京多团队协同，有利于发挥各团队的技术特点。

（4）将美国旧金山的员工纳入进来，可以提高单日工作效率。

（每条1分，满分3分）

弊：

（1）项目执行过程中增加产生误解的概率，可能引发冲突或影响进度。

（2）分开办公的各团队容易有孤立感。

（3）项目成员分散，沟通成本高，项目管理要求高。
（4）可能有语言文化壁垒，团队经验和知识分享困难。
（每条1分，满分3分）

【问题2】（5分）
人力资源管理计划的内容：（1分）
确定项目组的角色及职责，确定项目的组织结构图以明确汇报关系，制订人员配备管理计划。
人力资源管理计划的输入、输出：
（1）输入：项目管理计划、活动资源需求、事业环境因素、组织过程资产。
（每个1分，满分2分）
（2）输出：人力资源管理计划（2分）
或者包含角色和职责的分配、项目的组织结构图、人员配备管理计划。（写出1个给1分，满分2分）

【问题3】（2分）
（1）形成。
（2）规范。
（每空1分，共2分）

【问题4】（8分）
（1）项目冲突的特点：
①冲突是正常的，而且要找出一个解决办法。
②冲突是一个团队的问题，而不是某人的个人问题。
③应公开地处理冲突。
④冲突的解决应聚焦在问题，而不是人身攻击。
⑤冲突的解决应聚焦在现在，而不是过去。
（每条1分，满分3分）
（2）冲突管理的方法：（每个1分，满分4分）
问题解决、合作、强制、妥协、求同存异、撤退。
（3）项目经理范工冲突管理的方法属于：问题解决。（1分）

第15章 2018上半年信息系统项目管理师下午试题 II 写作要点

> 从下列的 2 道试题（试题一至试题二）中任选 1 道解答。请在答题纸上的指定位置处将所选择试题的题号框涂黑。若多涂或者未涂题号框，则对题号最小的一道试题进行评分。

试题一 论信息系统项目的质量管理

成功的项目管理是在约定的时间、范围、成本以及质量要求下，达到项目干系人的期望。质量管理是项目管理中非常重要的一个方面，质量与范围、成本和时间都是项目是否成功的关键因素。

请以"信息系统项目的质量管理"为题，分别从以下三个方面进行论述：

1. 概要叙述你参与管理过的信息系统项目（项目的背景、项目规模、发起单位、目的、项目内容、组织结构、项目周期、交付的产品等），并说明你在其中承担的工作。

2. 结合项目管理实际情况并围绕以下要点论述你对信息系统项目质量管理的认识。
   （1）项目质量与进度、成本、范围之间的密切关系。
   （2）项目质量管理的过程及其输入和输出。
   （3）项目质量管理中用到的工具和技术。

3. 请结合论文中所提到的信息系统项目，介绍在该项目中是如何进行质量管理的（可叙述具体做法），并总结你的心得体会。

试题一写作要点

第一部分评分要点：

论文结构合理，摘要正确，正文完整，语言流畅，字迹清楚。

所述项目真实可信，介绍得当。

第二部分评分要点：

论述的要点要覆盖题目要求的三个方面，但又不局限于该三方面。

1. 质量对项目成本、范围和进度的约束关系（质量可以减少返工成本，缓解进度拖延，进一步明确范围）。

2. 项目质量管理主要包括规划质量、实施质量保证和控制质量等三个过程。

（1）规划质量

规划质量的输入：项目管理计划、干系人登记册、风险登记册、需求文件、事业环境因素、组织过程资产等。

质量规划的输出：质量管理计划、过程改进计划、质量测量指标、风险核对单、项目文件更新等。

（2）实施质量保证

实施质量保证的输入：质量管理计划、过程改进计划、质量测量指标、质量控制测量结果、项目文件等。

实施质量保证的输出：请求变更、项目管理计划更新、项目文件更新等。

（3）控制质量

控制质量的输入：质量管理计划、质量测量指标；质量核对单；工作绩效数据、批准的变更请求、可交付成果、项目文件等。

控制质量的输出：质量控制测量结果、确认的变更、核实的可交付成果、工作绩效信息、变更请求、项目管理计划更新、项目文件更新等。

3. 项目质量管理中用到的工具和技术。

规划阶段用到的工具和技术：成本/效益分析、质量成本法、标杆对照、实验设计等。

执行阶段用到的工具和技术：质量审计、过程分析、七种质量工具、统计抽样、检查等。

第三部分评分要点：

根据考生描述的信息系统项目、对其所承担的信息系统项目如何进行的项目质量管理的阐述以及总结的心得体会，确定其叙述的项目质量管理及其评论是否合适，是否具有信息系统项目质量管理的经验。陈述问题得当、真实，分析方式正确，评论合适。

试题二　论信息系统项目的人力资源管理

项目中的所有活动都是由人来完成的，因此在项目管理中，"人"的因素至关重要。如何充分发挥人的作用，使团队成员达到更好的绩效，对于项目管理者来说是不能忽视的任务。项目的人力资源管理就是有效地发挥每一个参与项目人员作用的过程。

请以"信息系统项目的人力资源管理"为题，分别从以下三个方面进行论述：

1. 概要叙述你参与管理过的信息系统项目（项目的背景、发起单位、主要内容、项目周期、交付的产品、实现的社会效益和经济效益等），以及该项目在人力资源方面的情况。

2. 结合项目管理实际情况并围绕以下要点论述你对信息系统项目人力资源管理的认识：

（1）项目人力资源管理的基本过程。

（2）信息系统项目中人力资源管理方面经常会遇到的问题和所采取的解决措施。

3. 结合项目实际情况说明在该项目中你是如何进行人力资源管理的（可叙述具体做法），并总结你的心得体会。

试题二写作要点

第一部分评分要点：

论文结构合理，摘要正确，正文完整，语言流畅，字迹清楚。

所述项目真实可信，介绍得当。

第二部分评分要点：

分别论述：

1. 项目人力资源管理的主要过程包括：

（1）规划人力资源管理：明确和识别所需技能的人力资源，保证项目成功。
（2）组建项目团队：指导团队选择和分配职责，组建成功团队。
（3）建设项目团队：改进团队协作，增强人际机能，激励团队成员，提升整体绩效。
（4）管理项目团队：影响团队行为，管理冲突，解决问题，并评估成员绩效。

这些过程之间以及它们同其他知识领域中的过程都会相互影响。根据项目的需要，每个过程有可能涉及一个人、甚至一个团队的努力。

2. 结合论文中描述的项目情况以及人力资源管理的基本过程，介绍该项目中遇到的一些问题，并说明是如何解决的。

第三部分评分要点：

根据考生描述的信息系统项目、对其所承担的信息系统项目如何进行的项目人力资源管理的阐述以及总结的心得体会，确定其叙述的项目人力资源管理及其评论是否合适，是否具有信息系统项目人力资源管理的经验。陈述问题得当、真实，分析方式正确，评论合适。

第16章 2018下半年信息系统项目管理师上午试题分析与解答

试题（1）

信息技术发展的总趋势是从典型的技术驱动发展模式向应用驱动与技术驱动相结合的模式转变。_(1)_ 不属于信息技术发展趋势和新技术的应用。

(1) A．集成化和平台化与智能化　　　　B．遥感与传感技术
　　C．数据仓库与软交换通信技术　　　D．虚拟计算与信息安全

试题（1）分析

参考《信息系统项目管理师教程》（第3版）[①]1.7.1 小节。当前，信息技术发展的总趋势是从典型的技术驱动发展模式向应用驱动与技术驱动相结合的模式转变，信息技术发展趋势和新技术应用主要包括：（1）高速度大容量；（2）集成化和平台化；（3）智能化；（4）虚拟计算；（5）通信技术；（6）遥感和传感技术；（7）移动智能终端；（8）以人为本；（9）信息安全。

参考答案

(1) C

试题（2）

关于两化融合的描述，不正确的是：_(2)_。

(2) A．虚拟经济与工业实体经济的融合
　　B．信息资源与材料、能源等工业资源的融合
　　C．工业化与自动化发展战略的融合
　　D．IT设备与工业装备的融合

试题（2）分析

参考《信息系统项目管理师教程》（第3版）1.7.5 小节。两化融合的含义是：一是指信息化与工业化发展战略的融合；二是指信息资源与材料、能源等工业资源的融合；三是指虚拟经济与工业实体经济的融合；四是指信息技术与工业技术、IT设备与工业装备的融合。

参考答案

(2) C

试题（3）

_(3)_ 的任务是：根据系统说明书规定的功能要求，考虑实际条件，具体设计实现逻辑模型的技术方案。

---

① 本章提及的《信息系统项目管理师教程》（第3版）为全国计算机技术与软件专业技术资格（水平）考试指定用书，由清华大学出版社出版。

(3) A. 系统规划阶段　　　　　　　B. 系统分析阶段
　　 C. 系统设计阶段　　　　　　　D. 系统实施阶段

试题（3）分析

参考《信息系统项目管理师教程》（第 3 版）1.1.4 小节。系统分析阶段的任务是回答系统"做什么"的问题，而系统设计阶段要回答"怎么做"，该阶段的任务是根据系统说明书中规定的功能要求，考虑实际条件、具体设计实现逻辑模型的技术方案，该阶段的技术文档是系统设计说明书，所以答案是 C。

参考答案

（3）C

试题（4）

商业智能系统应具有的主要功能不包括__(4)__。

(4) A. 数据仓库　　　　　　　　　B. 数据 ETL
　　 C. 分析功能　　　　　　　　　D. 联机事务处理 OLTP

试题（4）分析

参考《系统集成项目管理工程师教程》（第 2 版）①1.5 节。商业智能的主要工作能为：数据仓库、数据 ETL、数据统计输出（报表）以及分析功能。

参考答案

（4）D

试题（5）

物联网应用中的两项关键技术是：__(5)__。

(5) A. 传感器技术与遥感技术　　　B. 传感器技术与嵌入式技术
　　 C. 虚拟计算技术与智能化技术　D. 虚拟计算技术与嵌入式技术

试题（5）分析

参考《信息系统项目管理师教程》（第 3 版）1.5.1 小节。物联网应用中的两项关键技术分别是传感器技术和嵌入式技术，传感器是一种检测装置，能感受被测量的信息，并能将检测感受到的信息按照一定规律变换成电信号或者其他形式的信息输出，射频识别（RFID）是物联网中使用的一种传感技术，可以通过无线信号识别特定目标并读写数据，而无需识别系统与特定目标之间建立机械和光学接触。嵌入式技术是综合了计算机软硬件、传感器技术、集成电路技术、电子应用技术为一体的复杂技术。如果把物联网用人体作比喻，传感器相当于人的眼睛鼻子、皮肤等器官；网络就是神经系统，用来传递信息；嵌入式系统则是人的大脑，在接收到信息后进行分类处理。

参考答案

（5）B

---

① 本章提及的《系统集成项目管理工程师教程》（第 2 版）为全国计算机技术与软件专业技术资格（水平）考试指定用书，由清华大学出版社出版。

试题（6）

某电商平台根据用户消费记录分析用户消费偏好，预测未来消费倾向，这是 (6) 技术的典型应用。

(6) A. 物联网　　　　B. 区块链　　　　C. 云计算　　　　D. 大数据

试题（6）分析

题中的例子是大数据的典型应用。

参考答案

(6) D

试题（7）

软件需求是多层次的，包括业务需求、用户需求、系统需求，其中业务需求 (7)。

(7) A. 反映了企业或客户对系统高层次的目标要求
　　B. 描述了用户具体目标或者用户要求系统必须完成的任务
　　C. 从系统角度来说明软件的需求，包括功能需求、非功能需求和设计约束
　　D. 描述了用户认为系统应该具备的功能和性能

试题（7）分析

参考《信息系统项目管理师教程》（第 3 版）1.4.1 小节。软件需求是多层次的，包括业务需求、用户需求和系统需求，这三个不同层次从目标到具体，从整体到局部、从概念到细节。业务需求反映企业或客户对系统高层次的目标要求。

参考答案

(7) A

试题（8）

关于设计模式的描述，不正确的是：(8)。

(8) A. 设计模式包括模式名称、问题、目的、解决方案、效果、实例代码和相关设计模式等基本要素
　　B. 根据处理范围不同，设计模式分为类模式和对象模式
　　C. 根据目的和用途不同，设计模式分为创建型模式、结构型模式和行为型模式
　　D. 对象模式处理对象之间的关系，这些关系通过继承建立，在编译的时刻就被确定下来，属于静态关系

试题（8）分析

参考《信息系统项目管理师教程》（第 3 版）1.4.3 小节。设计模式是前人经验的总结，它使人们可以方便地复用成功的软件设计。设计模式包括模式名称、问题、目的、解决方案、效果、实例代码和相关设计模式等基本要素。

根据目的和用途不同，设计模式可分为创建模式、结构模式和行为模式。

根据处理范围不同，设计模式可以分为类模式和对象模式，类模式处理类和子类之间的关系，这些关系通过继承建立，在编译的时候就被确定下来，属于静态关系。对象模式处理对象之间的关系，这些关系在运行时刻变化，具有动态性。

参考答案

（8）D

试题（9）

CMMI 的连续式表示法与阶段式表示法分别表示：_(9)_。

(9) A．项目的成熟度和组织的过程能力

B．组织的过程能力和组织的成熟度

C．项目的成熟度和项目的过程能力

D．项目的过程能力和组织的成熟度

试题（9）分析

参考《信息系统项目管理师教程》(第 3 版) 24.3.4 小节。阶段式表示法相对于模型整体，使用成熟度级别来描述组织过程总体状态特征，而连续式表示法则相对于单个过程域，使用能力级别来描述组织过程状态的特征。

参考答案

（9）B

试题（10）

软件测试可分为单元测试、集成测试、确认测试、系统测试、配置测试和回归测试等类别。_(10)_ 主要用于检测软件的功能、性能和其他特性是否与用户需求一致。

(10) A．单元测试　　　　B．集成测试　　　C．确认测试　　　D．系统测试

试题（10）分析

参考《信息系统项目管理师教程》(第 3 版) 1.4.5 小节。确认测试主要用于验证软件的功能、性能和其他特性是否与用户需求一致。根据用户的参与程度，通常包括以下类型内部确认测试、Alpha 测试和 Beta 测试、验收测试。

参考答案

（10）C

试题（11）

关于软件配置管理的描述，不正确的是：_(11)_。

(11) A．配置控制委员会成员必须是专职人员

B．配置库包括动态库（开发库）、受控库（主库）、静态库（产品库）

C．常用的配置管理工具有 SVN、GIT 等

D．配置项的状态分为草稿、正式和修改三种

试题（11）分析

参考《信息系统项目管理师教程》(第 3 版) 14.2.1 小节。配置管理委员会：在一些小的项目中，配置控制委员会（CCB）可以是一个人或者是兼职人员。

参考答案

（11）A

试题（12）

《信息技术软件工程术语》（GB/T 11457—2006）规定了软件工程领域的术语。其中 _(12)_ 指

的是为评估是否符合软件需求、规格说明、基线、标准、过程、指令、代码以及合同和特殊要求而进行的一种独立的检查。

(12) A. 验收测试　　　　B. 审计　　　　C. 鉴定　　　　D. 走查

试题（12）分析

参考《软件工程术语》(GB/T 11457—2006)。

审计指的是为评估是否符合软件需求、规格说明、基线、标准、过程、指令、代码以及合同和特殊要求而进行的一种独立的检查。

参考答案

(12) B

试题（13）

软件质量模型描述了软件产品的质量特性和质量子特性。其中 (13) 包括适宜性、准确性、互用性、依从性和安全性等子特性。

(13) A. 功能性　　　　B. 可靠性　　　　C. 可用性　　　　D. 可维护性

试题（13）分析

参考《信息系统项目管理师教程》（第 3 版）26.5.5 小节。表 26-6 功能性包括适宜性、准确性、互用性、依从性和安全性等子特性。

参考答案

(13) A

试题（14）

根据著作权法规定，当著作权属于公民时，著作权人署名权的保护期为 (14)。

(14) A. 永久　　　　B. 100 年　　　　C. 50 年　　　　D. 20 年

试题（14）分析

参考《信息系统项目管理师教程》（第 3 版）26.3 小节。当著作权属于公民时，署名权、修改权、保护作品完整权的保护期没有任何限制，永远受法律保护。

参考答案

(14) A

试题（15）

政府采购的主要方式是 (15)。

(15) A. 公开招标　　　　B. 邀请招标　　　　C. 竞争性谈判　　　　D. 单一来源采购

试题（15）分析

参考《信息系统项目管理师教程》（第 3 版）26.4.2 小节。公开招标是政府采购的主要采购方式。

参考答案

(15) A

试题（16）

按照信息系统安全策略"七定"要求，系统安全策略首先需要 (16)。

(16) A. 定方案　　　　B. 定岗　　　　C. 定目标　　　　D. 定工作流程

试题（16）分析

参考《信息系统项目管理师教程》（第 3 版）22.1.1 小节。按照信息系统安全策略"七定"要求，系统安全策略首先要解决定方案，其次是定岗。七定：定方案、定岗、定位、定员、定目标、定制度、定工作流程。

参考答案

（16）A

试题（17）

《计算机信息系统安全保护等级划分准则》将计算机信息系统分为 5 个安全保护等级。其中 (17) 适用于中央级国家机关、广播电视部门、重要物资储备单位等部门。

(17) A．系统审计保护级　　　　B．安全标记保护级
　　　C．结构化保护级　　　　　D．访问验证保护级

试题（17）分析

参考《信息系统项目管理师教程》（第 3 版）22.1.2 小节。结构化保护级系统具有相当的抗渗透能力，适用于中央级国家机关、广播电视部门、重要物资储备单位、社会应急服务部门、尖端科技企业集团等部门。

参考答案

（17）C

试题（18）

CC（Common Criteria ISO/IEC 17859）标准将安全审计功能分为 6 个部分，其中 (18) 要求审计系统提供控制措施，以防止由于资源的不可用丢失审计数据。

(18) A．安全审计数据生成功能　　B．安全审计浏览功能
　　　C．安全审计事件选择功能　　D．安全审计事件存储功能

试题（18）分析

参考《信息系统项目管理师教程》（第 3 版）22.5.1 小节。安全审计事件存储功能要求审计系统将提供控制措施，以防止由于资源的不可用丢失审计数据。

参考答案

（18）D

试题（19）

在 OSI 七层协议中，UDP 是 (19) 的协议。

(19) A．网络层　　　B．传输层　　　C．会话层　　　D．应用层

试题（19）分析

参考《系统集成项目管理工程师教程》（第 2 版）3.7.1 小节。UDP 是传输层的常见协议。

参考答案

（19）B

试题（20）

(20) 依托互联网信息技术实现互联网与传统产业的联合，以优化生产要素、更新业务体系、重构商业模式等途径来完成经济转型和升级。

（20）A．云计算　　　　B．物联网　　　　C．虚拟化技术　　　　D．互联网+

试题（20）分析

"互联网+"代表着一种新的经济形态，它指的是依托互联网信息技术实现互联网与传统产业的联合，以优化生产要素、更新业务体系、重构商业模式等途径完成经济转型和升级。

参考答案

（20）D

试题（21）

关于网络存储技术的描述，正确的是：__(21)__。

（21）A．DAS 是一种易于扩展的存储技术

　　　B．NAS 系统与 DAS 系统相同，都没有自己的文件系统

　　　C．NAS 可以使用 TCP/IP 作为其网络传输协议

　　　D．SAN 采用了文件共享存取方式

试题（21）分析

参考《信息系统项目管理师教程》（第 3 版）1.3.4 小节。当存储容量增加时，DAS 方式很难扩展，这对存储容量的升级是一个巨大的瓶颈；NAS 存储设备类似于一个专用的文件服务器，提供文件系统功能；SAN 没有采用文件共享存取方式，而是采用块级别存储。

参考答案

（21）C

试题（22）

某企业要建设信息系统平台，要求系统可用性达到 99.99%。系统 A 平均无故障时间 10000 小时，故障平均维修时间 1 小时。系统 B 平均无故障时间 14000 小时，故障平均维修时间 1.5 小时，则描述正确的是：__(22)__。

（22）A．只有系统 A 符合可用性要求

　　　B．系统 A 和系统 B 均符合可用性要求

　　　C．只有系统 B 符合可用性要求

　　　D．系统 A 和系统 B 都不符合可用性要求

试题（22）分析

参考《信息系统项目管理师教程》（第 3 版）1.3.10 小节。计算机系统的可用性定义为：MTTF/(MTTF+MTTR)×100%。所以，系统 A 可用性：99.99%；系统 B 可用性：99.989%。

参考答案

（22）A

试题（23）

大型信息系统是以信息技术和__(23)__为支撑的大系统，具有规模庞大、分布广阔、采用多级网络结构、提供多种类型应用等特征。

（23）A．通信技术　　　　　　　　B．安全技术

　　　C．数据处理技术　　　　　　D．虚拟化技术

试题（23）分析

参考《信息系统项目管理师教程》（第 3 版）1.9.1 小节。大型信息系统是以信息技术和通信技术为支撑。

参考答案

（23）A

试题（24）

企业系统规划（BSP）是通过全面调查分析企业信息需求，制定信息系统总体方案的一种方法。其活动步骤顺序是：_(24)_。

①准备工作
②识别定义数据类
③确定管理部门对系统的要求
④成果报告
⑤分析现有系统
⑥制订建议书和开发计划
⑦定义企业过程

(24) A．①⑦②③⑤⑥④　　　　　B．①②⑦⑥⑤③④
　　　C．①⑦②⑤③⑥④　　　　　D．①②⑦③⑤⑥④

试题（24）分析

参考《信息系统项目管理师教程》（第 3 版）1.9.2 小节。BSP 活动步骤：确定项目后，即开始准备工作，识别了企业过程之后，就要以企业资源为基础，通过其数据的类型识别出数据类。分析现有系统，确定管理部门对系统的要求，提出判断和结论，制订建议书和开发计划，最后形成成果报告。

参考答案

（24）C

试题（25）

信息系统规划工具中，_(25)_ 可以反映数据类和企业过程之间的关系。

(25) A．过程/组织（P/O）矩阵　　　B．SWOT 矩阵
　　　C．资源/数据（R/D）矩阵　　　D．创建/用户（C/U）矩阵

试题（25）分析

参考《信息系统项目管理师教程》（第 3 版）1.9.3 小节。PO 矩阵是把企业组织结构与企业过程联系起来，说明每个过程与组织的联系；SWOT 矩阵是用来研究企业竞争优势、历史、机会和威胁；RD 矩阵是资源与数据关系的矩阵；CU 矩阵是可以反映数据类和企业过程之间关系。

参考答案

（25）D

试题（26）

关于面向对象方法的描述，不正确的是：_(26)_。

(26) A. 相比于面向过程设计方法，面向对象方法更符合人类思维习惯
     B. 封装性、继承性、模块性是面向对象的三大特征
     C. 面向对象设计中，应把握高内聚、低耦合的原则
     D. 使用面向对象方法构造的系统具有更好的复用性

试题（26）分析

参考《信息系统项目管理师教程》（第3版）1.2.2小节。面向对象的三大特征是封装性、继承性及多态性。模块性是面向过程的主要特性。

参考答案

(26) B

试题（27）

UML 的 (27) 描述了一个特定对象的所有可能状态以及由于各种事件的发生而引起的状态之间的转移。

(27) A. 控制图　　　B. 状态图　　　C. 协作图　　　D. 序列图

试题（27）分析

参考《系统集成项目管理工程师教程》（第2版）3.4.2小节。状态图描述了一个特定对象的所有可能状态以及由于各种事件的发生而引起的状态之间的转移。

参考答案

(27) B

试题（28）

(28) 的设计方法满足了信息系统快速响应需求与环境的变化，组织内部、组织之间各种应用系统的互相通信要求，提高了系统可复用性、信息资源共享和系统之间的互操作性。

(28) A. 面向对象　　　B. 面向过程　　　C. 基于构件　　　D. 面向服务

试题（28）分析

参考《信息系统项目管理师教程》（第3版）1.2.4小节。组织内部、组织之间各种应用系统的互相通信和互操作性直接影响组织对信息的掌握程度和处理速度。如何使信息系统快速响应需求与环境的变化，提高系统可复用性、信息资源共享和系统之间的互操作性，称为影响信息化建设效率的关键问题，而 SO 的思维方式恰好满足了这种需求。

参考答案

(28) D

试题（29）

项目建议书中不包含 (29)。

(29) A. 产品方案或服务的市场预测　　　B. 项目建设必需的条件
     C. 项目的市场预测　　　　　　　　D. 风险因素及对策

试题（29）分析

参考《信息系统项目管理师教程》（第3版）3.1.1小节。项目建议书应该包括的核心内容：项目的必要性，项目的市场预测，产品方案或服务的市场预测，项目建设必需的条件。而风险因素及对策应包含在项目可行性报告中。

参考答案

(29) D

试题 (30)

项目可行性研究阶段的经营成本不包括 (30)。

(30) A. 财务费用　　B. 研发成本　　C. 行政管理费　　D. 销售与分销费用

试题 (30) 分析

参考《信息系统项目管理师教程》(第 3 版) 3.2.4 小节。详细可行性研究的内容：开发总成本一般划分为四大类：研发成本、行政管理费、销售与分销费用、财务费用和折旧。前三类成本的总和称为经营成本。

参考答案

(30) A

试题 (31)

下表列出 A、B、C、D 四个项目的投资额及销售收入，根据投资回报率评估，应该选择投资 (31)。

项目	投资额（万元）	销售收入（万元）
A	2000	2200
B	1500	1600
C	1000	1200
D	800	950

(31) A. A 项目　　B. B 项目　　C. C 项目　　D. D 项目

试题 (31) 分析

参考《信息系统项目管理师教程》(第 3 版) 3.3.1 小节。项目 A 的投资回报率为 200/2000=10%，项目 B 的投资回报率为 100/1500=6.7%，项目 C 的投资回报率为 200/1000=20%，项目 D 的投资回报率为 150/800=18.75%，所以项目 C 的投资回报率最高。

参考答案

(31) C

试题 (32)

(32) 不属于典型的信息系统项目的特点。

(32) A. 使用与维护的要求复杂　　B. 需求稳定
　　　C. 设计人员高度专业化　　　D. 智力密集型

试题 (32) 分析

参考《信息系统项目管理师教程》(第 3 版) 2.1.5 小节。典型的信息系统项目的特点包括：目标不明确、需求变化频繁、智力密集型、设计队伍庞大、设计人员高度专业化、使用与维护要求非常复杂等。

参考答案

(32) B

试题（33）

某公司下设硬件研发部、软件研发部、结构设计部、生成车间等部门，当执行项目遇到硬件问题时，参与项目人员先向自己部门的领导反馈，由部门领导再和硬件部门经理沟通，该组织结构类型的缺点是：(33)。

（33）A．组织横向之间的联系薄弱，部门间协调难度大
　　　B．管理成本高，多头领导，难以监测和控制
　　　C．项目环境比较封闭，不利于沟通、技术知识等共享
　　　D．员工缺乏事业上的连续性和保障

试题（33）分析

参考《信息系统项目管理师教程》（第3版）2.5.3小节。从题目中，可以分析出，该公司是职能型组织，职能型组织结构的缺点是组织横向之间的联系薄弱，部门间协调难度大，管理成本高多头领导难以监测和控制是矩阵型组织的缺点，项目环境比较封闭，不利于沟通、技术知识等共享，员工缺乏事业上的连续性和保障是项目型组织的缺点。

参考答案

（33）A

试题（34）

可以将组成项目的各个过程归纳为5个过程组，启动过程组包括制定项目章程和(34)两个过程。

（34）A．收集需求　　B．识别项目干系人　　C．定义范围　　D．组建项目团队

试题（34）分析

参考《信息系统项目管理师教程》（第3版）2.8.1小节。启动过程组定义并批准项目或项目阶段，包括"制定项目章程"和"识别项目干系人"两个过程。

参考答案

（34）B

试题（35）

项目管理计划不包括(35)。

（35）A．绩效信息　　B．项目目标　　C．配置管理计划　　D．生命周期模型

试题（35）分析

参考《系统集成项目管理工程师教程》（第2版）6.3.4小节。项目管理计划合并了其他规划过程所产生的所有管理计划和基准，还包括：所使用的项目管理过程、项目目标描述、配置管理计划、所选择的生命周期模型等。

参考答案

（35）A

试题（36）

为使项目管理团队洞察项目的状况，识别需特别关注的任何方面，项目经理应提供(36)。

（36）A．风险登记册　　　　　　　B．工作绩效报告
　　　C．干系人风险承受度　　　　D．进度管理计划

试题（36）分析

参考《信息系统项目管理师教程》（第 3 版）4.5 小节。监控项目工作可使项目管理团队能洞察项目的健康状况，并识别需特别关注的任何方面，监控项目工作的输出是工作绩效报告。

参考答案

（36）B

试题（37）

(37) 属于事业环境因素。

(37) A．配置管理知识库　　　　　　B．变更控制程序
　　　C．项目档案　　　　　　　　　D．项目管理信息系统

试题（37）分析

参考《信息系统项目管理师教程》（第 3 版）4.6.1 小节。配置管理知识库，变更控制程序及项目档案都属于组织过程资产库，只有项目管理信息系统属于事业环境因素。

参考答案

（37）D

试题（38）、（39）

项目经理为某政府网站改造项目制作了如下双代号网络图（单位：天），该项目的总工期是 (38) 天。在项目实施过程中，活动 2-7 比计划提前了 2 天，活动 8-10 实际工期是 3 天，活动 6-7 的工期增加了 3 天，判断对项目总工期的影响：(39)。

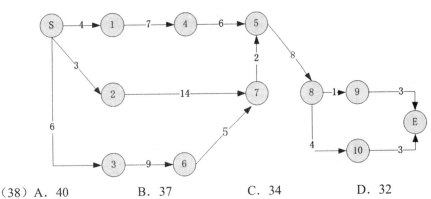

（38）A．40　　　　　B．37　　　　　C．34　　　　　D．32
（39）A．没有影响　　　　　　　　　B．增加了 2 天
　　　C．增加了 3 天　　　　　　　　D．增加了 4 天

试题（38）、（39）分析

参考《信息系统项目管理师教程》（第 3 版）6.3.2 小节和 6.3.3 小节。本项目的关键路径为 S-3-6-7-5-8-10-E，总的项目周期为 37 天。活动 2-7 比计划提前了 2 天，不在关键路径上，因此无影响；活动 8-10 实际工期是 3 天，关键路径减少 1 天，活动 6 的工期增加了 3 天，关键路径上增加 3 天，因此整个工期增加 2 天。

参考答案

（38）B　（39）B

试题（40）

关于需求管理的描述，正确的是：(40)。

(40) A. 需求管理包括在产品生存周期中维持需求一致性和精确性的所有活动
　　　B. 从测试用例和测试报告的描述追踪到用户原始需求的过程是正向跟踪
　　　C. 需求文件之间的跟踪用于检查需求分解中可能出现的错误或遗漏
　　　D. 需求跟踪矩阵中可以不体现测试策略和测试场景的跟踪结果

试题（40）分析

参考《信息系统项目管理师教程》(第3版) 5.3.4 小节。需求管理包括在产品开发过程中的所有活动，而不是产品全生存周期范围内。因此A的范围不正确；反向跟踪是指检查设计文档、产品构件、测试文档等工作成果是否都能在需求文件中找到出处。测试策略和测试场景是需要跟踪的内容，因此需要在需求跟踪矩阵中体现结果。

参考答案

（40）C

试题（41）

某公司决定在现有公文处理系统的基础上，新开发一个移动端APP，便于大家远程办公。项目经理召开工作会议，就工作分解结构提出了如下的建议，其中(41)是不妥当的。

(41) A. 项目组所有人员都要参与，任务分解的层次控制在4至6层之间
　　　B. 对目前尚不清楚具体活动的模块可以使用规划包进行分解
　　　C. 项目干系人对完成的WBS给予确认，并达成共识
　　　D. 项目经理负责项目WBS分解，外包商负责外包合同WBS的分解

试题（41）分析

参考《信息系统项目管理师教程》(第3版) 5.5.2 小节。项目经理负责组织项目组成员和干系人一起参与WBS的分解，包括外包部分。

参考答案

（41）D

试题（42）

(42)是控制范围常用的工具和技术。

(42) A. 引导式研讨会　　B. 产品分析　　C. 偏差分析　　D. 标杆对照

试题（42）分析

参考《信息系统项目管理师教程》(第3版) 5.3.2 小节。引导式研讨会和标杆对照是收集需求的工具和技术，产品分析是定义范围时常用的工具和技术。偏差分析是控制范围的常用工具。

参考答案

（42）C

试题（43）

项目经理通过微信群告知项目组成员每天早上 9:00 在会议室召开 5 分钟站立会议，讨论项目进展和当日工作，并要求每个组员对上述内容进行确认回复，10 分钟后他收到了所有回复信息。其中，微信群属于沟通模型中的__(43)__关键要素。

(43) A. 编码　　　　B. 解码　　　　C. 噪声　　　　D. 媒介

试题（43）分析

参考《信息系统项目管理师教程》（第 3 版）10.1.2 小节。项目经理编写微信即为编码；信息和反馈信息体现在项目经理发送群消息，和组员的回复消息；媒介是微信群，解码是项目组成员对上述要求的理解。

参考答案

(43) D

试题（44）

某公司决定将一个废弃的体育场馆改造成数字化影院，项目经理制定了沟通计划，对沟通的方式、人员、保密要求、信息传递等方面做了规定。项目在施工阶段发现未进行无障碍设计，不符合国家电影院设计规范及条文说明的要求，项目被迫暂停。项目经理此时应在沟通计划中增加__(44)__的要求。

(44) A. 干系人的沟通需求　　　　B. 沟通制约因素
　　　C. 为沟通活动分配的资源　　D. 问题升级程序

试题（44）分析

参考《信息系统项目管理师教程》（第 3 版）10.2.1 小节。制约因素，通常来自特定的法律法规、技术要求和组织政策等。电影院设计规范及条文说明的要求属于行业法规，停工的主要原因是该法规没有得到有效执行，因此应补充对项目制约因素的沟通。

参考答案

(44) B

试题（45）

A 公司正在给 B 公司做一个运维管理体系咨询项目，小张作为 B 公司的项目接口人，主要完成两家公司间的资料传递工作。但最近 A 公司提交的文档经常出现问题，小张经常受到批评，因此 B 公司的项目经理要求小张做资料初审工作。针对这一变化情况，A 公司的项目经理在干系人管理上应该做__(45)__。

①更新干系人登记手册　　　　②更新项目管理计划
③形成问题日志　　　　　　　④填写变更请求
⑤修改项目章程

(45) A. ①②③　　　　　　　　　B. ③④⑤
　　　C. ②④⑤　　　　　　　　　D. ①②④

试题（45）分析

参考《信息系统项目管理师教程》（第 3 版）10.5.3 小节和 10.5.4 小节。管理干系人输出包括：问题日志、项目管理计划更新、项目文件更新、组织过程资产更新。控制干系人参与输出包括：变更请求、项目管理计划更新、项目文件更新、组织过程资产更新。

其中问题日志应随着新问题的出现和老问题的解决而动态更新，小张职责的变化不能算是问题，因此不需更新问题日志和项目章程的修改。

参考答案

（45）D

试题（46）

关于项目风险管理的描述，不正确的是：__(46)__。

（46）A．纯粹风险和人为风险在一定条件下可以相互转化
　　　 B．项目风险既包括对项目目标的威胁，也包括促进项目目标的机会
　　　 C．风险大多数随着项目的进展而不断变化，不确定性会逐渐减小
　　　 D．风险后果包括后果发生的频率、收益或损失大小

试题（46）分析

参考《信息系统项目管理师教程》（第3版）11.1.1 小节。从风险后果可以将风险划分为纯粹风险和投机风险，二者可以转化。人为风险是按风险来源的角度进行划分的，因此二者不存在转化问题。

参考答案

（46）A

试题（47）

如果你正在为一个新的信息系统研发项目识别可能的风险，得知某项目团队刚刚发生了一起代码意外泄露的安全事件。此时应该使用 __(47)__ 方法进行信息收集。

（47）A．德尔菲　　　　B．访谈　　　C．根本原因识别　　　D．头脑风暴

试题（47）分析

参考《信息系统项目管理师教程》（第3版）11.3.2 小节。根本原因识别是通过识别根本原因来完善风险定义并按照成因对风险进行分类，通过考虑风险的根本原因，制定有效的风险应对措施。

参考答案

（47）C

试题（48）

A公司刚刚中标一个大型系统集成项目，其中一台设备计划从国外采购，近期汇率波动明显，A公司准备与客户协商使用国产设备进行替代，这是采用了 __(48)__ 风险应对策略。

（48）A．回避　　　　　B．转移　　　C．减轻　　　　　　D．接受

试题（48）分析

参考《信息系统项目管理师教程》（第3版）11.6.2 小节。回避风险是指通过改变项目计划以排除风险或风险发生的条件，保护目标免受风险的影响。减轻风险指设法把不利的风险事件的概率或后果降低到一个可接受的临界值。本题目从进口商品转为国产商品，回避了汇率上的风险。

参考答案

(48) A

试题（49）

(49) 不属于项目人力资源管理的范畴。

(49) A．人员获取和能力匹配　　B．建立项目组织计划
　　　C．企业人员入职培训　　　D．有效利用冲突和竞争

试题（49）分析

参考《信息系统项目管理师教程》（第3版）9.2节。项目经理应该在项目中展现领导能力和管理能力，而不是培养，培养是组织人力资源管理范畴的内容。

参考答案

(49) C

试题（50）

有关建设团队的描述，不正确的是：(50)。

(50) A．通过各种活动提高团队成员之间的信任和认同感，增进协作
　　　B．借助管理层和相关干系人的帮助，使项目组获得有效资源支持
　　　C．通过有效手段提高团队成员的知识和技能，实现有效交付
　　　D．通过塑造良好的团队文化，提高个人和团队的生产率

试题（50）分析

参考《信息系统项目管理师教程》（第3版）9.2.2小节和9.2.3小节。借助管理层和相关干系人的帮助，使项目组获得有效资源支持，是组建项目团队的内容，如果是使项目组获得建设高效团队所需的资源就是建设团队的内容。

参考答案

(50) B

试题（51）

管理项目团队的输入包括 (51)。

①项目成员清单　　　②人力资源管理计划　　　③问题日志
④组织过程资产　　　⑤变更请求　　　　　　　⑥组织绩效评价

(51) A．①②③④　　　　　　　B．①③④⑤
　　　C．①②④⑤　　　　　　　D．②④⑤⑥

试题（51）分析

参考《信息系统项目管理师教程》（第3版）9.2.4小节。输入包括：人力资源管理计划、项目人员分派、团队绩效评价、问题日志、工作绩效报告、组织过程资产。变更请求和组织绩效评价是管理项目团队的输出。

参考答案

(51) A

试题（52）

在项目配置项与基线的变更控制中，(52) 是配置管理员的主要工作。

(52) A. 确定受变更影响的关联配置项和有关基线
     B. 将变更申请的决议通知受此变更影响的每个干系人
     C. 组织修改配置项，并在相应的文档或程序代码中记录变更信息
     D. 将变更后的配置项纳入基线，并将变更内容和结果通知相关人

试题（52）分析

参考《信息系统项目管理师教程》（第 3 版）14.2.3 小节。选项 A 是变更申请人的职责，选项 B 是 CCB 的职责，选项 C 是项目经理的职责。

参考答案

（52）D

试题（53）

A 公司承接了某海外信息系统集成项目，项目进行中，项目经理获悉因天气和汇率原因，预计设备到场的运费比预算高出 30%，接下来他应该首先__(53)__。

(53) A. 项目还没有结束，暂时不做处理
     B. 给主管领导打电话，汇报情况，寻求解决方案
     C. 填写项目变更申请，启动变更流程
     D. 寻找新的承运商，评估变更影响，提交合同变更申请

试题（53）分析

参考《信息系统项目管理师教程》（第 3 版）16.4 节。变更申请是变更管理流程的起点，应严格控制变更申请的提交。题干中未提及已经签署了承运合同，因此合同变更的提法不准确。

参考答案

（53）C

试题（54）

小王在一家系统集成公司做运维项目经理，随着公司业务的扩大，他发现公司现行的备件采购方式经常在时间和质量上达不到要求。因此他向公司提出了以下合理化建议，其中__(54)__不属于项目采购管理过程控制的范畴。

(54) A. 对关键备件的供应商进行深入调查，对供应商进行分级管理
     B. 对于紧急采购的备件，可以先采购，后进行供方审核评价
     C. 定期盘点库存，将报废的或不再需要的备件及时进行处理
     D. 对于出现货到即损情况的供应商应重点关注，及时重新评定

试题（54）分析

参考《信息系统项目管理师教程》（第 3 版）12.3 节。即将报废或不再需要的备件，应不在项目中使用，因此其管理应该在组织级而不是项目级。

参考答案

（54）C

试题（55）

关于合同违约索赔的描述，不正确的是：__(55)__。

(55) A. 项目索赔事件中，监理工程师和政府建设主管机构承担调解责任，经济合同仲

裁委员会承担调解或仲裁责任

B. 合同索赔遵循的原则包括：索赔的有理性、索赔依据的有效性、索赔计算的正确性

C. 对于属于买方的原因造成拖延工期，只需给卖方延长工期，不应给予费用补偿

D. 民法通则、合同法中与合同纠纷相关条款，可以作为工程索赔的法律依据

试题（55）分析

参考《信息系统项目管理师教程》（第3版）13.2.5小节。对于属于买方的原因造成拖延工期，不仅应给卖方延长工期，还应给予费用补偿。

参考答案

（55）C

试题（56）

需求管理（REQM）属于CMMI的 (56) 过程域。

(56) A．项目管理类　　B．过程管理类　　C．工程类　　D．支持类

试题（56）分析

参考《信息系统项目管理师教程》（第3版）24.3.3小节。需求管理属于项目管理类过程域，而需求开发（RD）属于工程类过程域。

参考答案

（56）A

试题（57）

某项目采用敏捷管理方式，项目经理给领导汇报了项目的执行进度和团队绩效情况，请领导对提交的项目文档进行审核，以确定下一阶段在哪些方面做出改进。当前项目处于敏捷项目管理中的 (57) 阶段。

(57) A．探索　　B．推测　　C．适应　　D．结束

试题（57）分析

参考《信息系统项目管理师教程》（第3版）19.4.2小节。适应阶段的任务是审核提交的结果、当前情况以及团队的绩效，必要时做出调整。

参考答案

（57）C

试题（58）

(58) 利用历史数据之间的统计关系和其他变量，来进行项目工作的成本估算。

(58) A．类比估算　　　　　　B．参数估算
　　 C．自下而上估算　　　　D．三点估算

试题（58）分析

参考《信息系统项目管理师教程》（第3版）7.3.1小节。参数估算是指利用历史数据之间的统计关系及其他变量（如建筑施工中的平方英尺），进行项目工作的成本估算。

参考答案

（58）B

试题（59）

成本预算的输入不包括（59）。

(59) A．资源日历　　　　　　　　B．风险登记册
　　　C．协议　　　　　　　　　　D．成本基准

试题（59）分析

参考《信息系统项目管理师教程》（第 3 版）7.2.3 小节。制订预算的输入：成本管理计划、范围基准、活动成本估算、估算依据、项目进度计划、资源日历、风险登记册、协议、组织过程资产。成本基准是输出。

参考答案

(59) D

试题（60）

控制成本过程输出，不包括（60）。

(60) A．项目资金需求　　　　　　B．项目文件更新
　　　C．工作绩效信息　　　　　　D．成本预测

试题（60）分析

参考《信息系统项目管理师教程》（第 3 版）7.2.4 小节。控制成本过程输入包括：项目管理计划、项目资金需求、工作绩效数据、组织过程资产。

控制成本过程输出包括：工作绩效信息、成本预测、变更请求、项目管理计划更新、项目文件更新、组织过程资产更新。

参考答案

(60) A

试题（61）

(61) 不属于项目集准备阶段的关键活动。

(61) A．建立项目集治理结构　　　B．开发项目集章程
　　　C．组建初始的项目集组织　　D．制订项目集管理计划

试题（61）分析

参考《信息系统项目管理师教程》（第 3 版）20.4.1 小节。项目集准备阶段的关键活动一般包括：建立项目集治理结构、组建初始的项目集组织、制订项目集管理计划。开发项目集章程是构建项目集阶段的工作。

参考答案

(61) B

试题（62）

项目组合的管理/协调对象是（62）。

(62) A．项目团队　　　　　　　　B．项目经理
　　　C．项目干系人　　　　　　　D．组合管理人员

试题（62）分析

参考《信息系统项目管理师教程》（第 3 版）21.2 节。表 21-1，项目的管理对象是项目

团队，项目集的管理对象是项目经理，项目组合的管理对象是协调组合管理人员。

参考答案

（62）D

试题（63）

小王在设计测试用例时，由于忽视了边界条件、异常处理等情况，没有完全覆盖需求。这类风险属于测试工作中的 (63)。

(63) A．测试用例风险　　　　　　B．缺陷风险
　　　C．代码质量风险　　　　　　D．测试环境风险

试题（63）分析

参考《信息系统项目管理师教程》（第3版）23.3.5小节。在测试工作中，主要的风险表现为以下几个方面：需求风险、测试用例风险、缺陷风险、代码质量风险等。题中涉及的属于测试用例风险。

参考答案

（63）A

试题（64）

质量规划管理过程的事业环境因素不包括：(64)。

(64) A．可能影响项目质量的工作条件或运行条件
　　　B．特定应用领域的相关规则、标准和指南
　　　C．可能影响质量期望的文化观念
　　　D．以往阶段或项目的经验教训

试题（64）分析

参考《信息系统项目管理师教程》（第3版）8.2.1小节。可能影响质量规划管理过程的事业环境因素包括：政策法规；特定应用领域的相关规则、标准和指南；可能影响项目质量的项目或可交付成果的工作条件或运行条件；可能影响质量期望的文化观念。

以往阶段或项目的经验教训属于组织过程资产。

参考答案

（64）D

试题（65）

(65) 旨在建立对未来输出或正在进行的工作在完工时满足特定的需求和期望的信心。

(65) A．质量控制　　B．质量规划　　C．质量保证　　D．质量改进

试题（65）分析

参考《信息系统项目管理师教程》（第3版）8.2.2小节。质量保证旨在建立对未来输出或正在进行的工作在完工时满足特定的需求和期望的信心。

参考答案

（65）C

试题（66）

质量控制的输入，不包括 (66)。

(66) A．项目管理计划　　　　　　　　B．确认的变更
     C．质量测量指标　　　　　　　　D．工作绩效数据

试题（66）分析

参考《信息系统项目管理师教程》(第 3 版)8.2.3 小节。控制质量的输入：项目管理计划、质量测量指标、质量核对单、工作绩效数据等。确认的变更属于输出。

参考答案

（66）B

试题（67）

工程师小张需要完成图中所有区域的巡检工作，图中圆圈代表巡检地点，两点之间的连接线为可行的交通路径，连接线上所标识的数字为两点之间所需的交通费用，从地点 1 开始完成巡检（不需按数字顺序也无需返回起点）所需的最少交通费为 (67) 元。

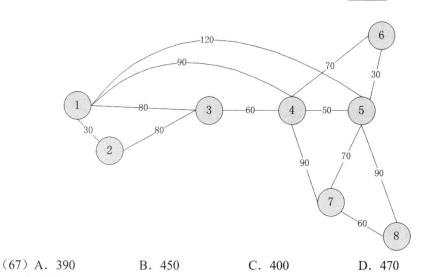

(67) A．390　　　　　　B．450　　　　　　C．400　　　　　　D．470

试题（67）分析

参考《信息系统项目管理师教程》(第 3 版)27.2 节。求最短路径，可有多条，其中一条为：1-2-3-4-6-5-7-8。

参考答案

（67）C

试题（68）

项目需要购买一项资产，投入 50 万元，50%的概率能收入 100 万元，20%的概率能收入 200 万元，15%的概率能收入 250 万元，10%的概率不赔不赚，5%的概率亏损 500 万元。则投资这项资产的投资回报为 (68) 万元。

(68) A．102.5　　　　　B．77.5　　　　　C．60.5　　　　　D．52.5

试题（68）分析

计算该项投资收益的数学期望值：

100×50%+200×20%+250×15%+0×10%–500×5%=50+40+37.5–25=102.5 万元。
投资回报为：102.5–50=52.5。

参考答案
（68）D

试题（69）
某化工企业接到一份 10 吨新材料研发的订单 100 万元，该材料由甲、乙、丙三种原材料构成，其中所含金属 A 不少于 4400 克，金属 B 不少于 4800 克，金属 A 和 B 在原材料中的含量及单价如下表所示。经过不断测算和试验，为了获得满足客户要求的这种新材料，该企业最多可获得的利润为 (69) 万元。

金属价	甲	乙	丙
金属 A（克/吨）	400	600	400
金属 B（克/吨）	800	200	400
单价（万元）/吨	7	6	5

（69）A．58　　　B．64　　　C．42　　　D．56

试题（69）分析
设使用甲材料为 X 吨，乙材料为 Y 吨，丙材料则为（10–X–Y）吨。设公司投入的总成本为 Z 万元，则：Z=7X+6Y+5（10–X–Y），化简后 Z=2X+Y+50。

X、Y 应满足的约束条件为：
①400X+600Y+400（10–X–Y）≥4400
②800X+200Y+400（10–X–Y）≥4800
③X≥0
④Y≥0
⑤10–X–Y≥0

化简后得：
①Y≥2
②2X–Y≥4
③X≥0
④X+Y≤10

画图，取目标函数取值最小的点，应该是直线 Y=2 与直线 2X–Y=4 的交点，解方程组后得到 Y=2，X=3，Z=58，公司投入的成本为 58，则利润为 100–58=42。

参考答案
（69）C

试题（70）
关于动态规划的描述，不正确的是：(70)。

（70）A．动态规划是解决多阶段决策过程最优化解的一种常用算法思想
　　　B．动态规划的实质是分治思想和解决冗余，与分治法和回溯法类似
　　　C．在处理离散型问题时，动态规划比线性规划效果更好

D．一个标准的动态规划算法包括划分阶段和选择状态两个步骤

试题（70）分析

参考《信息系统项目管理师教程》（第 3 版）27.5 节。动态规划与分治法和贪心法类似。

参考答案

（70）B

试题（71）

The （71） can realize the seamless integration of various manufacturing devices equipped with sensing, identification, processing, communication, actuation and networking capabilities.

（71）A．internet of things　　　　B．cloud computing
　　　C．big data　　　　　　　　　D．artificial intelligence

试题（71）分析

物联网能够实现具有传感、识别、处理、通信、驱动和联网能力的各种制造设备的无缝集成。

参考答案

（71）A

试题（72）

High-profile examples of （72） include autonomous vehicles (such as drones and self-driving cars), creating art (such as poetry) and online assistants(such as Siri).

（72）A．internet of things　　　　B．cloud computing
　　　C．big data　　　　　　　　　D．artificial intelligence

试题（72）分析

人工智能的高端例子包括自主交通（如无人机和自动驾驶汽车），艺术创作（如诗歌），在线助理（如 Siri）。

参考答案

（72）D

试题（73）、（74）

The （73） process differs from the （74） process in that the former is primarily concerned with acceptance of the deliverables, while the latteris primarily concerned with correctness of the deliverables.

（73）A．Perform Quality Assurance　　B．Validate Scope
　　　C．Control Quality　　　　　　　D．Define Scope
（74）A．Perform Quality Assurance　　B．Validate Scope
　　　C．Control Quality　　　　　　　D．Define Scope

试题（73）、（74）分析

确认范围过程与控制质量过程的不同之处在于，前者关注可交付成果的验收，后者关注可交付成果的正确性是否满足质量要求。

参考答案

（73）B （74）C

试题（75）

(75) is a technique for estimating the duration or cost of an activity or a project using historical data from a similar activity or project.

(75) A．Analogous estimating B．Parametric estimating
C．Three-Point estimating D．Bottom-Up estimating

试题（75）分析

类比估算是一种使用相似活动或项目的历史数据，估算当前活动或项目的持续时间或成本的技术。B 参数估算，C 三点估算，D 自下而上估算。

参考答案

（75）A

第17章 2018下半年信息系统项目管理师下午试题Ⅰ分析与解答

试题一（25分）

阅读下列说明，回答问题1至问题4，将解答填入答题纸的对应栏内。

【说明】

2018年1月，某系统集成公司中标本市某地铁线路的列车乘客信息系统项目，内容包括地铁公司运营中心节目播放控制软件、地铁列车节目接收软件以及服务器、播放终端等硬件设施的搭建工作。

公司任命由小陈为项目经理，并从各部门抽调了经验丰富的工程师组成了项目团队。小陈依据过去多年从事会议场所多媒体播控系统的经验，自己编写了项目范围说明书，并依此创建了WBS和WBS词典，形成项目范围基准。在项目实施过程中，由于与供应解码设备的厂商发生合同纠纷，项目组不得不重新寻找新的合作厂商，并针对新的解码设备，重新开发接口软件，致使项目工期拖延。客户针对播放控制软件，要求增加断点续传的功能，开发人员认为工作量不大就自行增加了该功能。项目测试时，小陈发现与之前做的项目不同，地铁运行时数据是通过车地无线网络传输，带宽有限，网络丢包现象严重，导致视频节目播放时，经常卡顿，马赛克现象严重，究其原因发现是WBS中解决该问题的软件模块没有开发。验收时，客户对项目执行情况很不满意，小陈觉得客户吹毛求疵与客户发生了争执，导致客户向公司高层投诉。

【问题1】（10分）

结合案例，请分析该项目在范围管理方面存在哪些问题？

【问题2】（6分）

结合案例，请分析该项目在范围管理之外，还存在哪些问题？

【问题3】（5分）

分解是一种将项目可交付成果和项目工作分解成较小的、更易于管理的组件的技术。请指出要将整个项目分解为工作包，需要开展哪些主要活动？

【问题4】（4分）

从候选答案中选择4个正确选项（所选答案超过4个该题得0分），将该选项编号填入答题纸对应栏内。

规划范围管理过程的输入是。

A．需求管理计划　　　　B．项目章程　　　　C．项目范围说明书
D．经验教训知识库　　　E．项目管理计划　　F．工作绩效数据
G．人事管理制度

试题一分析

本题重点考查项目范围管理、项目沟通管理和干系人管理、项目风险管理等知识,考生需全面多视角综合分析并作答。

【问题 1】

针对案例问答题,重点从如下几个方面进行考查。

1. 考生需从项目经理的角度思考,如何做好项目范围管理?(如明确项目边界、对项目执行工作进行监控、防止项目范围发生蔓延。)
2. 在项目中,对于项目管理的各过程职责和权限是否清晰了解并规定到位?
3. 需理清什么是产品范围,什么是项目范围,二者之间有何区别?
4. 在项目实施中对于产品范围变更项目范围、进度和质量基准的影响如何实施控制?
5. 对项目管理各过程的输入、输出、工具与技术是否清晰明了?(如规划范围管理、收集需求、定义范围、创建 WBS、确认范围、控制范围等。)
6. 对需求的分类是否清晰明了?(如业务需求层面、干系人的需求、解决方案需求。)

【问题 2】

针对案例问答题,考查考生项目管理全面多视角综合分析问题的能力。

1. 考生需从项目经理角度思考,对于项目本身在实施过程中存在哪些风险,哪些风险不能发生,哪些风险可以规避,哪些风险可能发生如何预防和控制,哪些风险可以接受?
2. 在与客户沟通的过程中,如何规划、管理控制沟通,确保沟通顺畅,不发生纠葛?
3. 在与供应商关系处理中,如何建立合作伙伴关系,避免不必要的矛盾?

【问题 3】

概念问答题,考查考生对 WBS 分解的步骤的掌握程度(参考《信息系统项目管理师教程》(第 3 版)[①]5.5.2 小节)。

【问题 4】

细节选择题,考核规划范围管理过程的输入(参考《信息系统项目管理师教程》(第 3 版)5.2 节)。

参考答案

【问题 1】(10 分)

(1)需求分析未做好。
(2)项目成员未参与项目范围说明书、WBS、WBS 词典的编写。
(3)项目范围基准(范围说明书、WBS、WBS 词典)未经确认。
(4)范围变更(范围控制)未遵守变更流程。
(5)范围确认工作没有做好(没有确认 WBS 中定义的工作是否全部完成)。

(每条 2 分,共 10 分)

【问题 2】(6 分)

(1)对风险分析不足。

[①] 本章提及的《信息系统项目管理师教程》(第 3 版)为全国计算机技术与软件专业技术资格(水平)考试指定用书,由清华大学出版社出版。

（2）与客户沟通存在问题。
（3）供应商关系、合同管理存在问题。
（每条2分，共6分）

【问题3】（5分）
（1）识别和分析可交付成果及相关工作。
（2）确定 WBS 的结构和编排方法。
（3）自上而下逐层细化分解。
（4）为 WBS 组件制定和分配标识编码。
（5）核实可交付成果分解的程度是否恰当。
（每条1分，共5分）

【问题4】（4分）
B D E G
（选对1个得1分，共4分。所选答案超过4个该题得0分）

试题二（27分）
阅读下列说明，回答问题1至问题4，将解答填入答题纸的对应栏内。

【说明】
某信息系统项目包含如下十个活动。各活动的历时、活动逻辑关系如下表所示：

活动名称	活动历时/天	紧前活动
A	2	—
B	5	A
C	2	B、D
D	6	A
E	3	C、G
F	3	A
G	4	F
H	4	E
I	5	E
J	3	H、I

【问题1】（9分）
（1）请给出该项目的关键路径和总工期。
（2）请给出活动 E、G 的总浮动时间和自由浮动时间。

【问题2】（5分）
在项目开始前，客户希望将项目工期压缩为19天，并愿意承担所发生的所有额外费用。经过对各项活动的测算发现，只有活动 B、D、I 有可能缩短工期，其余活动均无法缩短工期。活动 B、D、I 最多可以缩短的天数以及额外费用如下：

活动名称	最多可以缩短的天数	每缩短1天需要增加的额外费用/元
B	2	2000
D	3	2500
I	3	3000

在此要求下，请给出费用最少的工期压缩方案及其额外费用。

【问题3】(4分)

请将下面（1）～（4）处的答案填写在答题纸的对应栏内。

项目活动之间的依赖关系分为四种：

(1)__是法律或合同要求的或工作的内在性质决定的依赖关系。

(2)__是基于具体应用领域的最佳实践或者基于项目的某些特殊性质而设定，即便还有其他顺序可以选用，但项目团队仍缺少按照此种特殊的顺序安排活动。

(3)__是项目活动与非项目活动之间的依赖关系。

(4)__是项目活动之间的紧前关系，通常在项目团队的控制之中。

【问题4】(9分)

假设该项目的总预算为20万元，其中包含2万元管理储备和2万元应急储备。当项目进行到某一天时，项目实际完成的工作量仅为应完成工作的60%，此时的PV为12万元，实际花费为10万元。

(1) 请计算该项目的BAC。

(2) 请计算当前时点的EV、CV、SV。

(3) 在当前绩效情况下，请计算该项目的完工尚需估算ETC。

试题二分析

本题重点考查考生对项目进度管理过程的掌握承兑，尤其是活动排列顺序的技术和工具应用。

【问题1】

综合计算题，要求考生重点掌握项目网络图的绘制（前导图法、4种类型的依赖关系、最早开始时间和最晚开始时间）、箭线图法、提前量和滞后量、关键路径法的运用。

【问题2】

综合计算题，考生应重点掌握项目正常与赶工情况对比、工期压缩方案的制定方法。

【问题3】

细节填空题，考生需掌握项目活动排列顺序的技术和工具应用，掌握四种依赖关系（参考《信息系统项目管理师教程》(第3版) 6.3.2 小节）。

【问题4】

综合计算题，考生需重点掌握项目成本管理中挣值管理（EVM）、计划价值（PV）、挣值（EV）、实际成本（AC）、进度偏差（SV）、成本偏差（CV）、进度绩效指数（SPI）、成本绩效指数（CPI）、完工估算（EAC）、完工预算（BAC）、完工尚需估算（ETC）之间的公式关系和运用。

参考答案

【问题1】（9分）

根据题意，绘制网络图如下：（该图为了便于过程计算，不要求考生在答题纸上绘制）

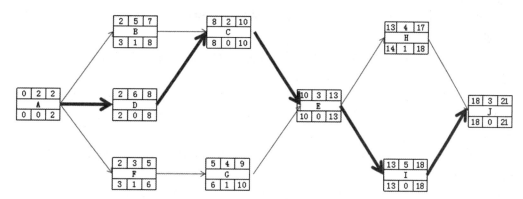

（1）该项目的关键路径为 A-D-C-E-I-J（3分）

总工期为 2+6+2+3+5+3=21 天（2分）

（2）活动 E 位于关键路径上，总浮动时间是 0 天（1分），自由浮动时间是 0 天（1分）。

活动 G 的总浮动时间是 1 天（1分），自由浮动时间是 1 天（1分）。

【问题2】（5分）

活动 B 不在关键路径上，尽管每缩短 1 天需要增加的额外费用最少，但对项目的总工期无影响。

活动 D 和 I 在关键路径上，其中活动 D 每缩短 1 天需要增加的额外费用相对较少，因此应首先考虑缩短活动 D 的工期。但是当活动 D 缩短天数大于等于 2 天时，关键路径发生变化。因此，最优的方案是：将活动 D（1分）的工期缩短 1 天（1分），将活动 I（1分）的工期缩短 1 天（1分），此时额外增加的费用 = 2500×1 + 3000×1 = 5500 元（1分）。

【问题3】（4分）

（1）强制依赖关系。

（2）选择性依赖关系。

（3）外部依赖关系。

（4）内部依赖关系。

（每个1分，共4分）

【问题4】（9分）

（1）BAC = 18 万元（2分）

（2）PV = 12 万元　　　　AC = 10 万元　　　　SPI = 60%

EV = PV×SPI = 7.2 万元（2分，公式正确1分，结果正确1分）

CV = EV–AC = 7.2–10 = –2.8 万元（1分，公式正确0.5分，结果正确0.5分）

SV = EV–PV = 7.2–12 = –4.8 万元（1分，公式正确0.5分，结果正确0.5分）

（3）CPI = EV/AC = 7.2/10 = 0.72
ETC =(BAC – EV)/ CPI =(18–7.2)/0.72 = 15 万元
（3 分，公式正确 2 分，结果正确 1 分）

试题三（23 分）

阅读下列说明，回答问题 1 至问题 4，将解答填入答题纸的对应栏内。

【说明】
　　A 公司准备研发一款手机无线充电器，项目启动时间为 2018 年 1 月，项目整体交付时间为 2018 年 6 月。
　　按照资源配置和专业分工，公司将项目初步分拆为 7 个子项目，其中，项目 A-C 负责产品主体研发和生产，项目 E 和 F 关注产品规格和外观设计，项目 D 负责技术攻关，项目 G 关注功能性附件。
　　2018 年 2 月，核心芯片采购遇到困难，为了不影响整体进度，又单独成立了 H 组负责研究可替代性芯片的选型和采购。
　　同时，公司专门成立了副总经理牵头的协调小组负责管理这 8 个启动时间不一、关键节点不一却又内部互有关联的项目。

【问题 1】（9 分）
　　请简述项目管理、项目集管理和项目组合管理的概念。结合案例，分析该项目适合用哪种方式进行管理，简述理由。

【问题 2】（6 分）
　　结合案例，从变更、计划、监控三个属性上阐述项目组 A 的项目经理与协同小组职责的差异。

【问题 3】（3 分）
　　请将下面（1）~（3）处的答案填写在答题纸的对应栏内（从候选答案中选择一个正确选项，将该选项编号填入答题纸对应栏内）。
　　项目组合治理管理包括：制订项目组合管理计划、(1)、(2)、(3) 和执行项目组合监督 5 个子过程。
　　A．定义项目组合　　B．分配项目组合资源　　C．优化项目组合
　　D．批准项目组合　　E．制定项目组合预算

【问题 4】（5 分）
　　请判断以下描述是否正确（填写在答题纸的对应栏内，正确的选项填写"√"，不正确的选项填写"×"）：
　　（1）项目集内的所有项目通过共同的目标相关联，该目标对发起组织而言具有非常重要的战略意义。（　　）
　　（2）项目集目标可以是短期的，也可以是长期的，可以是定性的，也可以是定量可管理的。（　　）
　　（3）为了获得有效资源，组织应该为每一个项目集提前分配固定的资源池。（　　）
　　（4）可以根据项目集收益的实现情况将项目集生命周期划分为项目集定义阶段、项目集

收益交付阶段和项目集收尾阶段三个过程。(　　)

(5) 项目集管理过程中，增加了绩效域这一新概念，重点关注项目集的战略、构建和治理等方面。(　　)

试题三分析

本题重点考查考生对项目管理、项目集管理概念的区别；作为一名项目经理对项目变更的控制和对项目计划的编写；对项目交付的监控须全面掌握。

【问题1】

针对案例问答题，考生需掌握项目管理、项目集管理和项目组合管理的概念及实际项目的运用。

【问题2】

概念细节题，重点考查项目经理与协同小组职责的差异。

【问题3】

细节选择题，重点考查项目组合治理管理的五个子过程。

【问题4】

细节判断题，考生需掌握项目集管理意义、目标、资源等相关知识。

(1) 项目集内的所有项目通过共同的目标相关联，该目标对发起组织而言具有非常重要的战略意义（参考《信息系统项目管理师教程》(第3版) 20.2.1 小节）。

(2) 项目集目标可以是短期的，也可以是长期的，但是必须是具体的和可量化的（参考《信息系统项目管理师教程》(第3版) 20.2.1 小节）。

(3) 对于不同的项目集对资源需求方面的要求不同，对资源池的需求也存在差异，因此就需要各项目集根据自身不同的特点来组建项目集层面的资源池（参考《信息系统项目管理师教程》(第3版) 20.3.8 小节）。

(4) 可以根据项目集收益的实现情况将项目集生命周期划分为项目集定义阶段、项目集收益交付阶段和项目集收尾阶段三个过程（参考《信息系统项目管理师教程》(第3版) 20.4.1 小节）。

(5) 项目集管理过程中，增加了绩效域这一新概念，重点关注项目集的战略、构建和治理等方面（参考《信息系统项目管理师教程》(第3版) 20.5 节）。

参考答案

【问题1】(9分)

(1) 项目管理是把各种知识、技能、手段和技术应用于项目活动中，以达到项目的目标和要求。(2分)

(2) 项目集管理是在项目集中应用知识、技能、工具和技术来满足项目集的要求，获得分别管理各项目集组件所无法实现的收益和控制。(2分)

(3) 项目组合管理是将项目、项目集，以及其他方面的工作内容组合起来进行有效管理，以保证满足组织的战略性的业务目标。(2分)

(4) 本项目适合用项目集管理的方式进行管理。(2分)

原因：本项目是多个项目组共同研发一个新产品系列，不仅是在资金、技能、干系人上

的共享与关联，而是需要在成本、人员、进度等方面组合调整，统一协调，以实现组织共同收益为目标的项目集合。（1分）

【问题2】（6分）

（1）变更：

项目经理应尽量让变更最小化。（1分）

协调小组要预测并拥抱变化。（1分）

（2）计划：

项目经理为交付物提供详细的项目计划。（1分）

协调小组为详细的项目计划提供高层指导。（1分）

（3）监控：

项目经理监控产生项目交付物任务和工作。（1分）

协调小组在治理框架下，监控项目工作。（1分）

【问题3】（3分）

（1）A

（2）C

（3）D

（每个1分，共3分，（1）～（3）答案可互换）

【问题4】（5分）

（1）√

（2）×

（3）×

（4）√

（5）√

（每个1分，共5分）

第18章 2018下半年信息系统项目管理师下午试题 II 写作要点

从下列的 2 道试题（试题一至试题二）中任选 1 道解答。请在答题纸上的指定位置处将所选择试题的题号框涂黑。若多涂或者未涂题号框，则对题号最小的一道试题进行评分。

试题一 论信息系统项目的沟通管理

项目沟通管理是产生、收集、分发、存储及最终处理项目信息的过程。项目经理需花费大量时间与项目团队和项目干系人沟通，项目每一成员也应当了解沟通对项目整体的影响。

请以"信息系统项目的沟通管理"为题，分别从以下三个方面进行论述：

1. 概要叙述你参与管理过的信息系统项目（项目的背景、项目规模、发起单位、目的、项目内容、组织结构、项目周期、交付的产品等），并说明你在其中承担的工作。

2. 结合项目管理实际情况并围绕以下要点论述你对信息系统项目沟通管理的认识。
 （1）沟通渠道的类别、优缺点及其在沟通管理中的重要性。
 （2）项目沟通管理的过程及其输入和输出。
 （3）项目管理中如何灵活地应用沟通技巧和沟通方法。

3. 请结合论文中所提到的信息系统项目，介绍在该项目中是如何进行沟通管理的（可叙述具体做法），并总结你的心得体会。

试题一写作要点

第一部分评分要点：
论文结构合理，摘要正确，正文完整，语言流畅，字迹清楚。
所述项目真实可信，介绍得当。

第二部分评分要点：
论述的要点要覆盖题目要求的三个方面，但又不局限于该三方面。

1.沟通渠道一般分为正式沟通渠道和非正式沟通渠道。
（1）正式沟通渠道：遵循着组织中的权力网络，传递与工作相关的活动信息。例如召开会议、上下级沟通交流、技术交流、参观访问等。
优点：沟通效果好、比较严肃、约束力强、易于保密，使信息沟通保持权威性。
缺点：依靠组织系统层层传递，较刻板、沟通速度慢。
（2）非正式沟通渠道：正式沟通渠道以外的信息传递和反馈，达到双方利益和目的。包含团队成员私下交换看法、朋友聚会、传播谣言和小道消息等。

优点：沟通形式不拘、直接明了、速度很快，容易及时了解正式沟通难以了解的"内部新闻"，非正式沟通能够发挥作用的基础是团队中良好的人际关系。

缺点：难以控制、传递的信息不确切、易于失真、曲解。能够导致小集团、小圈子，影响人心稳定和团队的凝聚力。

项目经理需充分认识两种沟通的优缺点，充分利用二者优点，规避缺点，在不同的场所灵活采取合适的沟通渠道为项目目标服务。

2.项目沟通管理主要包括规划沟通、管理沟通和控制沟通三个过程。

（1）规划沟通。

根据干系人信息需要和要求及组织的可用资产情况，制订合适的项目沟通方式和计划的过程。——关键是识别和记录干系人最有效且最有效果的沟通方式。

（2）管理沟通。

根据沟通管理计划，生成、收集、分发、存储、检索及最终处置项目信息的过程。——有效的沟通是在正确的时间以正确的形式提供给正确的受众，且使信息产生正确的影响。

（3）控制沟通。

在整个项目生命周期中对沟通进行监督和控制的过程，以确保满足项目干系人对信息的需求。——评估和控制沟通的影响，确保所有沟通参与者之间的信息流动最优化。

3. 在项目管理过程中一定要善于运用非语言和语言沟通技巧。包括赞美对方、善于聆听、目标对视、赞许预先准备思路和提纲、合理征询意见等。

项目中可以使用多种沟通方法在干系人之间共享信息，沟通方法包括：交互式沟通、推式沟通、拉式沟通。

第三部分评分要点：

根据考生描述的信息系统项目、对其所承担的信息系统项目如何进行的项目沟通管理的阐述以及总结的心得体会，确定其叙述的项目沟通管理及其评论是否合适，是否具有信息系统项目沟通管理的经验。陈述问题得当、真实，分析方式正确，评论合适。

试题二　论项目的风险管理

项目风险是一种不确定的事件和条件，一旦发生，对项目目标产生某种正面或负面的影响。项目风险管理的目标在于增加积极事件的概率和影响，降低项目消极事件的概率和影响。

请围绕"项目的风险管理"论题，从以下几个方面进行论述：

1. 概要叙述你参与管理过的信息系统项目（项目的背景、项目规模、发起单位、目的、项目内容、组织结构、项目周期、交付的产品等），并说明你在其中承担的工作。

2. 结合项目管理实际情况并围绕以下要点论述你对信息系统项目风险管理的认识：

（1）项目风险管理的基本过程。

（2）信息系统项目中风险管理方面经常会遇到的问题和所采取的解决措施。

3. 结合项目实际情况说明在该项目中你是如何进行风险管理的（可叙述具体做法），并总结你的心得体会。

试题二写作要点

第一部分评分要点：

论文结构合理，摘要正确，正文完整，语言流畅，字迹清楚。

所述项目真实可信，介绍得当。

第二部分评分要点：

分别论述：

1. 项目风险管理的主要过程包括：

（1）风险管理规划：决定如何进行规划和实施项目风险管理活动。

（2）风险识别：判断哪些风险会影响项目，并以书面形式记录其特点。

（3）定性风险分析：对风险概率和影响进行评估和汇总，进而对风险进行排序，以便随后进一步分析和行动。

（4）定量风险分析：就识别的风险对项目总体目标的影响进行定量分析。

（5）风险应对规划：针对项目目标制订提高机会、降低威胁的方案和行动。

（6）风险监控：在整个项目生命周期中，跟踪已识别的风险、监测残余风险、识别新风险和实施风险应对计划，并对其有效性进行评估。

2. 结合论文中描述的项目情况以及风险管理的基本过程，介绍该项目中遇到的一些问题，并说明是如何解决的。

第三部分评分要点：

根据考生描述的信息系统项目、对其所承担的信息系统项目如何进行的项目风险管理的阐述以及总结的心得体会，确定其叙述的项目风险管理及其评论是否合适，是否具有信息系统项目风险管理的经验。陈述问题得当、真实，分析方式正确，评论合适。

第19章 2019上半年信息系统项目管理师上午试题分析与解答

试题（1）

RFID射频技术多应用于物联网的 (1) 。

(1) A．网络层　　　　B．感知层　　　　C．应用层　　　　D．传输层

试题（1）分析

参考《信息系统项目管理师教程》（第3版）[①]1.5.1小节。物联网架构可分为三层，分别是感知层、网络层和应用层。感知层由各种传感器构成，包括温湿度传感器、二维码标签、RFID标签和读写器、摄像头、GPS等感知终端。

参考答案

(1) B

试题（2）

智慧城市建设参考模型的 (2) 利用SOA（面向服务的体系架构）、云计算、大数据等技术，承载智慧应用层中的相关应用，提供应用所需的各种服务和共享资源。

(2) A．通信网络层　　　　　　　　B．计算与存储层

　　 C．物联感知层　　　　　　　　D．数据及服务支撑层

试题（2）分析

参考《信息系统项目管理师教程》（第3版）1.7.6小节。智慧城市建设参考模型的数据及服务支撑层利用SOA（面向服务的体系架构）、云计算、大数据等技术，承载智慧应用层中的相关应用，提供应用所需的各种服务和共享资源。

参考答案

(2) D

试题（3）

信息系统的生命周期中，开发阶段不包括 (3) 。

(3) A．系统规划　　　B．系统设计　　　C．系统分析　　　D．系统实施

试题（3）分析

参考《信息系统项目管理师教程》（第3版）1.1.4小节。信息系统的生命周期还可以简化为立项（系统规划）、开发（系统分析、系统设计、系统实施）、运维及消亡四个阶段，在开发阶段不仅包括系统分析、设计、实施，还包括系统验收工作。

---

① 本章提及的《信息系统项目管理师教程》（第3版）是全国计算机技术与软件专业技术资格（水平）考试指定用书，由清华大学出版社出版。

参考答案

（3）A

试题（4）

(4)的目的是缩小数据的取值范围，使其更适合于数据挖掘算法的需要，并且能够得到和原始数据相同的分析结果。

（4）A．数据清洗　　　B．数据集成　　　C．数据变换　　　D．数据归约

试题（4）分析

数据归约是指在尽可能保持数据原貌的前提下，最大限度地精简数据量（完成该任务的必要前提是理解挖掘任务和熟悉数据本身内容）。

参考答案

（4）D

试题（5）

(5)向用户提供办公软件、工作流等服务，使软件提供商从软件产品的生产者转变成服务的运营者。

（5）A．IaaS　　　　　B．PaaS　　　　　C．SaaS　　　　　D．DaaS

试题（5）分析

SaaS向用户提供办公软件、工作流等服务，使软件提供商从软件产品的生产者转变成服务的运营者。

参考答案

（5）C

试题（6）

区块链的特征不包括 (6)。

（6）A．中心化　　　　B．开放性　　　　C．信息不可篡改　　D．匿名性

试题（6）分析

区块链的特征包括：去中心化、开放性、自治性、信息不可篡改、匿名性。由于节点之间的交换遵循固定的算法，其数据交互是无须信任的（区块链中的程序规则会自行判断活动是否有效），因此交易对手无须通过公开身份的方式让对方对自己产生信任，对信用的累积非常有帮助。

参考答案

（6）A

试题（7）

软件架构中，(7)模式包括主程序/子程序、数据抽象和面向对象，以及层次结构。

（7）A．数据流　　　　B．调用/返回　　　C．虚拟机　　　　D．独立构件

试题（7）分析

参考《信息系统项目管理师教程》（第3版）1.4.2小节。通用软件架构风格分为数据流风格、调用/返回风格、独立构件风格、虚拟机风格和仓库风格。调用/返回风格包括主程序/子程序、数据抽象和面向对象以及层次结构。

参考答案

（7）B

试题（8）

关于软件过程管理的描述，不正确的是 (8) 。

(8) A．在软件过程管理方面，最著名的是能力成熟度模型集成（CMMI）

B．CMMI成熟度级别3级与4级的关键区别在于对过程性能的可预测性

C．连续式模型将24个过程域按照功能划分为过程管理、项目管理、工程和支持4个过程组

D．对同一组织采用阶段式模型和连续式模型分别进行CMMI评估，得到的结论不同

试题（8）分析

参考《信息系统项目管理师教程》（第3版）1.4.4和24.3小节。对同一组织采用阶段式模型和连续式模型分别进行CMMI评估，得到的结论应该相同的。

参考答案

（8）D

试题（9）

关于软件测试的描述，不正确的是：(9) 。

(9) A．采用桌前检查代码走查和代码审查属于动态测试方法

B．控制流测试和数据流测试属于白盒测试方法

C．软件测试可分为单元测试、集成测试、确认测试、系统测试等类别

D．回归测试的目的是在软件变更后，变更部分的正确性和对变更需求的符合性以及功能、性能等要求的不损害性

试题（9）分析

参考《信息系统项目管理师教程》（第3版）1.4.5小节。静态测试包括对文档和代码的静态测试。对文档的静态测试主要以检查单的形式进行，对代码的静态测试一般采用桌前检查、代码走查和代码审查。

参考答案

（9）A

试题（10）

关于软件工程的描述，不正确的是：(10) 。

(10) A．软件工程对软件开发的质量、进度、成本进行评估、管理和控制

B．用户需求反映客户高层次的目标要求，通常来自项目投资人、客户等

C．需求是用户对新系统在功能、行为、性能等方面的期望

D．软件工程将系统的、规范的、可度量的工程化方法应用于软件开发

试题（10）分析

参考《信息系统项目管理师教程》（第3版）1.4.1小节。用户需求描述的是用户的具体目标，或用户要求系统必须能完成的任务。通常采取用户访谈和问卷调查等方式，对用户使用的常见需求进行整理，从而建立用户需求。

参考答案

（10）B

试题（11）

企业应用集成技术可以消除信息孤岛，将多个企业信息系统连接起来，实现无缝集成。下图显示的是__(11)__集成模型。

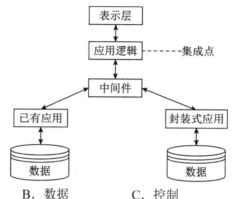

（11）A．表示 　　　B．数据 　　　C．控制 　　　D．业务流程

试题（11）分析

参考《信息系统项目管理师教程》（第3版）1.4.6小节。控制集成也称为功能集成或应用集成，是在业务逻辑层上对应用系统进行的集成。控制集成的集成点存于程序代码中，集成处可能只需简单使用公开的API就可以访问。

参考答案

（11）C

试题（12）

（12）验证一个配置项的实际工作性能是否符合它的需求规格说明。

（12）A．功能配置审计 　　　B．物理配置审计
　　　C．设计评审 　　　　　D．代码审计

试题（12）分析

参考《信息系统项目管理师教程》（第3版）14.2.3小节。功能配置审计是验证一个配置项的实际工作性能是否符合它的需求规格说明。

参考答案

（12）A

试题（13）

GB/T 16260.1是产品质量系列标准中的基础标准，它描述了软件工程领域产品质量的__(13)__。

（13）A．使用质量 　　　B．外部度量
　　　C．内部度量 　　　D．质量模型

试题（13）分析

出自 GB/T 16260。GB/T 16260.1 是《软件工程领域产品质量第 1 部分：质量模型》，是该系列标准的基础标准。第 2 部分、第 3 部分、第 4 部分分别是外部度量、内部度量和使用质量的度量。

参考答案

（13）D

试题（14）

GB/T 14394—2008 用于指导软件产品生存周期内可靠性和 (14) 大纲的制定和实施。

（14）A．可用性　　　B．可维护性　　　C．可访问性　　　D．可移植性

试题（14）分析

出自：GB/T 14394—2008 在该标准的范围中，规定了软件产品在其生存周期内如何选择适当的软件可靠性和可维护性管理要素，并指导可靠性和可维护性大纲的制定和实施。

参考答案

（14）B

试题（15）

信息必须依赖其存储、传输、处理及应用的载体（媒介）而存在，因此信息系统安全可以划分为设备安全、数据安全、内容安全和 (15)。

（15）A．行为安全　　　B．通信安全　　　C．主机安全　　　D．信息安全

试题（15）分析

参考《信息系统项目管理师教程》（第 3 版）1.6.1 小节。信息必须依赖其存储、传输、处理及应用的载体（媒介）而存在，因此针对信息系统，安全可以划分为以下四个层次：设备安全、数据安全、内容安全和行为安全。

参考答案

（15）A

试题（16）

信息安全等级保护管理办法中，如果信息系统受到破坏后，会对社会秩序和公共利益造成特别严重损害，或者对国家安全造成严重损害，则该系统应该受到 (16) 保护。

（16）A．第二级　　　B．第三级　　　C．第四级　　　D．第五级

试题（16）分析

参考《信息系统项目管理师教程》（第 3 版）1.6.1 小节。信息系统受到破坏后，会对社会秩序和公共利益造成严重损害，或者对国家安全造成严重损害，第四级信息系统运营、使用单位应当依据国家有关管理规范、技术标准和业务专门需求进行保护。国家信息安全监管部门对该级信息安全等级保护工作进行强制监督、检查。

参考答案

（16）C

试题（17）

关于网络安全防御技术的描述，不正确的是 (17)。

(17) A. 防火墙主要是实现网络安全的安全策略,在策略中涉及的网络访问行为可以实施有效管理,策略之外的网络访问行为也可控制
B. 入侵检测系统注重的是网络安全状况的监管,绝大多数 IDS 系统都是被动的
C. 蜜罐技术是一种主动防御技术,是一个"诱捕"攻击者的陷阱
D. 虚拟专用网络是在公网中建立专用的、安全的数据通信通道的技术

试题(17)分析

参考《信息系统项目管理师教程》(第3版)1.6.2 小节。防火墙主要是实现网络安全的安全策略,在策略中涉及的网络访问行为可以实施有效管理,策略之外的网络访问行为则无法控制。

参考答案

(17) A

试题(18)

关于 Web 安全及其威胁防护技术的描述,不正确的是 (18) 。

(18) A. 当前 Web 面临的主要威胁有可信任站点的漏洞、浏览器及其插件的漏洞、网络钓鱼、僵尸网络等
B. Web 防篡改技术包括单点登录、时间轮询、事件触发等
C. Web 内容安全管理技术包括电子邮件过滤、网页过滤、反间谍软件等
D. Web 访问控制的主要任务是保证网络资源不被非法访问者访问

试题(18)分析

参考《信息系统项目管理师教程》(第3版)1.6.3 小节。单点登录系统采用基于数字证书的加密和数字签名技术,是基于统一的策略的用户身份认证和授权控制功能。

参考答案

(18) B

试题(19)

TCP/IP 模型中,Telnet 属于 (19) 协议。

(19) A. 接口层　　　　B. 网络层　　　　C. 传输层　　　　D. 应用层

试题(19)分析

TCP/IP 模型包括网络接口层、网络层、传输层以及应用层,应用层定义了很多面向应用的协议,包括:FTP、HTTP、SMTP 和 Telnet 等。

参考答案

(19) D

试题(20)

(20) 不属于"互联网+"的应用。

(20) A. 滴滴打车　　　B. AlphaGo　　　C. 百度外卖　　　D. 共享单车

试题(20)分析

AlphaGo 属于人工智能的应用。

参考答案

(20) B

试题（21）

基于买方的购买历史及行为分析，进行针对性的广告推送，属于 (21) 的典型应用。

(21) A．大数据　　　B．云计算　　　C．物联网　　　D．智慧城市

试题（21）分析

参考《信息系统项目管理师教程》（第3版）1.5.3小节。大数据是具有体量大、结构多样、时效性强等特征的数据。

参考答案

(21) A

试题（22）

关于大型信息系统特征的描述，不正确的是：(22)。

(22) A．大型信息系统通常具有多个子系统
　　　B．大型信息系统数据量大，存储数据复杂
　　　C．大型信息系统对安全要求很高，因此具有统一的安全域
　　　D．大型信息系统网络结构复杂，一般采用多级网络结构

试题（22）分析

参考《信息系统项目管理师教程》（第3版）1.9.1小节。大型信息系统特点：规模庞大、跨地域性、网络结构复杂、业务种类多、数据量大、用户多。大型信息系统一般采用多级网络结构、跨越多个安全域、网络关系复杂、接口众多。

参考答案

(22) C

试题（23）

在信息系统的生命周期中，首先要进行信息系统规划，之后开展系统分析工作。(23) 不属于系统规划阶段的工作。

(23) A．确定组织目标和发展战略
　　　B．可行性研究
　　　C．给出拟建系统的备选方案
　　　D．分析和预测新系统的需求

试题（23）分析

参考《信息系统项目管理师教程》（第3版）1.1.4小节。系统规划阶段的任务是对组织的环境、目标及现行系统的状况进行初步调查，根据组织目标和发展战略，确定信息系统的发展战略，对建设新系统的需求做出分析和预测，同时考虑建设新系统所受的各种约束，研究新系统的必要性和可能性。根据需要与可能给出拟建系统的备选方案，并进行可行性研究，写出可行性研究报告，将新系统建设方案及实施计划编写成系统设计任务书。

参考答案

(23) A

试题（24）

信息系统规划的工具很多，例如P/O矩阵、R/D矩阵、IPO图、C/U矩阵等。每种工具

的用途有所不同，其中_(24)_适用于归纳数据。

(24) A．P/O 矩阵　　　B．R/D 矩阵　　　C．IPO 图　　　D．C/U 矩阵

试题（24）分析

参考《信息系统项目管理师教程》（第3版）1.9.3 小节。P/O 矩阵用于分析过程组织联系，R/D 用于定义数据类，IPO 图用于输入输出分析，C/U 矩阵用于划分子系统。

参考答案

(24) B

试题（25）

执行者与用例之间的关系是_(25)_。

(25) A．包含关系　　　B．泛化关系　　　C．关联关系　　　D．扩展关系

试题（25）分析

参考《信息系统项目管理师教程》（第3版）1.4.1 小节。关联描述一组对象之间连接的结构关系。

参考答案

(25) C

试题（26）

在 UML 的顺序图中，通常由左向右分层排列各个对象，正确的排列方法是：_(26)_。

(26) A．执行者角色、控制类、用户接口、业务层、后台数据库
　　　B．执行者角色、用户接口、控制类、业务层、后台数据库
　　　C．执行者角色、控制类、用户接口、后台数据库、业务层
　　　D．执行者角色、用户接口、业务层、控制类、后台数据库

试题（26）分析

参考《信息系统项目管理师教程》（第3版）1.4.1 小节。在 UML 的顺序图中，通常由左向右分层排列各个对象，正确的排列方法是：执行者角色、控制类、用户接口、业务层、后台数据库。

参考答案

(26) A

试题（27）

项目成员张工绘制了四张类图，其中不正确的是_(27)_。

(27) A． | students |

B． | students |
　　 | name:String |
　　 | age: |

C． | students |
　　 | getName() |
　　 | getAge() |

D． | students |
　　 | name:String |
　　 | age:Integer |
　　 | getName() |
　　 | getAge() |

试题（27）分析

参考《系统集成项目管理工程师教程》（第 2 版）[①]3.4.1 小节。类将实体的属性（数据）和操作（函数）封装在一起。

参考答案

(27) D

试题（28）

合同法对合同索赔流程有严格的规定，索赔方以书面通知书的形式在索赔事项发生后的 28 天内，向监理工程师正式提出索赔意向；在索赔通知书发出后 28 天内向监理工程师提出索赔报告及有关资料；监理工程师收到索赔报告有关资料后，于 (28) 内给予答复。

(28) A. 15 天　　　　B. 15 个工作日　　　　C. 28 天　　　　D. 28 个工作日

试题（28）分析

参考《信息系统项目管理师教程》（第 3 版）13.2.5 小节中的合同索赔流程。索赔方以书面通知书的形式在索赔事项发生后的 28 天内，向监理工程师正式提出索赔意向；在索赔通知书发出后 28 天内向监理工程师提出索赔报告及有关资料；监理工程师收到索赔报告有关资料后，于 28 天内给予答复。

参考答案

(28) C

试题（29）

依法进行招标的项目，自招标文件开始发出之日起至投标人提交投标文件止，最短不得少于 (29) 天。

(29) A. 20　　　　B. 30　　　　C. 15　　　　D. 60

试题（29）分析

参考《信息系统项目管理师教程》（第 3 版）12.4.1 小节。依法进行招标的项目，自招标文件开始发出之日起至投标人提交投标文件止，最短不得少于 20 天。

参考答案

(29) A

试题（30）

小张接到一项任务，要对一个新项目投资及经济效益进行分析，包括支出分析、收益分析、敏感性分析等。请问小张正在进行 (30)。

(30) A. 技术可行性分析　　　　　　　　B. 经济可行性分析
　　　 C. 运行环境可行性分析　　　　　　D. 法律可行性分析

试题（30）分析

参考《信息系统项目管理师教程》（第 3 版）3.2.1 小节。经济可行性分析主要对整个项目的投资及所产生的经济效益进行分析。

---

① 本章提及的《系统集成项目管理工程师教程》（第 2 版）为全国计算机技术与软件专业技术资格（水平）考试指定用书，由清华大学出版社出版。

参考答案

（30）B

试题（31）

关于项目评估及论证的描述，不正确的是：_(31)_。

(31) A．"先论证，后决策"是现代项目管理的基本原则
　　　B．项目论证应该围绕着市场需求、开发技术、人力资源三个方面开展
　　　C．项目论证一般包括机会研究、经济可行性研究和详细可行性研究
　　　D．项目评估的目的是审查项目可行性研究的可靠性、真实性和客观性

试题（31）分析

参考《信息系统项目管理师教程》（第3版）3.3小节。项目论证应该围绕着市场需求、开发技术、财务经济三个方面开展调查和分析。

参考答案

（31）B

试题（32）

项目生命周期是指项目从启动到收尾所经历的一系列阶段。当项目进入收尾阶段时_(32)_较高。

(32) A．项目的风险　　B．人力投入　　C．变更的代价　　D．不确定性

试题（32）分析

参考《信息系统项目管理师教程》（第3版）2.6.2小节。成本和人力投入开始较低，工作执行阶段达到高峰，项目快结束时迅速回落；风险与不确定性开始大逐渐降低；变更成本开始低，后面逐渐升高。

参考答案

（32）C

试题（33）

项目管理过程5个过程组可以对应到PDCA循环中，_(33)_过程组与PDCA循环中的检查和行动相对应。

(33) A．规划　　B．执行　　C．监控　　D．收尾

试题（33）分析

参考《信息系统项目管理师教程》（第3版）2.8.1小节。项目管理过程的5个过程组可以对应到PDCA循环。规划过程组与循环中的"计划"对应，执行过程组与循环中的"执行"对应，监控过程组与循环中的"检查"和"行动"对应。

参考答案

（33）C

试题（34）

_(34)_属于编制项目管理计划的输入。

(34) A．项目绩效数据　　　　　　B．范围管理计划
　　　C．项目进度网络图　　　　　D．风险清单

试题（34）分析

参考《信息系统项目管理师教程》（第 3 版）4.3.1 小节。编制项目管理计划的输入包括项目章程、其他过程输出结果、事业环境因素、组织过程资产。输出为项目管理计划。

参考答案

（34）B

试题（35）

监控项目工作的输出不包括 __(35)__ 。

(35) A．变更请求　　　　　　　　B．工作绩效信息
　　　C．项目管理计划更新　　　　D．项目文件更新

试题（35）分析

参考《信息系统项目管理师教程》（第 3 版）4.5.3 小节。监控项目工作的输出包括变更请求、工作绩效报告、项目管理计划更新、项目文件更新。工作绩效信息是输入。

参考答案

（35）B

试题（36）

项目执行期间，客户提出增加一项功能，但它并没有包括在项目预算之内。不过对于一个几百万美元的项目而言，该项工作涉及的开发工作量较小。作为项目经理应该：__(36)__。

(36) A．拒绝用户请求，原因是该项工作不在项目预算之内
　　　B．同意并免费完成这项工作，帮助维护客户关系
　　　C．同意增加新功能，但是需要客户负担相应的费用
　　　D．评估新功能对项目的影响，提交变更申请

试题（36）分析

参考《信息系统项目管理师教程》（第 3 版）4.6.1 小节。对项目的任何修改都必须经过变更流程，首先要提一份变更请求到 CCB。

参考答案

（36）D

试题（37）、（38）

某项目包含 A、B、C、D、E、F、G 七个活动，各活动的历时估算和逻辑关系如下表所示，则活动 C 的总浮动时间是 __(37)__ 天，项目工期是 __(38)__ 天。

活动名称	紧前活动	活动历时/天
A	—	2
B	A	4
C	A	5
D	A	6
E	B，C	4
F	D	6
G	E，F	3

(37) A. 0　　　　　B. 1　　　　　C. 2　　　　　D. 3
(38) A. 14　　　　 B. 15　　　　 C. 16　　　　D. 17

试题（37）、（38）分析

参考《信息系统项目管理师教程》（第3版）6.3.2小节。

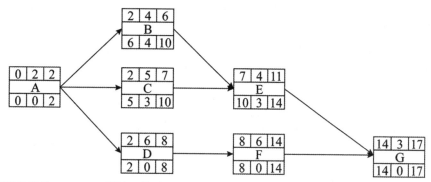

关键路径为ADFG，项目工期为17，C的浮动时间为3。

参考答案

（37）D（38）D

试题（39）

关于工作分解结构（WBS）的描述，正确的是：__(39)__。

(39) A. WBS必须符合项目范围
　　 B. WBS元素必须由多个人负责
　　 C. WBS必须控制在5~8层
　　 D. WBS的编制只需要项目团队成员参与

试题（39）分析

参考《信息系统项目管理师教程》（第3版）5.5.3小节。WBS元素必须由1个人负责，WBS必须控制在4~6层。WBS的编制需要项目干系人与项目团队成员参与。

参考答案

（39）A

试题（40）

关于范围控制的描述，正确的是：__(40)__。

(40) A. 控制进度是控制范围的一种有效的方式
　　 B. 项目执行组织本身发生变化不会引起范围变更
　　 C. 范围变更控制必须和其他控制过程综合在一起
　　 D. 政府政策的变化不可以成为范围变更的理由

试题（40）分析

参考《信息系统项目管理师教程》（第3版）5.5.3小节。进度控制和范围控制没有直接关系，项目执行组织本身发生变化会引起范围变更，不是工作绩效数据，政府政策变化可以成为范围变更的原因。

参考答案

（40）C

试题（41）

某项目沟通协调会共有 9 人参加会议，此次会议沟通渠道有 (41) 条。

(41) A．42　　　　B．28　　　　C．45　　　　D．36

试题（41）分析

参考《信息系统项目管理师教程》（第 3 版）10.3 小节。9×(9–1)/2 =36。

参考答案

（41）D

试题（42）

对于信息量很大或受众很多的情况，建议采用 (42) 沟通方式。

(42) A．拉式　　　　B．推式　　　　C．交互式　　　　D．面对面

试题（42）分析

参考《系统集成项目管理工程师教程》（第 2 版）12.5.4 小节。拉式沟通，用于信息量很大或受众很多的情况。

参考答案

（42）A

试题（43）

在进行项目干系人分析时，经常用到权力/利益分析法。对待下图中甲区域的项目干系人，应该采取的策略是 (43) 。

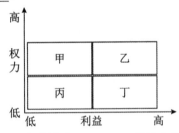

(43) A．随时告知　　B．令其满意　　C．花较少的精力　　D．重点管理

试题（43）分析

参考《信息系统项目管理师教程》（第 3 版）10.5.1 小节。权利高、利益高的关系人要重点管理。

参考答案

（43）B

试题（44）

某大型环保信息系统工程建设项目，项目发起人与项目经理一起识别出如下 3 类项目干系人：甲方信息系统管理人员、项目组主要技术人员、监理方，并准备针对他们编制干系人管理计划。对此，您的建议是：(44) 。

(44) A. 重新识别干系人
　　　B. 编制干系人管理计划
　　　C. 召开干系人管理沟通会议
　　　D. 编制项目进度计划

试题（44）分析

参考《信息系统项目管理师教程》（第3版）10.5.2小节。项目干系人包括：关键客户、用户、项目经理、执行组织、项目团队、项目发起人、职能经理、PMO、卖方分包方、政府媒体等与项目相关的所有人，本项目识别出的3类太少，尤其是环保型项目，需要重新识别。

参考答案

（44）A

试题（45）

关于项目风险的描述，不正确的是：(45)。

(45) A. 已知风险与未知风险都可以进行管理
　　　B. 风险既有可能对项目产生正面的影响，也有可能产生负面的影响
　　　C. 同样的风险对于不同的主体有不同的影响
　　　D. 收益越大，人们愿意承担的风险也就越大

试题（45）分析

参考《信息系统项目管理师教程》（第3版）11.1.1小节。未知风险可不进行管理。已经结束的活动，既成事实，后果已无法改变。

参考答案

（45）A

试题（46）

关于风险识别的描述，不正确的是：(46)。

(46) A. 应鼓励所有项目人员参与风险的识别
　　　B. 风险登记册的编制始于风险识别过程
　　　C. 在某些项目中，识别风险后可以跳过定性分析过程直接进入定量分析
　　　D. 识别风险是在项目计划阶段的工作，在其他阶段不涉及

试题（46）分析

参考《信息系统项目管理师教程》（第3版）11.3小节。风险识别是一项反复过程。

参考答案

（46）D

试题（47）

某信息系统建设项目中，为防范系统宕机风险，项目经理建议采购服务器时均配置冗余电源和冗余风扇。项目经理采用的风险应对策略为 (47)。

(47) A. 减轻　　　B. 转移　　　C. 规避　　　D. 消除

试题（47）分析

参考《信息系统项目管理师教程》（第3版）11.6.2小节。减轻指设法把不利的风险事件

的概率或后果降低到一个可接受的临界值。

参考答案

(47) A

试题 (48)

关于领导者和管理者的描述，正确的是：(48)。

(48) A．管理者的工作主要是确定方向、统一思想、激励和鼓舞
　　　B．领导者负责某件具体事情的管理或实现某个具体目标
　　　C．管理者设定目标，领导者率众实现目标
　　　D．项目经理具有领导者和管理者的双重身份

试题 (48) 分析

参考《信息系统项目管理师教程》(第3版) 9.1.3 小节。选项A、B和C把领导者和管理者的工作说反了。

项目经理具有领导者和管理者的双重身份，领导能力和管理能力都不可或缺。

参考答案

(48) D

试题 (49)

关于团队建设和管理的描述，不正确的是：(49)。

(49) A．在团队发展的5个阶段中，震荡阶段之后是规范阶段
　　　B．团队发展不一定按5个阶段顺序进行，可能会跳过某个阶段
　　　C．项目经理注重运用奖励权力和惩罚权力，尽量避免使用专家权力
　　　D．成功的冲突管理可以提高生产力，改进工作关系

试题 (49) 分析

参考《信息系统项目管理师教程》(第3版) 9.3.3 小节。选项C的错误之处在于：项目经理要注重运用奖励权力、专家权力和参照权力，尽量避免使用惩罚权力。

参考答案

(49) C

试题 (50)

在马斯洛需求层次理论中，位于金字塔结构第3层的是 (50) 需求。

(50) A．安全　　　　B．社会交往　　　　C．受尊重　　　　D．自我实现

试题 (50) 分析

参考《信息系统项目管理师教程》(第3版) 9.3.8 小节。马斯洛的需求层次理论从下往上分别是：生理需求、安全需求、社会交往的需求、受尊重的需求、自我实现的需求。

参考答案

(50) B

试题 (51)

配置管理工作中，(51) 包括确定配置项的所有者及其责任、确定配置项进入配置管理的时间和条件等工作。

(51) A. 配置状态报告　　　B. 配置审计　　　C. 配置控制　　　D. 配置标识

试题（51）分析

参考《信息系统项目管理师教程》（第 3 版）14.2.3 小节。配置标识的工作包括：识别需要受控的配置项、为每个配置项指定唯一性的标志号、定义每个配置项的重要特征、确定配置项的所有者及其责任、确定配置项进入配置管理的时间和条件等。

参考答案

（51）D

试题（52）

关于配置控制委员会（CCB）的说法，正确的是：_(52)_。

(52) A. CCB 负责分配配置库的操作权限
　　　B. CCB 负责制定配置管理计划
　　　C. CCB 必须是常设机构
　　　D. CCB 可以是兼职人员

试题（52）分析

参考《信息系统项目管理师教程》（第 3 版）14.2.1 小节。选项 A，配置管理员的工作是为每个项目成员分配对配置库的操作权限。

选项 C，CCB 不必是常设机构。

选项 D，配置管理员制定配置管理计划，CCB 审批配置管理计划。

参考答案

（52）D

试题（53）

根据供方选择标准，选择最合适的供方属于_(53)_阶段的工作。

(53) A. 规划采购　　　B. 实施采购　　　C. 控制采购　　　D. 结束采购

试题（53）分析

参考《信息系统项目管理师教程》（第 3 版）12.3.2 小节。在实施采购阶段，依据供方选择标准，对各个卖方的建议书或投标书进行评价，选出最合适的一个或多个卖方。

参考答案

（53）B

试题（54）

在确定项目合同类型时，如果项目工作范围很明确且风险不大，建议使用_(54)_。

(54) A. 总价合同　　　　　　　　B. 工料合同
　　　C. 成本补偿合同　　　　　D. 成本加激励费用合同

试题（54）分析

参考《信息系统项目管理师教程》（第 3 版）13.1.1 小节。总价合同适用于项目范围清晰、项目细节清楚的场景。

参考答案

（54）A

试题（55）

(55) 战略组织模式的特点是组织高层从如何动员全体成员都参与战略实施活动的角度来考虑战略的制定和执行。

(55) A．变革型　　　B．合作型　　　C．文化型　　　D．增长型

试题（55）分析

参考《信息系统项目管理师教程》（第 3 版）17.2.1 小节。文化型战略组织模式的特点是组织高层是从如何动员全体成员都参与战略实施活动的角度来考虑战略的制定和执行。

参考答案

(55) C

试题（56）

(56) 是一种支持结构化程序设计的流程设计工具。它的执行顺序是从最左主干线的上端结点开始，自上而下依次执行。

(56) A．因果分析图　　B．亲和图　　C．问题分析图　　D．判定表

试题（56）分析

参考《信息系统项目管理师教程》（第 3 版）19.2.2 小节。问题分析图是一种支持结构化程序设计的图形工具。PAD 的执行顺序是从最左主干线的上端结点开始，自上而下依次执行。

参考答案

(56) C

试题（57）

关于成本估算的描述，正确的是：(57)。

(57) A．成本估算的准确度随着项目的进展而逐步降低

　　B．成本类比估算是利用历史数据之间的统计关系和其他变量进行估算

　　C．成本估算时需考虑应急储备，不用考虑管理储备

　　D．成本估算时需要考虑项目成员学习所耗费的时间成本

试题（57）分析

参考《系统集成项目管理工程师教程》（第 2 版）9.3.1 小节。选项 A 成本估算的准确度随着项目的进展而逐步提高。选项 C 成本估算时需要同时考虑应急储备和管理储备。选项 D 参数估算指的是利用历史数据之间的统计关系和其他变量来进行估算。

参考答案

(57) D

试题（58）

关于成本基准的描述，不正确的是：(58)。

(58) A．大项目可能有多个成本基准

　　B．成本基准的变更需要通过变更控制程序

　　C．成本基准中既包括预计的支出，也包括预计的债务

　　D．项目预算是成本基准与应急储备之和

试题（58）分析

参考《信息系统项目管理师教程》（第3版）7.2.3 小节。文化型战略组织模式的特点是组织高层是从如何动员全体成员都参与战略实施活动的角度来考虑战略的制定和执行。

参考答案

（58）D

试题（59）

下表给出了某项目到 2018 年 12 月 30 日为止的部分成本执行（绩效）数据。如果当前的成本偏差是非典型的，则完工估算（EAC）为：_(59)_元。

活动编号	活动	完成百分比/%	计划值（PV）/元	实际成本（AC）/元
1	A	100	1000.00	1000.00
2	B	100	800.00	1000.00
3	C	100	2000.00	2200.00
4	D	100	5000.00	5100.00
5	E	80	3200.00	3000.00
6	F	60	4000.00	3800.00
	合计		16 000.00	16 100.00

项目总预算（BAC）：40 000.00

报告日期：2018 年 12 月 30 日

(59) A. 45 000　　B. 40 100　　C. 42 340　　D. 47 059

试题（59）分析

参考《系统集成项目管理工程师教程》（第2版）9.5.2 小节。计算该项目的 PV、AC、EV 如下：

活动编号	活动	完成百分比/%	计划值（PV）/元	实际成本（AC）/元	挣值（EV）/元
1	A	100	1000.00	1000.00	1000.00
2	B	100	800.00	1000.00	800.00
3	C	100	2000.00	2200.00	2000.00
4	D	100	5000.00	5100.00	5000.00
5	E	80	3200.00	3000.00	2560.00
6	F	60	4000.00	3800.00	2400.00
	合计		16 000.00	16 100.00	13 760.00

项目总预算（BAC）：40 000.00

报告日期：2018 年 12 月 30 日

当前成本偏差是非典型偏差时，EAC = BAC–EV+AC = 40 000–13 760+16 100 = 42 340。

参考答案

（59）C

试题（60）

项目集指导委员会的主要职责包括 (60) 、项目集批准和启动。

(60) A．项目审计
B．保证项目集与组织愿景和目标的一致性
C．协调项目集与项目组合的共用资源
D．任命项目经理

试题（60）分析

参考《信息系统项目管理师教程》（第 3 版）20.3.3 小节。项目集指导委员会职责：（1）保证项目集与组织愿景和目标的一致性；（2）项目集批准和启动。

参考答案

(60) B

试题（61）

(61) 可用于评估组织内项目组合管理成熟度，用于识别组织目前的最佳实践、能力和结果。

(61) A．TQM　　　　B．EFQM　　　　C．OPM3　　　　D．PMBOK

试题（61）分析

参考《信息系统项目管理师教程》（第 3 版）21.4.2 小节。TQM：全面质量管理；EFQM：欧洲业务卓越模型；OPM3：组织项目管理成熟度模型；PM-BOK：项目管理知识体系；IPMA：卓越项目管理模型。

参考答案

(61) C

试题（62）

(62) 属于系统测试执行过程中的工作效率指标。

(62) A．进度偏离度　　　　　　　　B．需求覆盖率
　　　C．评审问题数　　　　　　　　D．有效缺陷率

试题（62）分析

参考《信息系统项目管理师教程》（第 3 版）23.3.6 小节。测试设计中的指标包括：需求覆盖率、评审问题数；测试执行中效率指标包括：进度偏离度、缺陷发现率、执行效率；测试执行中质量指标包括：缺陷数、有效缺陷率等。

参考答案

(62) C

试题（63）

根据项目进度基准和成本基准制定质量测量指标，属于 (63) 阶段的工作内容。

(63) A．质量评价　　　　　　　　　B．质量控制
　　　C．实施质量保证　　　　　　　D．规划质量管理

试题（63）分析

参考《信息系统项目管理师教程》（第 3 版）8.2.1 小节。质量测量指标专用于描述项目

或产品属性，以及控制质量过程将如何对属性进行测量，属于规划质量管理的内容。

参考答案

（63）D

试题（64）

质量保证成本属于质量成本中的__(64)__成本。

（64）A．一致性　　　B．内部失败　　　C．非一致性　　　D．外部失败

试题（64）分析

参考《信息系统项目管理师教程》（第3版）8.2.2小节和8.3.1小节。质量保证工作属于质量成本框架中的一致性工作。质量成本类型包括：一致性成本（预防成本和评价成本）和非一致性成本（内部失败成本和非内部失败成本）。

参考答案

（64）A

试题（65）

在A项目的质量例会中，质量经理发现监控模块Bug修复时间较长，有测量指标超出临界线，质量经理决定再观察几天。本次质量控制的输出一定包括__(65)__。

①作绩效信息　②变更请求　③经验教训文档
④质量控制测量结果　⑤更新的质量标准　⑥质量审计报告

（65）A．②③　　　B．①⑥　　　C．①④　　　D．②⑤

试题（65）分析

参考《信息系统项目管理师教程》（第3版）8.2.3小节。在控制过程的输出中，质量控制测量结果、工作绩效是没有先决条件必须出具的、目前质量经理决定观察，意味着暂时不进行变更，因此变更相关的文档可不出具，质量审计报告通常是定期的，属于可能需要的报告。

参考答案

（65）C

试题（66）、（67）

某炼油厂根据计划每季度供应合同单位汽油和煤油各16吨。该厂从甲乙两处产地运回原油提炼，已知两处原油成分如下表所示，且从甲乙两地采购成本分别为200元/吨和300元/吨。对于该炼油厂，需要从乙采购__(66)__吨方能使此次采购的成本最低，最低的采购成本是__(67)__元。

原油成分	甲	乙
汽油	20%	40%
煤油	50%	20%
其他	30%	40%

（66）A．10　　　B．20　　　C．30　　　D．40
（67）A．12 000　　　B．13 000　　　C．14 000　　　D．15 000

试题（66）、（67）分析

以甲乙两处的采购量为决策变量 x_1、x_2 可以建立线性规划模型：

$$\min z = 200x_1 + 300x_2$$
$$\text{s.t.} \begin{cases} 20\%x_1 + 40\%x_2 \geq 16 \\ 50\%x_1 + 20\%x_2 \geq 16 \\ x_1, x_2 \geq 0 \end{cases}$$

用图解法求解得图：

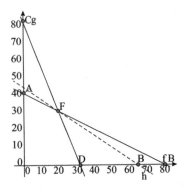

由图可得点 $F(20,30)$ 为最优点。$200 \times 20 + 30 \times 300 = 13\,000$。

参考答案

（66）C （67）B

试题（68）

有 8 口海上油井，相互间距离如下表所示（单位：海里）。其中 1 号井离海岸最近，为 5 海里。现要从海岸经 1 号井铺设油管将各井连接起来，则铺设输油管道的最短长度为 (68) 海里。

	1	2	3	4	5	6	7	8
1	0	1.3	2.1	0.9	0.7	1.8	2.0	1.5
2		0	0.9	1.8	1.2	2.6	2.3	1.1
3			0	2.6	1.7	2.5	1.9	1.0
4				0	0.7	1.6	1.5	0.9
5					0	0.9	1.1	0.8
6						0	0.6	1.0
7							0	0.5
8								0

（68）A．9.1　　　B．9.2　　　C．10.1　　　D．10.2

试题（68）分析

用避圈法可求解该问题。

0.7+0.7+0.8+0.6+0.5+1.0+0.9=5.2

5.2+5=10.2

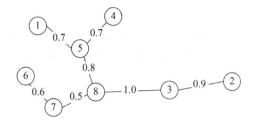

参考答案

(68) D

试题 (69)、(70)

项目经理制定了项目资产负债表（单位：元），如表所示，该项目的静态投资回收期为__(69)__年，动态投资回收期为__(70)__年（保留1位小数位）。

项目年度	0	1	2	3	4	5
支出	35 000	1000	1500	2000	1000	2000
收入		20 000	10 000	12 000	15 000	20 000
折现因子		0.91	0.83	0.75	0.68	0.62

(69) A. 2　　　　　B. 2.4　　　　　C. 2.8　　　　　D. 3.
(70) A. 3　　　　　B. 3.4　　　　　C. 3.5　　　　　D. 3.6

试题 (69)、(70) 分析

参考《信息系统项目管理师教程》（第3版）4.2.4小节。

首先计算每年的纯收入，然后根据静态和动态的要求考虑是否折现，如下表（单位：美元）

项目年度	0	1	2	3	4	5
支出	35 000	1000	1500	2000	1000	2000
收入		20 000	10 000	12 000	15 000	20 000
折现因子		0.91	0.83	0.75	0.68	0.62
纯收入		19 000	8500	10 000	14 000	18 000
累计收入	−35 000	−16 000	−7500	2500		
支出折现		910	1245	1500	680	1240
收入折现		18 090	7255	8500	13 320	16 760
净现金流	−35 000	17 180	6010	7000	12 640	15 520
累计净现金流	−35 000	−17 820	−11 810	−4810	7830	

纯收入=收入−支出，支出折现=支出×折现因子，收入折现=收入×折现因子，纯收入净现值=收入折现−支出折现

静态回收期=2+7500/10 000≈2.8
动态回收期=3+4810/12 640≈3.4

参考答案

(69) C　　　　(70) B

试题（71）

The (71) creates opportunities for more direct integration of the physical world into computer-based systems, resulting in efficiency improvements, economic benefits, and reduced human exertions.

(71) A. internet of things   B. cloud computing
       C. big data   D. mobile internet

试题（71）分析

物联网创造了将物理世界更直接地集成到基于计算机系统中的机会，从而可以提高效率、增加经济效益，并便于人类使用。

参考答案

（71） A

试题（72）

(72) is an open, distributed ledger that can record transactions between two parties efficiently and in a verifiable and permanent way.

(72) A. Internet of things   B. Blockchain
       C. Edge computing   D. Artificial intelligence

试题（72）分析

区块链的一个开放、分布式分类账本，能够以可验证和永久的方式有效地记录双方之间的交易。

参考答案

（72） B

试题（73）

(73) are those costs that cannot be directly traced to a specific project and therefore will be accumulated and allocated equitably over multiple projects by some approved and documented accounting procedure.

(73) A. Direct costs   B. Operation costs
       C. Indirect costs   D. Implement costs

试题（73）分析

间接成本是无法直接追溯到某个具体项目的成本，因此只能按照某种规定的会计程序进行累计并合理分摊到多个项目中。

参考答案

（73） C

试题（74）

Earned value management(EVM) integrates the scope baseline with the (74) baseline, along with schedule baseline, to form the performance baseline, which helps the project management team assess and measure project performance and progress.

(74) A. qulity   B. risk   C. change   D. cost

试题（74）分析

挣值法把范围基准、成本基准和进度基准整合起来，形成绩效基准，以便项目管理团队评估和测量项目绩效和进展。

参考答案

（74）D

试题（75）

_(75)_ risks cannot be management proactively and therefore may be assigned a management reserve.

（75）A．Known　　　B．Natural　　　C．Unknown　　　D．Human

试题（75）分析

未知风险无法进行主动管理，因此需要分配一定的管理储备。

参考答案

（75）C

第20章 2019上半年信息系统项目管理师下午试题I分析与解答

试题一（27分）

阅读下列说明，回答问题1至问题4，将解答填入答题纸的对应栏内。

【说明】

A公司中标某金融机构（甲方）位于北京的数据中心运行维护项目并签署了运维合同。合同明确了运维对象包括服务器、存储及网络等设备，并约定：核心系统备件4小时到场；非核心系统备件24小时到场；80%以上备件需满足上述时效承诺，否则视为违约。

A公司任命小张担任该项目的项目经理。为了确保满足服务承诺，小张在北京建立了备件库，招聘了专职备件管理员及库房管理员。考虑到备件成本较高，无法将服务器、存储和网络设备的所有备件都进行储备，备件管理员选择了一些价格较低的备件列入《备件采购清单》，并经小张批准后交给了采购部。随后，采购部通过网站搜索发现B公司能够提供项目所需全部备件且价格较低，于是确定B公司作为备件供应商并签署了备件采购合同。

项目实施三个月后，甲方向公司投诉：一是部分核心系统备件未能按时到场；二是部分备件加电异常，虽然补发了备件，但是影响了系统正常运行。

针对备件未能按时到场的问题，小张通过现场工程师了解到：一是部分核心系统备件没有储备；二是部分备件在库存信息中显示有库存，但调取时却找不到。为此需要临时从B公司采购，延误了备件到场时间。

针对备件加电异常的问题，小张召集采购部、库房管理员、B公司召开沟通会议。库房管理员认为B公司提供的备件质量存在严重问题，但无法提供相应证据。B公司则认为供货没有问题，是库房环境问题导致备件异常，因为B公司人员送备件到库房时曾多次发现库房温度、湿度超标。采购部人员观点与库房管理员一致，原因是采购部通过查询政府采购网等多家网站发现，B公司去年存在多项失信行为记录。大家各执一词，会议无法达成共识。

【问题1】（5分）

请说明采购管理的主要步骤。

【问题2】（12分）

结合案例，请指出该项目采购管理中存在的问题。

【问题3】（3分）

请简述采购货物入库的三个条件。

【问题4】（7分）

请将下面（1）～（7）处的答案填写在答题纸的对应栏内。

供应商选择的三大主要因素是供应商的 (1)、(2) 和 (3)。

经进货验证确定为不合格的产品,应采取的处理包括退货、_(4)_ 和 _(5)_。

采购需求通常包括标的物的配置、性能、数量、服务等,其中 _(6)_ 和 _(7)_ 最为关键。

试题一分析

本题重点考核项目采购管理等知识,考生需全面多视角来综合分析并作答。

【问题 1】

概念问答题,考核考生对采购管理主要步骤的掌握程度(参考《信息系统项目管理师教程》(第 3 版)[①]12.2.6 小节)。

【问题 2】

针对案例问答题,重点从如下几个方面进行考核。

1. 考生需从项目经理的角度思考,如何做好项目采购管理?(如明确项目边界、对项目执行工作进行监控、防止项目范围发生蔓延)
2. 在项目中,对于项目管理的各过程职责和权限是否清晰了解并规定到位?
3. 签订合同,需考虑哪些方面?
4. 在项目采购中对于没有备件如何操作并实施控制?
5. 库房的存放环境是否有要求?
6. 供应商选择是否有标准?(如供应商供货能力、信誉、业绩等进行调查和综合评比)。

【问题 3】

概念问答题,考核考生对采购入库条件的掌握程度(参考《信息系统项目管理师教程》(第 3 版)12.3.3 小节)。

【问题 4】

细节选择题,考核实施采购管理的输入(参考《信息系统项目管理师教程》(第 3 版)12.3.3 小节)。

试题一参考答案

【问题 1】(5 分)

(1)需求确认与采购计划制订

(2)供应商搜寻与分析

(3)定价

(4)拟定并发出订单

(5)订单的跟踪和跟催

(6)验货和收货

(7)开票和支付货款

(8)记录管理

(每条 1 分,满分 5 分)

【问题 2】(12 分)

(1)需求确定与制订采购计划时,没有综合考核备件的故障率、客户的实际需求(核心

[①] 本章提及的《信息系统项目管理师教程》(第 3 版)是全国计算机技术与软件专业技术资格(水平)考试指定用书,由清华大学出版社出版。

系统和非核心系统备件需求不同）等因素，只考虑了备件价格，导致部分核心系统备件没有进行储备；

（2）供应商选择方面过于草率，没有对多家供应商供货能力、信誉、业绩等进行调查和综合评比；

（3）定价和签订合同时，只考虑了备件的价格，没有考虑服务、质量相关要求；

（4）发现没有备件才紧急采购，没有根据备件实际消耗情况，提前进行补充采购；

（5）对订单内容没有进行跟踪，跟进催促进展，导致甲方投诉；

（6）没有对备件进行出入库合格检测，发生质量问题后无法明确责任；

（7）库房的存放环境有问题，温度、湿度经常超标；

（8）备件的日常出入库管理存在问题，库存信息不准确。

（每条2分，满分12分）

【问题3】（3分）

（1）对采购设备进行检验，验收合格的填写《进货检验记录》；

（2）库房核对采购设备对应项目准确无误；

（3）供应商提供的运货单或到货证明。

（每项1分，共3分）

【问题4】（7分）

（1）产品价格（2）质量（3）服务（4）调换

（5）降级改作他用（6）配置（7）性能

（每空1分，共7分）

试题二（23分）

阅读下列说明，回答问题1至问题4，将解答填入答题纸的对应栏内。

【说明】

某公司承接了一个软件外包项目，项目内容包括A、B两个模块的开发测试。项目经理创建了项目的WBS（见下表），估算了资源、工期。项目人力资源成本是1000元/（人·天）。

活动	人数安排	预计完成工作量/（人·天）
模块A开发	8	48
模块A单元测试	1	4
模块A修复	8	8
模块A回归测试	1	3
模块B开发	8	80
模块B单元测试	1	3
模块B修复	10	10
模块B回归测试	1	2
A、B接口测试	1	2
A、B联调	2	4

【问题1】（7分）

根据目前WBS安排，请计算项目的最短工期，并绘制对应的时标网络图。

【问题2】(10分)

项目开展11天后,阶段评审发现:模块A的修复工作完成了一半,回归测试工作还没有开始;模块B开发工作已经结束,准备进入单元测试。此时,项目已经花费了18万的人力资源成本。

(1)请计算项目当前的PV、EV、AC,并评价项目目前的进度和成本绩效。
(2)按照当前绩效继续进行,请预测项目的ETC(写出计算过程,计算结果精确到个位)。

【问题3】(6分)

基于问题2,针对项目目前的绩效,项目经理应采取哪些措施保证项目按时完工?

试题二分析

本题重点考核项目进度管理过程的掌握承兑。

【问题1】

综合计算题,要求考生重点掌握项目网络图的绘制、箭线图法、提前量和滞后量、关键路径法的运用。

【问题2】

综合计算题,考生需重点掌握项目成本管理中挣值管理(EVM)、计划价值(PV)、挣值(EV)、实际成本(AC)、进度偏差(SV)、成本偏差(CV)、进度绩效指数(SPI)、成本绩效指数(CPI)、完工估算(EAC)、完工预算(BAC)、完工尚需估算(ETC)之间的公式关系和运用(参考《系统集成项目管理工程师教程》(第2版)①9.5.2小节和《信息系统项目管理师教程》(第3版)7.3.2小节)。

【问题3】

针对案例问答题,考核考生项目管理全面多视角综合分析问题的能力(参考《信息系统项目管理师教程》(第3版)6.2.7小节)。

试题二参考答案

【问题1】(7分)

项目最短工期为20天(3分)

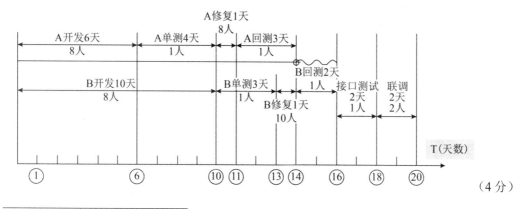

(4分)

---

① 本章提及的《系统集成项目管理工程师教程》(第2版)为全国计算机技术与软件专业技术资格(水平)考试指定用书,由清华大学出版社出版。

【问题2】（10分）

（1）11 天

PV=（48+4+8+80+1）×1000=60 000+81 000=141 000 元（1分）

EV=（48+4+4+80）×1000=136 000 元（1分）

AC=180 000 元（1分）

CV=EV–AC=136 000–180 000=–44 000<0 （1分）

SV=EV–PV=136 000–141 000=–5000<0 （1分）

成本超支（1分），进度落后（1分）

（2）

ETC= (BAC–EV)/CPI

=[(48+4+8+3+80+3+10+2+2+4)×1000–136 000]/(136 000/180 000)

=28 000×180/136≈37 059 元

（写出计算公式给2分，计算结果正确再给1分，共3分）

【问题3】（6分）

（1）赶工；

（2）快速跟进；

（3）使用高素质的资源或经验更丰富的人员；

（4）减少活动范围或降低活动要求；

（5）改进方法或技术，以提高生产效率；

（6）加强质量管理，及时发现问题，减少返工，从而缩短工期。

（每个1分，共6分）

试题三（25分）

阅读下列说明，回答问题1至问题4，将解答填入答题纸的对应栏内。

【说明】

2018 年 7 月某信息系统公司中标当地司法部门语音转写项目，任命小陈为项目经理。小陈组建了项目组，制定了项目范围说明书，并获得了客户确认。为了激励成员，小陈向公司申请了项目奖金。项目进行过程中，小陈发现人员紧张，请来在读研究生小张协助软件研发工作，并对其进行了培训。项目组成员如下：

序号	姓名	职责	备注
1	小陈	项目经理	技术能力强，具有多年研发经验
2	小胡	软件架构设计	多年软件研发工作经验，责任心强，工作积极热情，希望承担更多
3	小万	软件工程师	多年软件研发工作经验，单身，需要更多的认同感
4	小张	软件工程师	在读研究生，勤工俭学
5	小李	算法工程师	业内专家，收入高，喜欢享受生活
6	小王	界面美工设计	刚毕业大学生，希望多从项目中学习到一些东西，并在公司立足

软件开发完成后，小陈找到公司办公室职员小侯帮助进行软件测试。小侯普通话不标准，测试发现语音识别率不高。小李认为原因是程序架构不合理，小胡则认为是算法存在问题，

双方争论不休。小陈认为这是正常的工作状态,未做干预。项目组成员间气氛日趋紧张,士气低落。

【问题1】(6分)

请结合项目范围管理和人力资源管理知识,总结项目经理在该项目中做得恰当与不恰当的地方。

【问题2】(10分)

如果你是项目经理,请分析表中的其他项目成员处于马斯洛需求层次理论的哪一层,并给出相应的激励措施。

【问题3】(5分)

请简述团队成员发生冲突后,有哪些冲突解决办法?

【问题4】(4分)

在人力资源管理工具中,属于X理论的有(将选项编号填入答题纸对应栏内)。

    A. 人们天生反对改革

    B. 在适当的条件下,人们愿意主动承担责任

    C. 工作动机就是为了获得经济报酬

    D. 人生来就以自我为中心

    E. 人们能够自我确定目标、自我指挥、自我控制

    F. 注重满足员工的生理需求和安全需求

    G. 大多数人具有一定的想象力和创造力

试题三分析

本题重点考核考生对项目范围管理和项目人力资源管理的掌握程度。

【问题1】

针对案例问答题,考生需掌握项目范围管理与项目人力资源管理的相关知识,请结合项目范围管理和人力资源管理知识。

【问题2】

概念问答题,考核考生对激励的掌握程度(参考《信息系统项目管理师教程》(第3版)9.3.7小节)。

【问题3】

概念问答题,考核考生对应对冲突方法的掌握程度(参考《信息系统项目管理师教程》(第3版)9.3.7小节)。

【问题4】

细节选择题,考核人力资源管理工具的掌握程度。(参考《信息系统项目管理师教程》(第3版)9.3.10小节)。

试题三参考答案

【问题1】(6分)

恰当的地方:

(1)对新人进行培训;

(2) 项目范围说明书经过了确认;
(3) 项目经理有激励的意识。

不恰当的地方:
(1) 项目范围不清晰（例如没有明确该软件需要支持的语言种类）;
(2) 冲突管理方法不当;
(3) 激励方式比较单一，没有达到激励效果。
（每条 1 分，满分 6 分）

【问题 2】（10 分）

姓名	层次	激励措施
小胡	4 层（受尊重）	荣誉性奖励、作为导师培训别人等
小万	3 层（社会交往）	社交、团建等
小张	1 层（生理）	工资、奖金、员工宿舍、班车等
小李	5 层（自我实现）	参与决策、参与公司管理等
小王	2 层（安全）	长期劳动合同、养老保险和医疗保障等

（每个空格 1 分，共 10 分）

【问题 3】（5 分）

（1）撤退/回避
（2）缓和/包容
（3）妥协/调解
（4）强迫/命令
（5）合作/解决问题
（每项 1 分，共 5 分）

【问题 4】（4 分）

A、C、D、F
（每个 1 分，共 4 分）

第 21 章 2019 上半年信息系统项目管理师下午试题 II 写作要点

> 从下列的 2 道试题（试题一至试题二）中任选 1 道解答。请在答题纸上的指定位置处将所选择试题的题号框涂黑。若多涂或者未涂题号框，则对题号最小的一道试题进行评分。

试题一 论信息系统项目的风险管理与安全管理

项目风险是一种不确定的事件和条件，一旦发生，对项目目标产生某种正面或负面的影响。信息系统安全策略是指针对信息系统的安全风险进行有效识别和评估后，所采取的各种措施和手段，以及建立的各种管理制度和规章等。

请以"**论信息系统项目的风险管理与安全管理**"为题，分别从以下三个方面进行论述：

1. 概要叙述你参与管理过的信息系统项目（项目的背景、项目规模、发起单位、目的、项目内容、组织结构、项目周期、交付的成果等），并说明你在其中承担的工作。

2. 结合项目管理实际情况并围绕以下要点论述你对信息系统项目风险管理和安全管理的认识。
（1）项目风险管理和安全管理的联系与区别。
（2）项目风险管理的主要过程和方法。
（3）请解释适度安全、木桶效应这两个常见的安全管理中的概念，并说明安全与应用之间的关系。

3. 请结合论文中所提到的信息系统项目，介绍在该项目中是如何进行风险管理和安全管理的（可叙述具体做法），并总结你的心得体会。

试题一写作要点

第一部分评分要点：
论文结构合理，摘要正确，正文完整，语言流畅，字迹清楚。
所述项目真实可信，介绍得当。

第二部分评分要点：
论述的要点要覆盖题目要求的三个方面，但又不局限于该三个方面。

1. 项目风险管理和安全管理的联系与区别。

联系：安全是风险的一种，针对一个项目而言，安全管理可以使用风险管理的方式方法。

区别：风险有正面和反面两种，即风险有针对项目正面影响的机会，也有对项目负面影响的威胁。安全一般只有一种，即在安全方面面临的威胁。安全注重在信息系统的安全角度进行管理，安全不只是一个项目的事情，它涉及一个单位和项目的方方面面，安全策略涉及技术和非技术的、硬件和非硬件的、法律和非法律的各个发面。需要从一个单位的整体角度去考虑。

2. 项目风险管理的主要过程和方法。

（1）风险管理规划——决定如何进行规划和实施项目风险管理活动。常用的方法有：分析技术、专家判断、会议。

（2）风险识别——判断哪些风险会影响项目，并以书面形式记录其特点。常用的方法有：文档审查、信息收集技术（头脑风暴、德尔菲技术、访谈、根本原因分析）、核对表分析、假设分析、图表技术（因果图、系统或过程流程图、影响图）、SWOT 分析、专家判断等。

（3）定性风险分析——对风险概率和影响进行评估和汇总，进而对风险进行排序，以便随后进一步分析或行动。常用的方法有：风险概率与影响评估、概率和影响矩阵、风险数据质量评估、风险分类、风险紧迫度评估、专家判断等。

（4）定量风险分析——就识别的风险对项目总体目标的影响进行定量分析。常用的方法有：数据收集和表示技术、定量风险分析和模型技术（敏感性分析、期望货币值分析、决策树分析、模型和模拟）、专家判断等。

（5）风险应对规划——针对项目目标制订提高机会、降低威胁的方案的行动。常用的方法有：消极风险或威胁的应对策略、积极风险或机会的应对策略、应急应对策略、专家判断等。

（6）风险监控——在整个项目生命周期中，跟踪已识别的风险、监测残余风险、识别新风险和实施风险应对计划，并对其有效性进行评估。常用的方法有：风险再评估、偏差和趋势分析、技术绩效测量、储备分析、会议等。

3. 请解释适度安全、木桶效应这两个常见的安全管理中的概念，并说明安全与应用之间的关系。

（1）适度安全：安全代价低，安全风险就会大；反之安全风险要降到很低，安全的代价就很大。代价不光指资金投入，还包括性能下降、效率低下等。一个好的信息安全保障系统要保证控制两者的"平衡点"，既能保证控制安全风险的有效性，又使安全的代价可以接受。这个平衡点对于不同行业、不同单位、不同时间点都不一样，需要实现"动态"控制。

（2）木桶效应：安全水平由构成木桶的最短的那块木板决定。保护信息系统的安全要素，各方面均不可忽视，尤其是人的安全，安全管理漏洞可比作木桶桶底的漏洞。如果安全管理有漏洞，其他安全措施即使投入再大也无济于事。

（3）安全和应用的关系：矛盾统一，没有应用就不会有相应的安全需求；发生安全问题，就不能更好地开展应用。同时安全是有代价的，增加安全，系统建设运行的费用就会增加，同时还会有一定的访问限制，给应用带来不便。应用需要安全，安全为了应用，过分强调哪一个，都有偏颇。

第三部分评分要点：

根据考生描述的信息系统项目、对其所承担的信息系统项目如何进行项目风险管理，以及考生对安全管理的认识的阐述以及总结的心得体会，确定其叙述的项目风险管理和安全管理及其评论是否合适，是否具有信息系统项目风险管理和安全管理的经验。陈述问题得当、真实，分析方式正确，评论合适。

试题二 论信息系统项目的人力资源管理和成本管理

项目中的所有活动都是由人来完成的，因此在项目管理中，"人"的因素至关重要。如何充分发挥人的作用，使团队成员达到更好的绩效，对于项目管理者来说不容忽视。项目的人力资源管理就是有效地发挥每一个参与项目人员作用的过程。

请以"信息系统项目的人力资源管理和成本管理"为题，分别从以下三个方面进行论述：

1. 概要叙述你参与管理过的信息系统项目（项目的背景、项目规模、发起单位、目的、项目内容、组织结构、项目周期、交付的成果等），以及该项目在人力资源方面的情况。

2. 结合项目管理实际情况并围绕以下要点论述你对信息系统项目人力资源管理和成本管理的认识：

（1）项目人力资源管理的基本过程和常用方法。

（2）项目人力资源管理中涉及的成本管理问题和成本管理中涉及的人力资源管理问题。

（3）信息系统发生成本超支后，如何通过人力资源管理来进行改善。

3. 结合项目实际情况说明在该项目中你是如何进行人力资源管理和成本管理的（可叙述具体做法），并总结你的心得体会。

试题二写作要点

第一部分评分要点：

论文结构合理，摘要正确，正文完整，语言流畅，字迹清楚。

所述项目真实可信，介绍得当。

第二部分评分要点：

分别论述：

1. 项目人力资源管理的基本过程和常用方法。

（1）规划人力资源管理——识别和记录项目角色、职责、所需机能、报告关系，并编制人力资源管理计划。常用的方法有：组织和职位描述、人际交往、组织理论、专家判断、会议等。

（2）组建项目团队——确定人力资源的可用情况，并未开展项目活动组建团队。常用的方法有：预分派、谈判、招募、虚拟团队、多标准决策分析等。

（3）建设项目团队——提高工作能力，促进团队成员互动，改善团队整体氛围，以提高项目绩效。常用的方法有：培训、团队建设活动、基本规则、集中办公、认可和奖励、人事评测系统等。

（4）管理项目团队——跟踪团队成员工作表现，提供反馈，解决问题并管理团队变更，以优化项目绩效。常用的方法有：观察和交谈、项目绩效评估、冲突管理、人际关系技能等。

2. 项目人力资源管理中涉及的成本管理问题。

人力资源管理中每个过程都需要投入成本。团队建设活动和团队管理活动中需要花费额外的成本，提高项目绩效。只强调省钱，可能会导致士气低下，带来绩效低、成果低等问题。

成本管理中估算活动的持续时间，需要考虑人员的级别和技能。一般高级别的人员成本高，工作效率高。成本管理角度，需要将合适的人员安排到合适的岗位。

3. 信息系统发生成本超支后，如何通过人力资源管理进行改善。

超支后，可以综合评估项目绩效（成本、进度、范围、质量），在评估的基础上，按照项目实际情况采取相应措施：用效率高的人员，对已经完成的工作撤出部分人员，对质量较差的部分加强绩效考核与质量把控，减少返工等。

第三部分评分要点：

根据考生描述的信息系统项目、对其所承担的信息系统项目如何进行项目人力资源管理和成本管理的阐述以及总结的心得体会，确定其叙述的项目人力资源管理和成本管理及其评论是否合适，是否具有信息系统项目人力资源管理和成本管理的经验。陈述问题得当、真实，分析方式正确，评论合适。

第 22 章　2019 下半年信息系统项目管理师上午试题分析与解答

试题（1）

对象和类是面向对象中两个重要的概念，关于对象和类，不正确的是 (1)。

(1) A. 对象是类的实例　　　　　　　　　B. 类是对象的抽象
　　　C. 一个类只能产生一个对象　　　　　D. 类中包含方法和属性

试题（1）分析

参考《信息系统项目管理师教程》（第 3 版）[①]1.2.2 小节。

一个类可以产生多个对象，因此 C 是不正确的。

参考答案

(1) C

试题（2）

中间件是一种独立的系统软件或服务程序，(2) 不属于中间件。

(2) A. Tomcat　　　　B. WebSphere　　　　C. ODBC　　　　D. Python

试题（2）分析

参考《信息系统项目管理师教程》（第 3 版）1.3.9 小节。

Python 是一种计算机程序设计语言，是一种面向对象的动态类型语言，Tomcat、WebSphere、ODBC 都是中间件。

参考答案

(2) D

试题（3）

关于大数据的描述，不正确的是 (3)。

(3) A. 大数据分析相比于传统的数据仓库应用，具有查询及分析简单的特点
　　　B. 大数据的意义不在于掌握庞大的数据信息，而在于对这些数据进行专业化处理
　　　C. 大数据主要依托云计算的分布式处理、分布式数据库和云存储、虚拟化技术
　　　D. 大数据具有类型繁多、结构多样、处理速度快、时效性强的特点

试题（3）分析

参考《信息系统项目管理师教程》（第 3 版）1.5.3 小节。

大数据分析相比于传统的数据仓库应用，具有查询分析复杂的特点，因此 A 是不正确的。

[①] 本章提及的《信息系统项目管理师教程》（第 3 版）为全国计算机技术与软件专业技术资格（水平）考试指定用书，由清华大学出版社出版。

参考答案

(3) A

试题（4）

2013 年，习近平主席在 (4) 发表《弘扬人民友谊共创美好未来》的重要演讲，首次提出"一带一路"构想。

(4) A. 土耳其　　　　　　　　B. 哈萨克斯坦
　　C. 印度尼西亚　　　　　　D. 德国

试题（4）分析

2013 年 9 月 7 日，习近平主席在哈萨克斯坦纳扎尔巴耶夫大学演讲，提出共同建设"丝绸之路经济带"。

参考答案

(4) B

试题（5）

智能音箱是 (5) 的典型应用。

(5) A. 人工智能　　B. 数据库　　C. 两化融合　　D. 区块链

试题（5）分析

人工智能是通过计算机程序呈现人类智能的技术，构建能够类似甚至超越人类推理、知识、规划、学习、交流、感知、移物、使用工具和操控机械的能力等。智能音箱是具有集成虚拟助手和语音命令的设备，属于人工智能的范畴。

参考答案

(5) A

试题（6）

2019 年 8 月，华为正式发布自有操作系统——(6)，可用于支付、人脸识别、指纹等高安全级别场景。

(6) A. 鲲鹏　　　　B. 麒麟　　　　C. 昇腾　　　　D. 鸿蒙

试题（6）分析

出自华为官网。2019 年 8 月 9 日，在华为 2019 开发者大会上，华为公司宣布华为正式发布自有操作系统——鸿蒙。

参考答案

(6) D

试题（7）

在软件需求分析中，(7) 分别用来表示功能模型和行为模型。

(7) A. 数据流图、状态转换图　　　　B. 状态转换图、E-R 图
　　C. 状态转换图、数据流图　　　　D. E-R 图、状态转换图

试题（7）分析

参考《信息系统项目管理师教程》（第 3 版）1.4.1 小节。

需求分析有三个层次的模型，分别为数据模型、功能模型和行为模型。在实际工作中，

一般用实体关系图（E-R 图）表示数据模型，用数据流图（DFD）表示功能模型，用状态转换图（STD）表示行为模型。

参考答案

（7）A

试题（8）

在 CMMI 阶段表示法中，过程域 (8) 属于已定义级。

(8) A．组织级过程焦点　　　　　　B．组织级过程性能
　　C．组织级改革与实施　　　　　D．因果分析和解决方案

试题（8）分析

参考《信息系统项目管理师教程》（第 3 版）1.4.4 小节中的表 1-2。

组织级过程焦点在已定义级，组织级过程性能属于量化管理级，组织级改革与实施、因果分析和解决方案属于优化管理级。

参考答案

（8）A

试题（9）

(9) 不需要了解代码的逻辑结构。

(9) A．控制流测试　　B．黑盒测试　　C．数据流测试　　D．白盒测试

试题（9）分析

参考《信息系统项目管理师教程》（第 3 版）1.4.5 小节。

白盒测试测试人员要完全清楚程序的结构和处理算法，白盒测试方法主要有控制流测试、数据流测试。黑盒测试完全不考虑程序的内部结构和处理算法。

参考答案

（9）B

试题（10）

某公司有两套监控系统，分别监控仓库和办公区。为了使用方便，总经理让小王设计一个整合软件，能同时自动打开两套监控系统，将监控画面全部显示在屏幕中。这种集成方式称为 (10) 。

(10) A．表示集成　　B．数据集成　　C．控制集成　　D．过程集成

试题（10）分析

参考《信息系统项目管理师教程》（第 3 版）1.4.6 小节。

表示集成也称为界面集成，将用户界面作为公共的集成点。控制集成的集成点存于程序代码中。

参考答案

（10）A

试题（11）

在某科研企业信息办工作的小王将储存在内网上的涉密数据，偷偷拷贝到个人笔记本电脑上，这属于 (11) 事件。

(11) A. 设备安全　　　B. 数据安全　　　C. 内容安全　　　D. 行为安全

试题（11）分析

参考《信息系统项目管理师教程》（第 3 版）1.6.1 小节。

数据安全本质上是一种静态的安全，而行为安全是一种动态安全。行为安全强调的是过程安全。

参考答案

（11）D

试题（12）

_(12)_ 可以对预先定义好的策略中涉及的网络访问行为实施有效管理，而对策略之外的网络访问行为则无法控制。

(12) A. 入侵防护系统（IPS）　　　　　　B. 防火墙（FW）
　　　C. 虚拟专用网络（VPN）　　　　　D. 分布式拒绝服务（DDoS）

试题（12）分析

参考《信息系统项目管理师教程》（第 3 版）1.6.3 小节。

防火墙是可以根据预先定义好的策略，对策略中涉及的网络访问行为可以实施有效管理，而对策略之外的网络访问行为无法控制的安全技术。

参考答案

（12）B

试题（13）

理论上，IPv6 的地址数量是 _(13)_ 。

(13) A. 2 的 32 次方　　　　　　B. 2 的 64 次方
　　　C. 2 的 96 次方　　　　　　D. 2 的 128 次方

试题（13）分析

IPv4 地址长 32 位，地址个数 2 的 32 次方，IPv6 地址长 128 位，地址个数 2 的 128 次方。

参考答案

（13）D

试题（14）

_(14)_ 不属于"互联网+"的特征。

(14) A. 创新驱动　　　B. 资源驱动　　　C. 跨界融合　　　D. 重塑结构

试题（14）分析

"互联网+"的特征包括创新驱动、跨界融合和重塑结构。

参考答案

（14）B

试题（15）

2019 年 6 月，工信部正式颁发 5G 牌照给 4 家公司，其中不包括 _(15)_ 。

(15) A. 中国电信　　　B. 中国联通　　　C. 中国广电　　　D. 中国铁塔

试题（15）分析

2019 年 6 月工信部正式颁发 4 张 5G 牌照，由中国电信、中国移动、中国联通、中国广电获得，由此中国正式进入 5G 时代。

参考答案

（15）D

试题（16）

通常来说，__(16)__ 占用带宽最大。

（16）A．数字广播系统　　　　　　B．指纹考勤系统
　　　 C．财务报表系统　　　　　　D．视频监控系统

试题（16）分析

视频信息的数据量要大于音频信息的数据量。

参考答案

（16）D

试题（17）

企业在实施信息化规划过程中，应首先 __(17)__。

（17）A．制定企业信息化战略
　　　 B．拟定规划方案
　　　 C．分析企业信息化现状
　　　 D．总体架构设计

试题（17）分析

参考《信息系统项目管理师教程》（第 3 版）1.9.2 小节。

企业实施信息系统规划主要包括以下步骤：(1) 分析企业信息化现状；(2) 制定企业信息化战略；(3) 信息系统规划方案拟定和总体架构设计。

参考答案

（17）C

试题（18）

__(18)__ 不属于信息系统规划工具。

（18）A．CU 矩阵　　B．P/O 矩阵　　C．RD 矩阵　　D．RACI 矩阵

试题（18）分析

参考《信息系统项目管理师教程》（第 3 版）1.9.3 小节。

RACI 矩阵是职责关系矩阵，用于人力资源规划。

参考答案

（18）D

试题（19）

根据著作权法和实施条例的规定，著作权人对作品享有的权利不包括 __(19)__。

（19）A．发表权　　B．署名权　　C．继承权　　D．修改权

试题（19）分析

参考《信息系统项目管理师教程》(第3版) 15.3节。

根据著作权法和实施条例的规定，著作权人对作品享有的权利包括发表权、署名权、修改权、保护作品完整权等权利。

参考答案

（19）C

试题（20）

根据软件生存周期标准规定，验证确认过程属于 (20)。

(20) A．主要过程　　B．支持过程　　C．组织过程　　D．改进过程

试题（20）分析

参考《信息系统项目管理师教程》(第3版) 26.5.3 小节。

《软件生存周期过程》标准中规定了软件生存周期的过程、活动和任务。其中对过程分为主要过程、支持过程、组织过程等大类，验证确认过程属于软件生存周期的支持过程。

参考答案

（20）B

试题（21）

项目可行性研究中，开发总成本一般不包括：(21)。

(21) A．行政管理费　　　　　　B．销售与分摊费用
　　　C．财务费用和折旧　　　　D．运行维护费用

试题（21）分析

参考《信息系统项目管理师教程》(第3版) 3.2.4 小节。

开发成本一般划分四类，包括研发成本、行政管理费、销售与分摊费用、财务费用和折旧。因此运行维护费用不在开发总成本中。

参考答案

（21）D

试题（22）

关于项目论证的描述，不正确的是：(22)。

(22) A．"先论证，后决策"是现代项目管理的基本原则
　　　B．项目论证是一个非连续的过程
　　　C．项目论证报告的结构和内容有特定的要求
　　　D．项目论证的结果是确定项目是否实施的依据

试题（22）分析

参考《信息系统项目管理师教程》(第3版) 3.3.1 小节。

项目论证是一个连续的过程，因此B不正确。

参考答案

（22）B

试题（23）

关于项目和企业战略，不正确的是： (23) 。

(23) A. 项目管理通常需要将企业战略作为考虑因素

B. 项目型企业通过一系列项目的成功实施来实现企业战略目标

C. 战略管理包含战略制定、战略实施和战略评价三个过程

D. 企业战略是针对企业当前经营状况所制定的策略

试题（23）分析

参考《信息系统项目管理师教程》（第3版）2.1.4 小节。

企业战略是对企业整体性、长期性、基本性问题的谋划，因此 D 不正确。

参考答案

(23) D

试题（24）

某公司的组织结构如下图所示，该公司采取的是 (24) 组织结构。

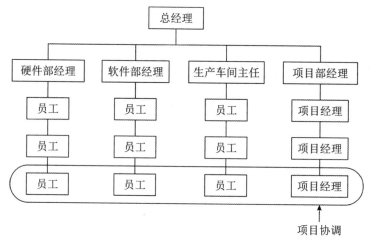

(24) A. 强矩阵型　　B. 职能型　　C. 弱矩阵型　　D. 项目型

试题（24）分析

参考《信息系统项目管理师教程》（第3版）2.5.3 小节中的图 2-8 可知，该公司的组织结构属于强矩阵组织。

参考答案

(24) A

试题（25）

项目管理的五大过程组中的 (25) 过程组，与戴明环中的检查和行动环节对应。

(25) A. 启动　　B. 执行　　C. 规划　　D. 监控

试题（25）分析

参考《信息系统项目管理师教程》（第3版）2.8.1 小节。

监控过程组与"计划—执行—检查—行动"循环中的"检查"和"行动"对应。

参考答案

（25）D

试题（26）

_（26）_ 不属于组织过程资产。

（26）A．行业风险数据库　　　　　　B．变更控制程序
　　　 C．公司过去同类项目的相关资料　D．配置管理知识库

试题（26）分析

参考《信息系统项目管理师教程》（第3版）6.2节。

商业数据库属于事业环境因素。

参考答案

（26）A

试题（27）

项目经理向公司管理层汇报项目进展情况时最适合采用_（27）_。

（27）A．工作绩效数据　　B．工作绩效信息
　　　 C．工作绩效报告　　D．项目管理计划

试题（27）分析

参考《信息系统项目管理师教程》（第3版）4.5.3小节。

项目监控的输出是工作绩效报告。输入是工作绩效信息，工作绩效信息由工作绩效数据转化而来。

参考答案

（27）C

试题（28）

某公司接了一个小型软件研发的项目，测试过程中，程序员发现某处算法需要进行更改，则_（28）_。

（28）A．项目经理可对变更进行决定
　　　 B．研发人员可直接进行更改
　　　 C．项目不大，变更只需口头提出即可
　　　 D．变更处理要力求简化，操作无须规范

试题（28）分析

参考《信息系统项目管理师教程》（第3版）16.4节。

项目规模小，与其他项目的关联度小时，变更的提出和处理可在操作上力求简便、高效，但还是要注意：对变更的确认应当正式化、变更操作过程应当规范化、对变更产生的因素施加影响。

参考答案

（28）A

试题（29）

在项目范围管理的过程中，确认范围的输入不包括 (29)。

(29) A．项目管理计划　　　　　　B．工作绩效数据
　　　C．验收的可交付成果　　　　D．需求跟踪矩阵

试题（29）分析

参考《信息系统项目管理师教程》（第3版）5.2.1 小节。

确认范围过程的输入包括项目管理计划、需求文件、需求跟踪矩阵、确认的可交付成果、工作绩效数据。验收的可交付成果是其输出。

参考答案

(29) C

试题（30）

(30) 执行的步骤为：分成多个小组，每个小组开展讨论，小组讨论结束后，主持人依次询问每位参与者，请每人提出一个创意，这种询问可以进行很多轮，直至得到足够数量的创意，再全体参与者对所有创意进行评审和排序。

(30) A．焦点小组　　B．名义小组　　C．引导式研讨会　　D．头脑风暴

试题（30）分析

参考《信息系统项目管理师教程》（第3版）5.3.2 小节。

名义小组首先将参与者分成多个名义小组，每个小组开展讨论，小组讨论结束后，主持人依次询问每位参与者，请每人提出一个创意，这种询问可以进行很多轮，直至得到足够数量的创意，再全体参与者对所有创意进行评审和排序。

参考答案

(30) B

试题（31）

关于确认范围和质量控制的描述，不正确的是 (31)。

(31) A．确认范围强调可交付成果的接受程度
　　　B．质量控制强调可交付成果的正确性
　　　C．确认范围和质量控制均由组织内部质量部门实施
　　　D．确认范围和质量控制都可以通过检查的方法来进行

试题（31）分析

参考《信息系统项目管理师教程》（第3版）5.6.3 小节。

质量控制属内部检查，由执行组织的相应质量部门实施；确认范围则是由外部干系人（客户或发起人）对项目可交付成果进行检查验收。

参考答案

(31) C

试题（32）

关于进度管理的描述，不正确的是：(32)。

(32) A．项目开展过程中，关键路径可能会发生变化

B. 关键路径上的活动的总浮动时间和自由浮动时间都为 0
C. 资源平滑技术通常会导致项目关键路径变长
D. 关键链法在关键路径法基础上，考虑了资源因素

试题（32）分析

参考《信息系统项目管理师教程》（第 3 版）第 6 章。

资源平滑技术对非关键路径上的活动调整，不会改变关键路径，因此 C 是不正确的。

参考答案

（32）C

试题（33）、（34）

某项目包含 A、B、C、D、E、F、G 七个活动。各活动的历时估算和活动间的逻辑关系如下表所示：

活动名称	活动历时/天	紧前活动
A	2	—
B	4	A
C	5	A
D	3	A
E	3	B
F	4	B、C、D
G	3	E、F

依据上表内容，活动 D 的总浮动时间是 (33) 天，该项目工期为 (34) 天。

(33) A. 0　　　　B. 1　　　　C. 2　　　　D. 3

(34) A. 12　　　B. 13　　　C. 14　　　D. 15

试题（33）、（34）分析

参考《信息系统项目管理师教程》（第 3 版）6.3.3 小节中的图 6-14。

绘制该项目的网络图如下，可见活动 D 的总浮动时间为 2 天，总工期为 14 天。

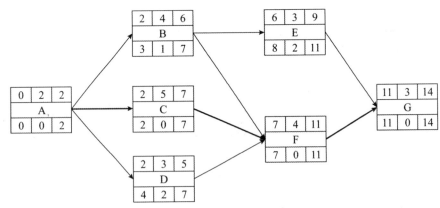

参考答案

（33）C　（34）C

试题（35）

关于成本估算的描述，正确的是 (35)。

(35) A．成本估算是在某特定时点，根据已知信息所做出的成本预测
  B．成本估算的准确性随着项目的进展而逐步下降
  C．融资成本不应纳入成本估算
  D．项目进度发生变化但范围没有变化时，对成本估算不产生影响

试题（35）分析

参考《信息系统项目管理师教程》（第 3 版）7.2.2 小节。

成本估算的准确性随着项目的进展而逐步提高。成本估算应该考虑项目收费的全部资源，包括通货膨胀补贴、融资成本等。项目估算的输入包括：范围基准、项目进度管理计划等。

参考答案

(35) A

试题（36）

关于成本管理的描述，不正确的是：(36)。

(36) A．成本基准中不包括管理储备
  B．成本基准中包括预计的支出，但不包括预计的债务
  C．管理储备用来应对会影响项目的"未知-未知"风险
  D．成本基准是经过批准且按时间段分配的项目预算

试题（36）分析

参考《信息系统项目管理师教程》（第 3 版）7.2.4 小节。

成本基准中既包括预计的支出，也包括预计的债务。

参考答案

(36) B

试题（37）

下表给出了某项目到 2019 年 6 月 30 日为止的成本执行（绩效）数据。如果当前的成本偏差是典型的，则完工估算（EAC）为：(37) 元。

活动编号	活动	完成百分比/%	计划值 （PV）/元	实际成本 （AC）/元
1	A	100	2200.00	2500.00
2	B	100	2500.00	2900.00
3	C	100	2500.00	2800.00
4	D	80	1500.00	1500.00
5	E	70	3000.00	2500.00
6	F	60	2500.00	2200.00
		合计	14 200.00	14 400.00

项目总预算（BAC）：40 000.00

报告日期：2019 年 6 月 30 日

(37) A．48 000　　B．44 000　　C．42 400　　D．41 200

试题（37）分析

参考《信息系统项目管理师教程》（第 3 版）7.3.2 小节，计算该项目的 PV、AC、EV 如下：

活动编号	活动	完成百分比 /%	计划值（PV）/元	实际成本（AC）/元	挣值（EV）/元
1	A	100	2200.00	2500.00	2200.00
2	B	100	2500.00	2900.00	2500.00
3	C	100	2500.00	2800.00	2500.00
4	D	80	1500.00	1500.00	1200.00
5	E	70	3000.00	2500.00	2100.00
6	F	60	2500.00	2200.00	1500.00
合计			14 200.00	14 400.00	12 000.00

项目总预算（BAC）：40 000.00
报告日期：2019 年 6 月 30 日

CPI=EV/AC=12 000/14 400=5/6。

当前成本偏差是典型偏差时，EAC=AC+(BAC–EV)/CPI=14 400+(40 000–12 000)×6/5=48 000 元。

参考答案

（37）A

试题（38）

  (38) 不是现行 ISO 9000 系列标准提出的质量管理原则。

  (38) A．以产品为中心　　　　　　　　B．领导作用
　　　C．基于事实的决策方法　　　　　D．与供方互利的关系

试题（38）分析

参考《信息系统项目管理师教程》（第 3 版）8.1.3 小节。
ISO 9000 质量管理八项原则：以顾客为中心、领导作用、全员参与、过程方法、管理的系统方法、持续改进、基于事实的决策方法和与供方互利的关系。

参考答案

（38）A

试题（39）

质量管理相关的工具中，__(39)__ 用于理解一个目标与达成此目标的步骤之间的关系。

  (39) A．树形图　　　B．过程决策程序图　　　C．优先矩阵　　　D．亲和图

试题（39）分析

参考《信息系统项目管理师教程》（第 3 版）8.3.2 小节。
过程决策程序图（PDPC）用于理解一个目标与达成此目标的步骤之间的关系。

参考答案

（39）B

试题（40）

  (40) 监督并记录质量活动执行结果，以便评估绩效，并推荐必要的变更。

(40) A. 质量规划　　　　B. 质量保证　　　　C. 质量控制　　　　D. 质量改进

试题（40）分析

参考《信息系统项目管理师教程》（第 3 版）8.2.1 小节。

质量控制是监督并记录质量活动执行结果，以便评估绩效，并推荐必要的变更的过程。

参考答案

(40) C

试题（41）

从信息的发布者角度看，控制力最强的沟通方式是 (41) 。

(41) A. 讨论　　　　　　B. 叙述　　　　　　C. 征询　　　　　　D. 说明

试题（41）分析

参考《信息系统项目管理师教程》（第 3 版）10.3 节。

从信息的发布者角度看，叙述的控制强度最强，讨论的控制强度最弱。

参考答案

(41) B

试题（42）

备忘录、报告、日志、新闻稿等沟通方式属于 (42) 。

(42) A. 推式沟通　　　B. 交互式沟通　　　C. 拉式沟通　　　D. 非正式沟通

试题（42）分析

参考《信息系统项目管理师教程》（第 3 版）10.3 节。

推式沟通是把信息发送给需要接收这些信息的特定接收方，包括信件、备忘录、报告、电子邮件、传真、语音邮件、日志、新闻稿等。

参考答案

(42) A

试题（43）

关于项目干系人的描述，正确的是：(43) 。

(43) A. 项目干系人是从项目中获利的个人、群体或组织
　　　B. 自认为受项目决策、活动或结果影响的个人、群体或组织也是干系人
　　　C. 干系人分析是在项目计划阶段实施的工作，在项目其他阶段不涉及
　　　D. 干系人之间的关系不是干系人分析的工作内容

试题（43）分析

参考《系统集成项目管理工程师教程》（第 2 版）[①]12.5.1 和 12.5.2 小节。

项目干系人既可能从项目中获利，也可能从项目中受损；干系人分析贯穿项目的始终；干系人分析需要了解干系人之间的关系。B 选项描述正确。

---

① 本章提及的《系统集成项目管理工程师教程》（第 2 版）为全国计算机技术与软件专业技术资格（水平）考试指定用书，由清华大学出版社出版。

参考答案

（43）B

试题（44）

在权力/利益方格中，针对"权力小、对项目结果关注度高"的干系人，应该采取的策略是 (44)。

（44）A．重点管理　　　　　　　B．花最少的精力监督
　　　C．令其满意　　　　　　　D．随时告知

试题（44）分析

参考《系统集成项目管理工程师教程》（第2版）12.5.2 小节。

权力/利益方格右下角的干系人的特点是"权力小、对项目结果关注度高"。项目经理要随时告知其项目状况，以维持干系人的满意程度。

参考答案

（44）D

试题（45）

关于风险的描述，正确的是 (45)。

（45）A．不能带来机会、无获利可能的风险叫投机风险
　　　B．根据经验可以预见其发生，但不可预见其后果的风险叫已知风险
　　　C．地震、百年不遇的暴雨等属于不可预测风险
　　　D．风险是零和游戏，有人受损就有人获利

试题（45）分析

参考《信息系统项目管理师教程》（第3版）11.1.3 小节。

不能带来机会、无获得利益可能的风险叫存粹风险；根据经验可以预见其发生，但不可预见其后果的风险叫可预测风险；风险不是零和游戏，许多情况下，涉及风险的各有关方面都要蒙受损失，无一幸免。C选项描述正确。

参考答案

（45）C

试题（46）

关于风险识别的描述，不正确的是 (46)。

（46）A．应鼓励所有项目人员参与风险的识别
　　　B．风险登记册的内容可能包括潜在应对措施清单
　　　C．可以跳过定性风险分析过程直接进入定量风险分析
　　　D．识别风险是一次性工作

试题（46）分析

参考《信息系统项目管理师教程》（第3版）11.3 节。

识别风险是一项反复过程，因此D是不正确的。

参考答案

（46）D

试题（47）

(47) 检查并记录风险应对措施在处理已识别风险及其根源方面的有效性，以及风险管理过程的有效性。

(47) A．风险再评估　　　　　　B．风险审计
　　　C．偏差和趋势分析　　　　D．技术绩效测量

试题（47）分析

参考《信息系统项目管理师教程》（第3版）11.7.2 小节。

风险审计是检查并记录风险应对措施在处理已识别风险及其根源方面的有效性，以及风险管理过程的有效性。

参考答案

(47) B

试题（48）

领导者的工作主要涉及 (48)：

(48) A．确定方向、统一思想、实现目标
　　　B．召集人员、分配任务、激励和鼓舞
　　　C．召集人员、分配任务、实现目标
　　　D．确定方向、统一思想、激励和鼓舞

试题（48）分析

参考《信息系统项目管理师教程》（第3版）9.1.3 小节。

领导者（Leader）的工作主要涉及三方面：①确定方向，为团队设定目标，描绘愿景，制定战略；②统一思想，协调人员，团结尽可能多的力量来实现愿景；③激励和鼓舞，在向目标进军的过程中不可避免地要遇到艰难险阻，领导者要激励和鼓舞大家克服困难奋勇前进。管理者设定目标，率众实现目标。

参考答案

(48) D

试题（49）

(49) 能让项目经理和项目团队洞察成员的优势和劣势。

(49) A．人际关系技能　　　　　B．项目绩效评估
　　　C．人事评测工具　　　　　D．冲突管理

试题（49）分析

参考《信息系统项目管理师教程》（第3版）9.2.3 小节。

人事评测工具能让项目经理和项目团队洞察成员的优势和劣势。有利于增进团队成员的理解、信任、忠诚和沟通，在整个项目期间不断提高团队成效。9.2.4 小节中讲到，项目绩效评估的目的是澄清角色和职责、向团队成员提供建设性反馈、发现未知和未决问题、制订个人培训计划和确立未来目标。

参考答案

(49) C

试题（50）

(50) 不可以用于评价项目管理团队的绩效。

(50) A. 达成既定项目目标　　　　　　B. 进度绩效
　　　C. 成本绩效　　　　　　　　　　D. 团队规模

试题（50）分析

参考《信息系统项目管理师教程》（第 3 版）9.4.5 小节。

团队绩效评价基于：技术达成情况（达成既定项目目标，包括质量水平）、进度绩效（按时完成）和成本绩效（在财务约束条件内完成）。

参考答案

(50) D

试题（51）

运维过程中发现待修改问题，程序员首先需将待修改代码从 (51) 中取出放入 (51)，其次检出代码段放入 (51)，修改完成被检入受控库后，才能被其他程序员检出。

(51) A. 产品库 开发库 受控库　　　　B. 受控库 开发库 产品库
　　　C. 受控库 产品库 开发库　　　　D. 产品库 受控库 开发库

试题（51）分析

参考《信息系统项目管理师教程》（第 3 版）14.2.2 小节。

基于配置库的变更控制，以软件产品升级为例，简述流程步骤。①将升级的基线从产品库中取出，放入受控库；②程序员将待修改的代码段从受控库检出，放入自己的开发库中进行修改，代码被锁定，以保证同一段代码只能同时被一个程序员修改；③程序员将开发库中修改好的代码检入受控库，代码被解锁，其他程序员可以检出代码；④软件产品升级修改的工作全部完成，将受控库中的新基线存入产品库中，形成新版本，旧版本不删除，继续保存在产品库中。

参考答案

(51) D

试题（52）

关于变更管理的描述，不正确的是：(52)。

(52) A. 每次变更通过评审后，都应重新确定基准
　　　B. 必须采用变更管理工具
　　　C. 明确变更工作中评估、评审、执行的职责
　　　D. 评估变更的可能影响

试题（52）分析

参考《信息系统项目管理师教程》（第 3 版）16.2 节。

项目变更管理原则包括：①基线管理；②变更控制流程化；③明确组织分工；④评估变更的可能影响；⑤妥善保存变更产生的相关文档，适时可以引入配置管理工具。

参考答案

(52) B

试题（53）

关于变更管理工作程序，正确的步骤是：(53)。
①变更实施监控与效果评估
②发出变更通知并组织实施
③提出与接受变更申请
④对变更的初审和方案论证
⑤CCB 审查

(53) A. ③①②④⑤　　B. ④③⑤②①　　C. ③④⑤②①　　D. ④⑤③②①

试题（53）分析

参考《信息系统项目管理师教程》（第3版）16.3 节。

变更管理工作程序包括：①提出与接受变更申请；②对变更的初审；③变更方案论证；④项目管理委员会审查；⑤发出变更通知并组织实施；⑥变更实施的监控；⑦变更效果的评估；⑧判断发生变更后的项目是否纳入正常轨道。

参考答案

(53) C

试题（54）

(54) 不属于建立战略合作伙伴关系的目的。

(54) A. 加快资金周转　　　　　　B. 降低管理费用
　　　C. 共享企业资质　　　　　　D. 提高管理水平

试题（54）分析

参考《信息系统项目管理师教程》（第3版）12.2.2 小节。

建立供应商战略合作伙伴关系，可以降低企业采购设备的库存水平，降低管理费用，加快资金周转。可以与供应商共享管理经验，推动企业整体管理水平的提高。

参考答案

(54) C

试题（55）

在 CPIF 合同下，A 公司是卖方，B 公司是买方，合同的实际成本大于目标成本时，A 公司得到的付款总数是 (55)。

(55) A. 目标成本+目标费用–B 公司应担负的成本超支
　　　B. 目标成本+目标费用+A 公司应担负的成本超支
　　　C. 目标成本+目标费用–A 公司应担负的成本超支
　　　D. 目标成本+目标费用+B 公司应担负的成本超支

试题（55）分析

参考《信息系统项目管理师教程》（第3版）13.1.1 小节。

成本加激励费用合同（CPIF）为卖方报销履行合同工作所发生的一切合法成本，并在卖方达到合同规定的绩效目标时，向卖方支付预先确定的激励费用。在 CFIP 合同下，如果实际成本大于目标成本，卖方可以得到的付款总数为"目标成本+目标费用+买方应负担的成本超支"。

参考答案

(55) D

试题（56）

知识的价值在于流动和使用，__(56)__能够实现知识在企业内传播和分享。

(56) A．知识转移工具　　　　　　　B．知识编码工具
　　　C．知识评价工具　　　　　　　D．知识生成工具

试题（56）分析

参考《信息系统项目管理师教程》（第3版）15.2.3小节。

知识管理的工具分成知识生成工具、知识编码工具和知识转移工具三大类。①知识生成工具包括知识获取、知识合成、知识创新三大功能，利用具有初步人工智能功能的搜索引擎和知识挖掘工具进行知识自动获取，将相关语句组合起来，帮助人们将分散的创新观点进行合成；②知识编码工具就在于将知识有效地存储并且以简明的方式呈现给使用者；③知识的转移工具最终就是要使知识能在企业内传播和分享，消除知识流动过程中的障碍。

参考答案

(56) A

试题（57）

关于项目组合管理的描述，不正确的是：__(57)__。

(57) A．项目组合管理绩效必须结合战略目标进行测量
　　　B．项目组合管理使组织在高速发展和快速变化的环境中维持市场竞争力
　　　C．项目组合管理统筹财务、人力、设备等资源
　　　D．项目集是组织战略计划和项目组合之间联系的桥梁

试题（57）分析

参考《信息系统项目管理师教程》（第3版）17.3.2小节。

项目组合是组织战略计划和项目集、单项项目管理和组织运营之间联系的桥梁，因此D是不正确的。

参考答案

(57) D

试题（58）

__(58)__不属于评估业务流程实施效果的关键指标。

(58) A．产品和服务质量　　　　　　B．员工满意度
　　　C．成本和工作效率　　　　　　D．销售增长率

试题（58）分析

参考《信息系统项目管理师教程》（第3版）19.2.4小节。

企业业务流程实施的成果必然体现在经营管理的绩效上，衡量业务流程实施效果的关键指标主要有：产品和服务质量、顾客满意度、销售增长率、成本、员工工作效率等。同时，业务流程实施取得显著效果的一个标志是带来企业文化，特别是员工价值观的变化。

参考答案

（58）B

试题（59）

(59) 负责批准和监督项目集的人员。

(59) A．项目集治理委员会　　　　　B．组件项目经理
　　　C．项目集发起人　　　　　　　D．项目集经理

试题（59）分析

参考《信息系统项目管理师教程》（第3版）20.3.6 小节。

项目集治理委员会成员：共同负责批准和监督项目集的人员，是项目集的相关重要决策的参与者。

参考答案

（59）A

试题（60）

项目组合管理中，"实施项目组合管理过程"的步骤包括：(60) 。

①为项目组合管理过程的实施定义角色和职责

②沟通项目组合管理实施计划

③定义和部署详细的项目组合管理过程

④为参与人员和干系人提供培训

⑤执行项目组合管理监督，以确保其与组织战略目标一致

(60) A．①②③④　　B．①③④⑤　　C．①②④⑤　　D．②③④⑤

试题（60）分析

参考《信息系统项目管理师教程》（第3版）21.4.4 小节。

项目组合管理过程的关键步骤包括：①为项目组合管理过程的实施定义角色和职责；②沟通项目组合管理实施计划；③定义和部署详细的项目组合管理过程，并为参与人员和干系人提供培训。⑤属于项目组合治理过程的内容。

参考答案

（60）A

试题（61）

(61) 不属于评估开发过程质量的指标。

(61) A．缺陷分布　　　　　　　　　B．修复缺陷的时间
　　　C．回归测试中发现的缺陷数　　D．缺陷严重程度

试题（61）分析

参考《信息系统项目管理师教程》（第3版）23.3.3 小节。

评估开发过程的质量，根据缺陷的分布、缺陷修复的时间、回归测试中发现的缺陷数量来判断。缺陷严重程度是用来评估测试过程质量的指标。

参考答案

（61）D

试题（62）

(62) 不可用于量化的项目管理。

(62) A．PERT　　　B．网络图　　　C．专家判断　　　D．挣值分析

试题（62）分析

参考《信息系统项目管理师教程》（第3版）25.5节。

在项目管理过程中的 WBS、网络图、PERT、挣值分析工具、质量管理工具在量化项目管理中都可以采用。

参考答案

(62) C

试题（63）

信息系统安全保护等级的定级要素是 (63) 。

(63) A．等级保护对象和保护客体
　　　B．受侵害的客体和对客体的侵害程度
　　　C．信息安全技术策略和管理策略
　　　D．受侵害客体的规模和恢复能力

试题（63）分析

参考《信息系统项目管理师教程》（第3版）22.1.2 小节。

信息系统安全等级保护的概念：信息系统的安全等级保护由两个定级要素决定，即等级保护对象受到破坏时所侵害的客体和对客体造成侵害的程度。

参考答案

(63) B

试题（64）

(64) 在军事和安全部门中应用最多。

(64) A．自主访问控制方式（DAC）
　　　B．强制访问控制方式（MAC）
　　　C．访问控制列表方式（ACL）
　　　D．基于角色的访问控制方式（PBAC）

试题（64）分析

参考《信息系统项目管理师教程》（第3版）22.4.5 小节。

PMI 支撑体系中关于访问控制授权方案：①DAC 自主访问控制方式，该模型对每个用户指明能够访问的资源，对于不在指定的资源列表中的对象不允许访问；②ACL 访问控制列表方式，该模型是目前应用最多的方式。目标资源拥有访问权限列表，指明允许哪些用户访问。如果某个用户不在访问控制列表中，则不允许该用户访问这个资源；③MAC 强制访问控制方式，该模型在军事和安全部门应用较多，目标具有一个包含等级的安全标签（如不保密、限制、秘密、机密、绝密），访问者拥有包含等级列表的许可，其中定义了可以访问哪个级别的目标，例如允许访问秘密信息，这时秘密级、限制级和不保密级的信息是允许被访问的，但是机密和绝密是不允许访问的；④PBAC 基于角色的访问控制方式，该模型首

先定义一些组织内的角色，如局长、科长、职员，再根据管理规定给这些角色分配相应的权限，最后对组织内的每个人根据具体业务和职位分配一个或多个角色。

参考答案

（64）B

试题（65）

__(65)__ 的目标是防止内部机密或敏感信息非法泄露和单位资产的流失。

（65）A．数字证书　　　B．安全审计　　　C．入侵监测　　　D．访问控制

试题（65）分析

参考《信息系统项目管理师教程》（第3版）22.5.1小节。

安全审计具体包括两方面内容：①采用网络监控与入侵防范系统，识别网络各种违规操作与攻击行为，及时响应并阻断；②对信息内容和业务流程进行审计，可以防止内部机密或敏感信息的非法泄露和单位资产的流失。

参考答案

（65）B

试题（66）、（67）

某电池厂生产甲、乙两种型号产品（单位：万个），这两种产品都需要设备和 A、B 两种原材料，利润与资源限制条件如下表所示，为了获得最大的利润，该电池厂每天生产的甲产品的数量应为 __(66)__ 万个，此时该企业每天的利润为 __(67)__ 万元。

	甲	乙	资源限制条件
设备（台时）	2	3	20
原材料A（千克）	3	1	15
原材料B（千克）	0	2	12
利润（万元）	2	4	

（66）A．1　　　　　B．2　　　　　C．3　　　　　D．4
（67）A．20　　　　B．22　　　　C．24　　　　D．26

试题（66）、（67）分析

参考《信息系统项目管理师教程》（第3版）22.5.1小节。

本题知识点为线性规划问题。

设 X、Y 分别为每天计划生产甲、乙产品的数量，$X \geq 0$，$Y \geq 0$，则上表可以用以下数学模型表示：

目标函数：MAX $Z=2X+4Y$

约束条件：

$2X+3Y \leq 20$

$3X+Y \leq 15$

$2Y \leq 12$

$X,\ Y \geq 0$

求解以上约束条件可知，当 $X=1$ 时，即甲生产 1 套时，乙生产 6 套的利润为 $2X+4Y=26$，

当 $X=2$ 时,即甲生产 2 套时,乙生产 5 套的利润为 $2X+4Y=24$;当 $X=3$ 时,即甲生产 3 套时,乙生产 4 套的利润为 $2X+4Y=22$。所以该电池厂每天生产甲产品 1 套时,利润最高为 26 万元。

参考答案

(66) A (67) D

试题 (68)

下图为某地区的通信线路图,图中节点为 8 个城市,节点间标识的数字为城市间拟铺设通信线路的长度,为了保持 8 个城市通信连接,则至少铺设 (68) 千米的线路。

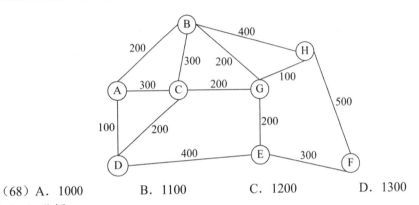

(68) A. 1000　　　B. 1100　　　C. 1200　　　D. 1300

试题 (68) 分析

求连通图的最小生成树。

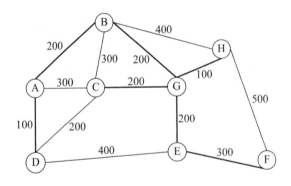

参考答案

(68) D

试题 (69)

张先生向商店订购某一商品,每件定价 100 元,共订购 60 件。张先生对商店经理说:"如果你肯减价,每减价 1 元,我就多订购 3 件。"商店经理算了一下,如果减价 4%,由于张先生多订购,仍可获得原来一样多的总利润。请问这件商品的成本是 (69) 元。

(69) A. 76　　　B. 80　　　C. 75　　　D. 85

试题 (69) 分析

设这件商品的成本是 x 元,$60×(100–x)=(60+4×3)(96–x)$,解得 $x=76$。

参考答案

（69）A

试题（70）

为响应环保号召，某电池生产厂家承诺用 3 块旧电池可以换 1 块新电池，小李有 21 块旧电池，请问他一共可以换取 (70) 块新电池。

(70) A. 7　　　　　B. 9　　　　　C. 10　　　　　D. 11

试题（70）分析

第一次：21 块旧电池可以换 7 块新电池；第二次：使用后 7 块再换 2 块新电池，剩余 1 块；第三次：2 块使用后加第二次换剩余的 1 块还可以再换 1 块新电池一共换取 10 块新电池。

参考答案

（70）C

试题（71）

(71) seeks to perform root cause investigation as to what is leading identified trends.

(71) A. Problem management　　　B. Incident management
　　　C. Change management　　　D. Knowledge management

试题（71）分析

问题管理寻求进行根本原因调查，以确定什么原因导致了确定的趋势。

参考答案

（71）A

试题（72）

(72) provides guidance for the development and improvement of capabilities for introducing new and changed services into supported environments.

(72) A. Service strategy　　　B. Service transition
　　　C. Service design　　　D. Service operation

试题（72）分析

在受支持的环境中引入新的及已更改的服务时，服务转换可以为服务能力的开发及改进提供指导。

参考答案

（72）B

试题（73）

(73) is the process of managing procurement relationships, monitoring contract performance, and making changes and corrections as appropriate, and closing out contracts.

(73) A. Control Procurements　　　B. Conduct Procurements
　　　C. Plan Procurement Management　　　D. Procurement Strategy

试题（73）分析

控制采购是管理采购关系，监督合同绩效，实施必要的变更和纠偏，以及关闭合同的过程。

参考答案

(73) A

试题 (74)

The (74) is a hierarchical decomposition of the total scope of work to be carried out by the project team to accomplish the project objectives and create the required deliverables.

(74) A．Project scope statement　　　B．Work package
　　　C．WBS　　　　　　　　　　　D．Project scope plan

试题 (74) 分析

WBS 是对项目团队为实现项目目标、创建所需可交付成果而需要实施的全部工作范围的层级分解。

参考答案

(74) C

试题 (75)

Risk (75) acknowledges the existence of a threat, but no proactive action is taken.

(75) A．avoidance　　B．transfer　　C．mitigate　　D．acceptance

试题 (75) 分析

风险接受是指承认威胁的存在，但不主动采取措施。

参考答案

(75) D

第23章 2019下半年信息系统项目管理师下午试题I分析与解答

试题一（共25分）

阅读下列说明，回答问题1至问题3，将解答填入答题纸的对应栏内。

【说明】

2019年3月某公司中标当地轨道交通的车载广播系统项目，主要为地铁列车提供车载广播、报警、对讲及电子地图系统。公司任命具有丰富经验的老王担任项目经理。老王从各部门抽调人员成立了项目组，安排质量部的老杨负责质量工作。

根据甲方提出的技术要求，结合公司质量管理手册、程序文件和作业文件，老杨编制了《项目质量计划书》《项目验收规范》等质量文件，组织人员对《项目质量计划书》等文件进行了评审，并对项目组成员进行了质量管理培训。项目实施过程中，按照《项目质量计划书》，老杨组织相关人员定期对项目进行检查并跟踪改进情况。

系统调试过程中，调试人员发现某电路板会导致系统运行出现严重的错误，立刻向项目经理进行汇报。老王找到负责该电路设计的人员，要求其对系统出现的Bug进行原因分析，找到问题根源，若需要修改设计，对电路的缺陷设计进行更正，填写设计更改单，并进行评审。

经过分析并评审通过后，相关人员实施更改并升级了电路图版本。经验证，系统运行正常。工程样机生产出来后，根据项目技术条件，对产品进行型式试验和例行试验。在产品进行电磁兼容试验时，某指标不符合要求，项目人员分析原因后进行了整改，重新试验并顺利通过。

验收前，老杨对照《项目验收规范》，对系统功能及性能进行确认，并由质量部门开具了合格证。系统最终上线，经过一个月的试运行，客户反馈以下问题：

序号	故障时间	位置	客户反馈问题	故障定位
1	2019.6.13	1客室	接通司机室没声音	报警器
2	2019.6.16	3客室	接通客室没声音	报警器
3	2019.6.18	6客室	呼不通	报警器
4	2019.6.20	5客室	黑屏	电子地图
5	2019.6.24	5客室	呼叫灯不亮	报警器
6	2019.6.25	司机室	监听声音小	监听扬声器
7	2019.6.25	2客室	接通客室时没声音	报警器
8	2019.6.27	司机室	监听声音小	监听扬声器
9	2019.6.28	4客室	接通司机室没声音	报警器
10	2019.7.2	司机室	对讲无声音	对讲装置
11	2019.7.4	司机室	监听声音小	监听扬声器

续表

序号	故障时间	位置	客户反馈问题	故障定位
12	2019.7.4	2客室	接通司机室客室没声音	报警器
13	2019.7.6	1客室	广播声音小	广播主机
14	2019.7.10	2客室	黑屏	电子地图
15	2019.7.13	6客室	呼不通	报警器

项目组针对试运行出现的问题进行了更改。

【问题1】（8分）

将案例中实际应用的质量管理措施分类填入答题纸对应表格。

过程	实际应用的质量管理措施
质量规划	
质量保证	
质量控制	

【问题2】（6分）

（1）请简述帕累托分析原理。

（2）根据试运行期间用户反馈的问题记录，请应用帕累托原理分析造成系统故障的主要原因，并指出解决系统故障的优先级。

【问题3】（11分）

（1）写出一致性成本和非一致性成本的定义。

（2）请分析案例中发生的成本哪些属于一致性成本，哪些属于非一致性成本。

试题一分析

本题重点考查质量管理，考生需全面多视角来综合分析并作答。

【问题1】

针对案例问答题，重点考查考生对质量管理措施的分类和定义是否清晰了解，先找到案例中质量措施，再分别对应到质量规划、质量保证和质量控制中。参考《信息系统项目管理师教程》（第3版）①8.2节。

【问题2】

（1）本题重点考查帕累托原理。

（2）根据故障定位的问题分类进行计数统计，并计算出百分比，按占比大小进行排序，然后根据帕累托二八原理，把占比80%的问题作为优先解决。

【问题3】

（1）本题重点考查一致性成本和非一致性成本的定义。

（2）将在问题1中找出的质量措施按一致性成本和非一致性成本进行分类。

---

① 本章提及的《信息系统项目管理师教程》（第3版）为全国计算机技术与软件专业技术资格（水平）考试指定用书，由清华大学出版社出版。

参考答案

【问题 1】（8 分）

过程	实际应用的质量管理措施
质量规划	（1）编制了《项目质量计划书》《项目验收规范》等质量文件 （2）组织项目人员对《项目质量计划书》等文件进行评审 （3）对项目组成员进行了质量管理培训
质量保证	（1）项目实施过程中，按照《项目质量计划书》，老杨组织相关人员定期对项目进行检查并跟踪改进情况 （2）设计人员对电路的缺陷设计进行更正，填写设计更改单，并进行评审
质量控制	（1）系统调试过程中，调试人员发现某电路板会导致系统运行出现严重的错误，立刻向项目经理进行汇报 （2）工程样机生产出来后，根据项目技术条件，对产品进行型式试验和例行试验 （3）验收前，老杨对照《项目验收规范》，对系统功能及性能进行确认 （4）项目组针对试运行出现的问题进行了更改

（每条 2 分，全部答对，得 8 分）

【问题 2】（6 分）

（1）帕累托分析原理：一种特殊的垂直条形图，用于识别造成大多数问题的少数重要原因。（2 分）

（2）依据缺陷数量及种类，统计如下：报警器故障 8 次，电子地图故障 2 次，监听扬声器故障 3 次，对讲装置故障 1 次，广播主机故障 1 次，共 15 次。

按故障次数从多到少排序为报警器、扬声器、电子地图，三者总共占 13 次，13/15=86.7，前两者总共 11 次，占比 11/15=73.3。

根据帕累托二八定律，造成系统故障的主要原因是报警器故障、监听扬声器故障和电子地图故障。（写出 1 点得 1 分，共 3 分）

排除故障顺序为：①报警器故障；②监听扬声器故障；③电子地图故障。（1 分）

【问题 3】（11 分）

（1）一致性成本：确保与要求一致而做的所有工作成本。（1 分）

非一致性成本：由于不符合要求所引起的全部工作成本。（1 分）

（2）一致性成本：
- 编制了《项目质量计划书》《项目验收规范》等质量文件；
- 组织项目人员对《项目质量计划书》等文件进行评审；
- 对项目组成员进行了相关的质量管理体系知识的培训；
- 老杨按照《项目质量计划书》，对项目质量检查；
- 根据项目技术条件，对产品进行型式试验和例行试验；
- 老杨对照《项目验收规范》，依次对系统功能及性能进行确认。

非一致性成本：
- 设计人员对电路设计问题进行原因分析，修改设计并更正；
- 项目人员对电磁兼容问题进行原因分析，修改并更正；

- 项目组针对试运行出现的问题进行了更改。

（每条 1 分，共 9 分）

试题二（共 25 分）

阅读下列说明，回答问题 1 至问题 3，将解答填入答题纸的对应栏内。

【说明】

某公司完成一个工期 10 周的系统集成项目，该项目包含 A、B、C、D、E 五项任务。项目经理制定了成本预算表（如表 2-1），执行过程中记录了每个时段项目的执行情况（如表 2-2、表 2-3）。

表 2-1 成本预算表（单位：万元）

任务	1周	2周	3周	4周	5周	6周	7周	8周	9周	10周
A	10	15	5							
B		10	20	20						
C				5	5	25	5			
D					5	15	10	10		
E								5	20	25
合计	10	25	25	25	10	40	15	15	20	25

表 2-2 实际发生成本表（单位：万元）

任务	1周	2周	3周	4周	5周	6周	7周	8周	9周	10周
A	10	14	10							
B		10	14	20						
C				5	5	10				
D					5	8				
E										
合计	10	24	24	25	10	18	0	0	0	0

表 2-3 任务完成百分比

任务	1周	2周	3周	4周	5周	6周	7周	8周	9周	10周
A	30%	50%	100%							
B		20%	50%	100%						
C					5%	10%	40%			
D						10%	20%			
E										
合计										

【问题 1】（5 分）

项目执行到了第 6 周，请填写如表 2-4 所示的项目 EV 表，将答案填写在答题纸对应栏内。

表 2-4 EV 表（单位：万元）

任务	1周	2周	3周	4周	5周	6周	7周	8周	9周	10周
A										
B										
C										
D										
E										
合计										

【问题2】（14分）

（1）经分析任务 C 的成本偏差是非典型的，而 D 的偏差是典型的。针对目前的情况，请计算项目完工时的成本估算值（EAC）。

（2）判断项目目前的绩效情况。

【问题3】（6分）

针对项目目前的进度绩效，请写出项目经理可选的措施。

试题二分析

本题重点考查项目成本管理知识，考生需全面多视角综合分析并作答。

【问题1】

考查考生对挣值的测算，参考《信息系统项目管理师教程》（第3版）7.3.2 小节。

【问题2】

（1）综合计算题，按预算单价完成 ETC 工作，公式：EAC=AC+(BAC–EV)。参考《信息系统项目管理师教程》（第3版）7.3.2 小节。

（2）综合计算题，监测实际绩效与基准之间的差。参考《信息系统项目管理师教程》（第3版）7.3.2 小节。

【问题3】

项目进度通过提高效率、提高质量的方法进行改善，列举相关措施。

参考答案

【问题1】（5分）

表 2-4 EV 表（单位：万元）

任务	1周	2周	3周	4周	5周	6周	7周	8周	9周	10周
A	9	15	30	30	30	30				
B		10	25	50	50	50				
C				2	4	16				
D					4	8				
E										
合计	9	25	55	82	88	104				

（每空0.5分，满分5分）

【问题2】（14分）

（1）

任务 A 的 EAC=AC=34（1分）

任务 B 的 EAC=AC=44（1分）

任务 C 的 EAC=AC+ETC=AC+(BAC–EV)=20+(40–16)=44（2分）

任务 D 的 EAC=AC+ETC=AC+(BAC–EV)/CPI=13+(40–8)/(8/13)=65（2分）

任务 E 的 EAC=BAC=50（1分）

因此，项目 EAC=34+44+44+65+50=237（1分）

（2）第6周，项目总 PV=10+25+25+25+10+40=135（1分）

AC=10+24+24+25+10+18=111（1分）

CV=EV–AC=104–111=–7（1分）

SV=EV–PV=104–135=–31（1分）

所以当前项目成本超支（1分），进度滞后（1分）。

【问题3】（6分）

赶工；

快速跟进，并行施工；

使用高绩效的资源或经验丰富的人员；

减小活动范围或降低活动要求；

改进方法或技术，以提高生产效率；

加强质量管理，及时发现问题，减少返工，从而缩短工期。

（每个1分，共6分）

试题三（共25分）

阅读下列说明，回答问题1至问题4，将解答填入答题纸的对应栏内。

【说明】

A 公司中标某系统集成项目，正式任命王伟担任项目经理。王伟是资深的技术专家，在公司各部门具有较高的声望。

接到任命后，王伟组建了项目团队。除服务器工程师小张是新招聘的外，其余项目组成员都是各个团队的老员工。项目中王伟经常身先士卒，亲自参与解决复杂问题，深受团队成员好评。

项目中期，服务器厂商供货比计划延迟了一周。为了保证项目进度，王伟与其他项目经理协商，借调了两名资深人员，随后召开项目会议，动员大家加班赶工。会议上，王伟向大家承诺会向公司申请额外项目奖金。大家均同意加班，只有小张以家中有事、朋友聚会等理由拒绝加班。由于小张负责服务器基础平台，他的工作进度会影响整体进度，所以大家纷纷指责小张没有团队意识。

王伟认为好的项目团队中绝对不能出现冲突现象，这次冲突与小张的个人素养有直接关系。为了避免冲突对团队产生不良影响，王伟宣布立即终止会议并请小张留下来单独谈话。

在沟通中，王伟批评小张缺乏团队合作意识。小张表示他对加班费、项目奖金等不在意，而且他技术经验丰富，很容易找到一份收入不错的工作。他不加班的原因是最近家人、朋友等各种圈子应酬太多。王伟表明如果因为小张的原因导致项目工期延误，会影响小张在团队中的个人声誉，同时更会影响整个项目团队在客户和公司内部的声誉。小张虽不情愿，但最终选择了加班。

【问题1】（8分）

管理者的权力来源有5种，请指出这5种权力在王伟身上的具体体现（请将（1）～（4）处的答案及具体表现填写在答题纸的对应表格内）。

权力来源	具体体现
（1）权力	
惩罚权力	
（2）权力	
（3）权力	
（4）权力	

【问题2】（6分）

结合马斯洛需求理论，指出案例中小张已经满足的需求层次，并指出具体表现。如果想有效激励小张，应该在哪些层次上采取措施？

【问题3】（8分）

（1）结合本案例，请指出王伟针对冲突的认识和做法有哪些不妥。

（2）解决冲突的方式有哪些？王伟最终采用了哪种冲突解决方式？

【问题4】（3分）

结合案例中项目团队的人员构成，请指出该项目采用了哪些组建项目团队的方法。

试题三分析

本题重点考查项目成本预算和核算等知识，考生需全面多视角综合分析并作答。

【问题1】

本问题考查考生对管理者的5种权力的分类和定义，识别王伟在案例中5种权利的具体体现。

【问题2】

本问题主要考查考生对马斯洛理论的掌握程度，马斯洛理论把需要分成生理需要、安全需要、社交需要、尊重需要和自我实现，依次由低层次到高层次。高层次需要比低层次需要具有更大的价值，能使人得到高峰体验，获得激励行为的动力。参考《信息系统项目管理师教程》（第3版）9.3.8小节。

【问题3】

（1）本问题中王伟对冲突的认识不足，冲突不一定是有害的，一团和气的集体不一定是一个高效率的集体。王伟未抓住冲突的根源，组织需要未能与小张的当前个人需要相匹配，应给予引导和激励，不宜将个人表现与个人素养进行关联。

（2）解决冲突的5种方法，识别王伟的解决方法。参考《信息系统项目管理师教程》（第3版）9.3.6小节。

【问题 4】

列举案例中的人员招募方式。

参考答案

【问题 1】（8 分）

权力来源	具体体现
（1）：职位权力	正式任命王伟担任项目经理
惩罚权力	王伟批评小张缺乏团队合作意识
（2）：专家权力	王伟是资深的技术专家，在公司各部门具有较高的声望
（3）：奖励权力	王伟向大家承诺会向公司申请额外项目奖金
（4）：参照权力	王伟经常身先士卒，亲自参与解决复杂技术问题，深受团队成员好评

（每条 2 分，共 8 分）

【问题 2】（6 分）

（1）生理需求：小张对加班费、项目奖金并不在意；

（2）安全需求：小张很容易找到一份收入不错的工作；

（3）社会交往需求：周围家人、朋友等各种圈子应酬多。

（每条 2 分，满分 4 分）

要想有效激励小张，应该在社会交往层、受尊重层和自我实现层激励。

（每个 1 分，满分 2 分）

【问题 3】（8 分）

（1）王伟的不妥之处：

- 认为好的项目团队中绝对不能出现冲突现象；
- 认为这次冲突与小张的个人素养有直接关系。

（每条 2 分，共 4 分）

（2）问题解决、合作、强制、妥协、求同存异、撤退。（每个 1 分，满分 3 分）

本案例中，王伟采用了强制的解决方式。（1 分）

【问题 4】（3 分）

谈判、招募、预分派。（每个 1 分，共 3 分）

第24章 2019下半年信息系统项目管理师下午试题 II 写作要点

> 从下列的 2 道试题（试题一至试题二）中任选 1 道解答。请在答题纸上的指定位置处将所选择试题的题号框涂黑。若多涂或者未涂题号框，则对题号最小的一道试题进行评分。

试题一 论信息系统项目的整体管理

项目整体管理包括选择资源分配方案、平衡相互竞争的目标和方案，以及协调项目管理各知识领域之间的依赖关系。

请以"论信息系统项目的整体管理"为题进行论述：

1. 概要叙述你参与管理过的信息系统项目（项目的背景、项目规模、发起单位、目的、项目内容、组织结构、项目周期、交付的成果等），并说明你在其中承担的工作（项目背景要求本人真实经历，不得抄袭及杜撰）。

2. 请结合你所叙述的信息系统项目，围绕以下要点论述你对信息系统项目整体管理的认识，并总结你的心得体会：

(1) 项目整体管理的过程；

(2) 项目整体变更管理过程，并结合项目管理实际情况写出一个具体变更从申请到关闭的全过程记录。

试题一写作要点

第一部分评分要点：

论文结构合理，摘要正确，正文完整，语言流畅，字迹清楚。

所述项目真实可信，介绍得当。

第二部分评分要点：

(1) 项目整体管理的过程：

  制定项目章程；

  制订项目管理计划；

  指导与管理项目执行；

  监控项目工作；

  实施整体变更控制；

结束项目或阶段。
（2）项目整体变更管理过程：
  提出与接受变更请求；
  变更评估（初审+方案论证）；
  CCB审批；
  发出变更通知并实施变更；
  变更实施的监控；
  变更效果的评估。
  根据考生的论述，确定其叙述的项目整体管理过程是否合适，具体变更从申请到关闭的全过程记录是否完整，是否具有信息系统项目整体管理的实际经验。要求项目真实、逻辑清晰、条理清楚、论述得当。

试题二　论信息系统项目的沟通管理

  项目沟通管理是确保及时、正确地产生、收集、分发、储存和最终处理项目信息所需的过程。项目经理应该根据项目特点充分了解项目涉及的各方利益诉求，并且在项目初期为沟通活动分配适当的时间、预算等资源。

  请以"论信息系统项目的沟通管理"为题进行论述：

1. 概要叙述你参与管理过的信息系统项目（项目的背景、项目规模、发起单位、目的、项目内容、组织结构、项目周期、交付的成果等），并说明你在其中承担的工作（项目背景要求本人真实经历，不得抄袭及杜撰）。

2. 请结合你所叙述的信息系统项目，围绕以下要点论述你对信息系统项目沟通管理的认识，并总结你的心得体会：

（1）项目沟通管理的过程；
（2）项目干系人管理过程；并结合项目管理实际情况制订一个具体的干系人管理计划。

试题二写作要点

第一部分评分要点：
论文结构合理，摘要正确，正文完整，语言流畅，字迹清楚。
所述项目真实可信，介绍得当。

第二部分评分要点：
（1）项目沟通管理的过程：
  规划沟通；
  管理沟通；
  控制沟通。
（2）项目干系人管理过程：
  识别干系人；
  规划干系人管理；

管理干系人；

控制干系人参与。

根据考生的论述，确定其叙述的项目沟通管理过程是否合适，具体写出的干系人管理计划是否完整（至少包含重要性、参与程度、沟通方式、沟通需求和沟通周期或频率等内容），是否具有信息系统项目沟通管理的实际经验。要求项目真实、逻辑清晰、条理清楚、论述得当。

第 25 章 2020 下半年信息系统项目管理师上午试题分析与解答

试题（1）

(1) 使系统的描述及信息模型的表示与客观实体相对应，符合人们的思维习惯，有利于系统开发过程中用户与开发人员的交流和沟通。

(1) A．原型化方法　　　　　　　　B．面向对象方法
　　C．结构化方法　　　　　　　　D．面向服务的方法

试题（1）分析

参考《信息系统项目管理师教程》（第 3 版）[1]1.2.2 小节。面向对象方法使系统的描述及信息模型的表示与客观实体相对应，符合人们的思维习惯，有利于系统开发过程中用户与开发人员的交流和沟通。

参考答案

(1) B

试题（2）

TCP/IP 模型中，(2) 协议属于网络层的协议。

(2) A．ARP　　　　B．SNMP　　　　C．TCP　　　　D．FTP

试题（2）分析

参考《信息系统项目管理师教程》（第 3 版）1.3.1 小节。SNMP 和 FTP 属于应用层协议，TCP 属于传输层协议，只有 ARP 属于网络层协议。

参考答案

(2) A

试题（3）

(3) 不属于关系型数据库。

(3) A．Oracle　　　　B．MySQL　　　　C．SQL Server　　　　D．MongoDB

试题（3）分析

参考《信息系统项目管理师教程》（第 3 版）1.3.7 小节。前三种都是关系型数据库，只有 MongoDB 是非关系数据库。

参考答案

(3) D

---

[1] 本章提及的《信息系统项目管理师教程》（第 3 版）为全国计算机技术与软件专业技术资格（水平）考试指定用书，由清华大学出版社出版。

试题（4）

影院向消费者线上提供订票、卖品优惠及其他会员服务，线下提供商品或服务，此模式称为_(4)_。

(4) A．O2O　　　　B．B2B　　　　C．B2G　　　　D．C2C

试题（4）分析

参考《信息系统项目管理师教程》（第3版）1.7.4小节。电子商务与线下实体店有机结合向消费者提供商品和服务，称为O2O模式。

参考答案

(4) A

试题（5）

_(5)_ 不属于人工智能技术的应用。

(5) A．机器人　　　B．自然语言理解　　　C．扫码支付　　　D．图像识别

试题（5）分析

机器人、自然语言理解、图像识别属于人工智能技术的应用。

参考答案

(5) C

试题（6）

区别于传统资产，数据资产具有的独有特征是_(6)_。

(6) A．共享性　　　B．时效性　　　C．增值性　　　D．量化性

试题（6）分析

数据资产是一种虚拟的、数字化的资产，所以可以简单共享，这是数据资产作为一种无形资产区别于其他大部分传统资产独有的特征。

参考答案

(6) A

试题（7）

区块链在_(7)_网络环境下，通过透明和可信规则，构建可追溯的块链式数据结构，实现和管理事务处理。

(7) A．分布式　　　B．集中式　　　C．关系式　　　D．共享式

试题（7）分析

出自中国区块链技术和产业发展论坛发布的《分布式应用账本》白皮书。区块链是一种在分布式网络环境下，通过透明和可信规则，构建可追溯的块链式数据结构，实现和管理事务处理的模式。

参考答案

(7) A

试题（8）

软件工程需求分析阶段，使用实体联系图表示_(8)_模型。

(8) A．行为　　　　B．数据　　　　C．功能　　　　D．状态

试题（8）分析

参考《信息系统项目管理师教程》(第3版) 1.4.1 小节。需求分析阶段，使用实体联系图表示数据模型，用数据流图表示功能模型，用状态转换图表示行为模型。

参考答案

（8）B

试题（9）

在CMMI连续式模型中，"技术解决方案"过程域属于 (9) 过程组。

（9）A．过程管理　　　　B．工程　　　　C．项目管理　　　　D．支持

试题（9）分析

参考《信息系统项目管理师教程》(第3版) 1.4.4 小节中的表 1-3。

参考答案

（9）B

试题（10）

关于软件测试的描述，不正确的是：(10)。

（10）A．软件测试从已知的条件开始，有预知的结果
　　　　B．软件测试过程可以事先设计，进度可以事先确定
　　　　C．软件测试可分为单元测试、集成测试、系统测试等
　　　　D．软件测试的工作内容包括定位和修改错误

试题（10）分析

参考《信息系统项目管理师教程》(第3版) 1.4.5 小节。测试的目的是找出存在的错误，而调试的目的是定位错误并修改程序以修正错误。

参考答案

（10）D

试题（11）

企业应用集成中，(11) 超越了数据和系统，由一系列基于标准的、统一数据格式的工作流组成。

（11）A．应用集成　　　　　　　　B．功能集成
　　　　C．过程集成　　　　　　　　D．表示集成

试题（11）分析

参考《信息系统项目管理师教程》(第3版) 1.4.6 小节。业务流程集成也称为过程集成，这种集成超越了数据和系统，由一系列基于标准的、统一数据格式的工作流组成。

参考答案

（11）C

试题（12）

关于信息安全的描述，不正确的是：(12)。

（12）A．数据安全属性包括秘密性、完整性、可用性
　　　　B．信息的完整性是指信息随时可以正常使用

C. 内容安全包括信息内容保密、信息隐私保护等
D. 数据安全是静态安全，行为安全是动态安全

试题（12）分析

参考《信息系统项目管理师教程》（第3版）1.6.1小节。

设备的稳定性：设备在一定时间内不出故障的概率。

设备的可用性：设备随时可以正常使用的概率。

参考答案

（12）B

试题（13）

（13）不属于无线网络安全技术或协议。

（13）A．WEP　　　　B．WPA　　　　C．SCSI　　　　D．802.11i

试题（13）分析

参考《信息系统项目管理师教程》（第3版）1.6.3小节。SCSI是小型计算机系统接口。

参考答案

（13）C

试题（14）

"互联网+"是利用信息通信技术以及互联网平台，让互联网与（14）深度融合。

（14）A．创新产业　　　B．金融业　　　C．服务业　　　D．传统行业

试题（14）分析

通俗地说，"互联网+"就是"互联网+各个传统行业"，但这并不是简单的两者相加，而是利用信息通信技术以及互联网平台，让互联网与传统行业进行深度融合，创造新的发展生态。

参考答案

（14）D

试题（15）

（15）不属于移动互联网的特点。

（15）A．终端移动性　　　　　　　　B．业务与网络的弱关联性
　　　　C．业务使用的私密性　　　　　D．终端和网络的局限性

试题（15）分析

参考《信息系统项目管理师教程》（第3版）1.5.4小节。业务与终端、网络是强关联性。

参考答案

（15）B

试题（16）

（16）不属于大型信息系统。

（16）A．企业门禁系统　　　　　　　B．跨境电子商务系统
　　　　C．媒体社交系统　　　　　　　D．铁路订票系统

试题（16）分析

参考《信息系统项目管理师教程》(第 3 版) 1.9.1 小节。大型信息系统是指以信息技术和通信技术为支撑。

参考答案

（16）A

试题（17）

信息系统规划是从__(17)__出发，构建企业基本的信息系统架构，利用信息系统管理企业行为，辅助企业进行决策。

(17) A. 企业客户需求　　　　　　　B. 信息系统运维需求
　　　C. 企业信息化建设现状　　　D. 企业战略

试题（17）分析

参考《信息系统项目管理师教程》(第 3 版) 1.9.2 小节。信息系统规划是从企业战略出发，构建企业基本的信息系统架构。

参考答案

（17）D

试题（18）

__(18)__ 不属于信息系统规划的工具。

(18) A. PERT 图　　　B. R/D 矩阵　　　C. E-R 图　　　D. CU 矩阵

试题（18）分析

参考《信息系统项目管理师教程》(第 3 版) 1.9.3 小节。E-R 图是数据分析的工具。

参考答案

（18）C

试题（19）

依据《中华人民共和国著作权法》，关于著作权的描述，不正确的是：__(19)__。

(19) A. 著作权人对作品享有发表权、署名权和修改权
　　　B. 合同约定著作权属于单位的作品，作者仅享有署名权
　　　C. 后继著作权人指没有参与创作，通过著作权转移活动而享有著作权的人
　　　D. 将已经发表的中文作品改成盲文出版，须经著作权人许可

试题（19）分析

参考《信息系统项目管理师教程》(第 3 版) 15.3.1 小节。在下列情况下使用作品，可以不经著作权人许可、不向其支付报酬，但应指明作者姓名、作品名称，不得侵犯其著作权：
……
（7）将已经发表的汉族文字作品翻译成少数民族文字在国内出版发行，将已经发表的作品改成盲文出版。

参考答案

（19）D

试题（20）

GB/T 36964—2018《软件工程软件开发成本度量规范》属于 (20)。

(20) A．企业标准　　B．国家标准　　C．行业标准　　D．国际标准

试题（20）分析

GB/T 是国家推荐性标准代号。

参考答案

(20) B

试题（21）

在信息系统项目的经济可行性分析中，(21) 属于非一次性支出。

(21) A．差旅费　　　　　　　　B．培训费
　　　C．人员工资和福利　　　　D．设备购置费

试题（21）分析

参考《信息系统项目管理师教程》（第 3 版）3.2.1 小节。人员工资和福利属于非一次性支出。

参考答案

(21) C

试题（22）

在项目评估过程中，不可以由 (22) 进行评价、分析和论证。

(22) A．政府主管部门　　　　B．项目建设单位
　　　C．银行　　　　　　　　D．第三方评估机构

试题（22）分析

参考《信息系统项目管理师教程》（第 3 版）3.3.2 小节。项目评估由第三方（国家、银行或有关机构）进行评价、分析和认证，从而判断是否可行。

参考答案

(22) B

试题（23）

关于项目管理的描述，不正确的是：(23)。

(23) A．项目管理的主要目的是实现企业管理目标
　　　B．在项目管理中，时间是一种特殊的资源
　　　C．项目管理的职能是对资源进行计划、组织、指挥、协调、控制
　　　D．项目管理把各种知识、技能、手段和技术应用于项目活动中

试题（23）分析

参考《信息系统项目管理师教程》（第 3 版）2.1.6 小节。项目管理的主要目的是实现项目目标，不能跟企业管理目标混为一谈。

参考答案

(23) A

试题（24）

某项目组织结构中，项目经理全职管理项目，拥有很大的职权，且组织中全职参与项

工作的职员比例占 70%。该项目组织结构属于 (24)。

(24) A. 弱矩阵型　　　B. 强矩阵型　　　C. 平衡矩阵型　　　D. 职能型

试题 (24) 分析

参考《信息系统项目管理师教程》（第 3 版）2.5.3 小节中的图 2-3。组织中全职参与项目工作的职员的比例占 50%～95%的属于强矩阵型组织。

参考答案

(24) B

试题 (25)

软件开发项目中，产品实现的过程不包含 (25)。

(25) A. 需求获取　　　B. 编码　　　C. 集成测试　　　D. 挣值分析

试题 (25) 分析

参考《信息系统项目管理师教程》（第 3 版）2.8 节。软件开发项目的面向产品的过程一般有：需求获取、需求分析、概要设计、详细设计、编码、单元测试、集成测试、验收测试、安装部署。挣值分析属于项目管理过程。

参考答案

(25) D

试题 (26)

某系统集成项目制订风险管理计划时，发现病毒入侵有可能导致服务器死机或不能访问，此风险属于 (26)。

(26) A. 市场风险　　　B. 经营风险　　　C. 技术风险　　　D. 设备风险

试题 (26) 分析

参考《信息系统项目管理师教程》（第 3 版）4.3.1 小节。技术风险包括黑客攻击、设备损坏、开发进度缓慢等。

参考答案

(26) C

试题 (27)

(27) 不属于"监控项目工作"过程使用的工具与技术。

(27) A. 专家判断　　　B. 分析技术　　　C. 访问控制　　　D. 会议

试题 (27) 分析

参考《信息系统项目管理师教程》（第 3 版）4.5.2 小节。监控项目工作的工具与技术包括 4 项：专家判断、分析技术、项目管理信息系统、会议。访问控制是网络安全技术。

参考答案

(27) C

试题 (28)

(28) 不属于整体变更控制的成果。

(28) A. 批准的变更请求　　　　　B. 工作绩效报告
　　　C. 变更日志　　　　　　　D. 项目文件更新

试题（28）分析

参考《信息系统项目管理师教程》（第3版）4.6.3小节。整体变更控制的成果包括4项：批准的变更请求、变更日志、项目管理计划更新、项目文件更新。工作绩效报告属于整体变更控制过程的输入。

参考答案

（28）B

试题（29）

验收的可交付成果，属于项目范围管理中 (29) 过程的输出。

(29) A．定义范围　　B．控制范围　　C．收集需求　　D．确认范围

试题（29）分析

参考《信息系统项目管理师教程》（第3版）5.1.3小节中的表5-2。

参考答案

（29）D

试题（30）

在收集需求时，可以采用的群体创新技术包括：(30)。
①头脑风暴法②观察
③原型法④德尔菲技术
⑤文件分析⑥名义小组技术

(30) A．①②③　　B．①④⑥　　C．②③⑤　　D．④⑤⑥

试题（30）分析

参考《信息系统项目管理师教程》（第3版）5.3.2小节。群体创新技术包括头脑风暴法、名义小组技术、德尔菲技术、概念/思维导图、亲和图、多标准决策分析等。

参考答案

（30）B

试题（31）

在项目范围管理中，企业管理层主要关注 (31)。

(31) A．产品的范围
　　B．项目范围投入产出的合理性
　　C．交付成果是否满足质量要求
　　D．项目过程的合理性

试题（31）分析

参考《信息系统项目管理师教程》（第3版）5.6.2小节。企业管理层关注：范围对项目的进度、资金和资源的影响，是否超过了组织承受范围，是否在投入产出上具有合理性；客户关注：产品的范围；项目管理人员关注：可交付成果是否足够，时间、资金和资源是否足够。"项目范围中自己参与的元素与负责的元素"是项目组成员主要关注的内容。

参考答案

（31）B

试题（32）、（33）

某项目包含 A、B、C、D、E、F、G、H、I、J 一共 10 个活动，各活动历时估算与逻辑关系如下表所示，则该项目工期为 (32)，活动 C 的总浮动时间是 (33)。

活动名称	活动历时（天）	前置活动
A	2	—
B	4	A
C	2	A
D	3	A
E	3	B
F	4	D
G	2	E、C、F
H	4	G
I	2	G
J	3	H、I

(32) A. 17　　　B. 18　　　C. 19　　　D. 20
(33) A. 2　　　B. 3　　　C. 4　　　D. 5

试题（32）、（33）分析

参考《信息系统项目管理师教程》（第3版）6.2.3 小节。

项目关键路径为 A-B-E-G-H-J，所以总工期为 18。

C 不在关键路径上，A-C-F 历时 8 天，关键路径 A-B-E-F=13，所以活动 C 的浮动时间=13–8=5。

参考答案

(32) B　　　(33) D

试题（34）

如果一个项目的 SPI=0.75，CPI=0.9，此时项目经理最适合采取 (34) 方式来控制项目进度。

(34) A. 快速跟进　　　B. 赶工　　　C. 资源平衡　　　D. 蒙特卡洛分析

试题（34）分析

参考《信息系统项目管理师教程》（第3版）6.2.7 小节。通常可以用下列方法缩短活动的工期：赶工，需要投入更多的资源或增加工作时间，以缩短关键活动的工期，CPI<1 不支持赶工；资源平衡通常会增加关键路径长度；快速跟进，在资源不足的情况下，并行执行几项活动来加快项目进度，可以压缩项目进度，有返工风险。所以答案为 A。

参考答案

(34) A

试题（35）

项目经理估算新开发产品的成本，最有可能情况下成本为 17 万元，最好情况下成本为 15 万元，最坏情况下成本为 25 万元，则该项目的预期成本为 (35) 万元。

(35) A. 18　　　B. 19　　　C. 20　　　D. 21

试题（35）分析

参考《信息系统项目管理师教程》（第3版）7.3.1小节。三点估算计算预期成本=（15+4×17+25）/6=18。

参考答案

（35）A

试题（36）

关于成本估算与预算的描述，不正确的是：_(36)_。

(36) A．成本估算的作用是确定完成工作所需的成本数额
　　　B．成本基准是经过批准且按时间段分配的项目预算
　　　C．成本预算过程依据成本基准监督和控制项目绩效
　　　D．项目预算包含应急储备，但不包含管理储备

试题（36）分析

参考《信息系统项目管理师教程》（第3版）7.2.3小节。制定预算的作用是确定成本基准，可据此监督和控制项目绩效。成本控制是根据成本基准监督和控制项目绩效。

参考答案

（36）C

试题（37）

某公司对正在进行的四个项目进行了检查，绩效数据如下表所示，则最有可能提前完成且不超支的是_(37)_。

项目	计划价值	实际成本	挣值
A	1000	600	900
B	1000	1000	1100
C	1000	1300	1200
D	1000	900	800

(37) A．项目A　　　B．项目B　　　C．项目C　　　D．项目D

试题（37）分析

参考《信息系统项目管理师教程》（第3版）7.2.4小节。

SV=EV−PV。A：900−1000=−100；B：1100−1000=100；C：1200−1000=200；D：800−1000=−200。
CV=EV−AC。A：900−600=300；B：1100−1000=100；C：1200−1300=−100；D：800−900=−100。
SV>0、CV>0的只有项目B，所以答案为B。

参考答案

（37）B

试题（38）

为保证项目实施质量，公司组织项目成员进行了三天专业知识培训。该培训成本属于_(38)_。

(38) A．内部失败成本　　　B．外部失败成本　　　C．评估成本　　　D．预防成本

试题（38）分析

参考《信息系统项目管理师教程》（第 3 版）8.3.1 小节。培训属于预防成本中的一种，是一致性成本。故答案为 D。

参考答案

（38）D

试题（39）

某系统上线后频繁收到发生闪退的用户投诉。项目经理安排工程师小王尽快找到故障原因，并推荐使用 (39) 进行分析。

(39) A．鱼骨图　　　B．直方图　　　C．趋势图　　　D．散点图

试题（39）分析

参考《信息系统项目管理师教程》（第 3 版）8.3.2 小节。因果图又称鱼骨图，用于识别造成问题的主要以及根本原因，所以选 A。

参考答案

（39）A

试题（40）

关于控制质量工具的描述，不正确的是：(40)。

(40) A．控制图可以判断某一过程是否处于控制之中
　　　B．统计抽样从总体中抽取一部分相关样本用于检查和测量
　　　C．关联图中一条斜线上的数据点距离越近表示关系越密切
　　　D．质量审计可用于确认已批准的变更请求的实施情况

试题（40）分析

参考《信息系统项目管理师教程》（第 3 版）8.3.2 小节。散点图可以显示两个变量之间是否有关系，一条斜线上的数据点距离越近表示两个变量之间的相关性越密切。

参考答案

（40）C

试题（41）

A 公司任命黄总为新项目的项目经理，黄总任命小张为开发经理，并在公司内部调集 10 人组成项目团队。则该项目团队内的沟通渠道共 (41) 条。

(41) A．45　　　　　　　　　B．55
　　　C．66　　　　　　　　　D．78

试题（41）分析

参考《信息系统项目管理师教程》（第 3 版）10.3 节。沟通渠道的计算公式为 $n(n-1)/2$，团队成员共有 1+1+10=12，所以共有沟通渠道：12×11/2=66。故答案为 C。

参考答案

（41）C

试题（42）

(42) 不属于沟通管理过程的工具与技术。

(42) A. 标杆对照　　　　　　　B. 信息管理系统
　　　C. 沟通方法　　　　　　　D. 报告绩效

试题（42）分析

参考《信息系统项目管理师教程》（第 3 版）10.3 节。标杆对照为质量管理的工具与技术。

参考答案

（42）A

试题（43）

某手机应用上线后，收到老年用户的多起投诉：界面烦琐，字体太小，使用不方便。这反映了项目组在 (43) 工作中存在不足。

(43) A. 变更控制　　　　　　　B. 识别干系人
　　　C. 质量控制　　　　　　　D. 团队建设

试题（43）分析

参考《信息系统项目管理师教程》（第 3 版）10.5 节。该案例中应该是在项目一开始没有识别到目标用户的使用习惯，导致用户使用不方便而发生的投诉，故答案为 B。

参考答案

（43）B

试题（44）

根据干系人管理的权力/利益方格，对于项目建设方主管领导应该 (44)。

(44) A. 令其满意　　　　　　　B. 重点管理
　　　C. 监督　　　　　　　　　D. 随时告知

试题（44）分析

参考《信息系统项目管理师教程》（第 3 版）10.6 节。项目建设方领导权利高利益相关度高，所以对其的管理应该是重点管理。故答案为 B。

参考答案

（44）B

试题（45）

关于项目风险的描述，不正确的是 (45)。

(45) A. 风险具有随机性、相对性、可变性
　　　B. 项目收益越大，人们愿意承担的风险越大
　　　C. 项目投入越多，人们愿意承担的风险越大
　　　D. 风险按照影响范围可分为局部风险和总体风险

试题（45）分析

参考《信息系统项目管理师教程》（第 3 版）11.1.2 小节。项目活动投入得越多，人们对成功所报的希望也越大，愿意冒的风险也越小。故答案为 C。

参考答案

（45）C

试题（46）

(46) ___ 不属于识别风险过程的成果。

(46) A．已识别风险清单　　　　　B．潜在应对措施清单
　　　C．风险根本原因　　　　　　D．风险描述格式和模板

试题（46）分析

参考《信息系统项目管理师教程》（第 3 版）11.3.3 小节。风险描述格式和模板属于组织过程资产，是风险识别的输入。故答案为 D。

参考答案

(46) D

试题（47）

(47) ___ 不属于定性风险分析的技术。

(47) A．风险数据质量评估　　　　B．概率和影响矩阵
　　　C．风险紧迫性评估　　　　　D．预期货币价值分析

试题（47）分析

参考《信息系统项目管理师教程》（第 3 版）11.5 节。预期货币价值分析属于定量风险分析技术。故答案为 D。

参考答案

(47) D

试题（48）

关于管理者和领导者的描述，不正确的是：___(48)___。

(48) A．领导者的主要工作是确定方向、统一思想、激励和鼓舞
　　　B．管理者负责某件事情的管理或实现某个目标
　　　C．领导者设定目标，管理者率众实现目标
　　　D．项目经理的身份是管理者而非领导者

试题（48）分析

参考《信息系统项目管理师教程》（第 3 版）9.1.3 小节。项目经理具有领导者和管理者的双重身份。

参考答案

(48) D

试题（49）

为了暂时或部分解决冲突，寻找能让各方在一定程度上都满意的方案。这种冲突解决方法称为___(49)___。

(49) A．妥协/调解　　　　　　　　B．缓和/包容
　　　C．撤退/回避　　　　　　　　D．合作/解决问题

试题（49）分析

参考《信息系统项目管理师教程》（第 3 版）9.3.6 小节。妥协/调解（Compromise/Reconcile）：为了暂时或部分解决冲突，寻找能让各方都在一定程度上满意的

方案。双方在态度上都愿意果断解决冲突，也愿意合作。双方都得到了自己想要的东西，但只是一部分，而不是全部。双方都做了让步，都有得有失。缓和/包容：强调一致、淡化分歧（甚至否认冲突的存在）。

参考答案

（49）A

试题（50）

在团队发展的 5 个阶段中，__(50)__ 的特征是：团队成员开始协同工作，并调整各自的工作习惯和行为来支持团队，团队成员开始相互信任，项目经理能够得到团队的认可。

（50）A．形成阶段　　　　　　　　B．震荡阶段
　　　C．发挥阶段　　　　　　　　D．规范阶段

试题（50）分析

参考《信息系统项目管理师教程》（第 3 版）9.3.3 小节。规范阶段：经过一定时间的磨合，团队成员开始协同工作，并调整各自的工作习惯和行为来支持团队，团队成员开始相互信任，项目经理能够得到团队的认可。

参考答案

（50）D

试题（51）

关于配置管理的描述，正确的是：__(51)__。

（51）A．某个配置项的版本号为 0.91，该配置项的状态为"正式"
　　　B．配置项版本管理的目的是保留配置项的最新版本，删除所有旧的版本，以避免发生版本混淆
　　　C．一个产品只能有一个基线，因此对基线的变更必须遵循正式的变更控制程序
　　　D．开发库中的信息可能被频繁修改，因此可以由开发人员自行控制

试题（51）分析

参考《信息系统项目管理师教程》（第 3 版）14.2.1 小节。A 的错误之处在于：0.XY 的状态为"草稿"；B 的错误之处在于：配置项版本管理的目的是按照一定的规则保存配置项的所有版本，避免发生版本丢失或混淆现象；C 的错误之处在于：一个产品可以有多个基线，也可以只有一个基线。

参考答案

（51）D

试题（52）

配置管理员的工作职责不包括__(52)__。

（52）A．基线设立审批　　　　　　B．版本管理和配置控制
　　　C．建立和维护配置库　　　　D．配置状态报告

试题（52）分析

参考《信息系统项目管理师教程》（第 3 版）14.2.1 小节。基线设立审批由 CCB 负责，配置管理员不负责。

参考答案

（52）A

试题（53）

(53)的目的是确认变更的必要性，确保变更是有价值的。

(53) A．提出变更申请　　　　　　B．变更效果评估
　　　C．变更初审　　　　　　　　D．变更实施

试题（53）分析

参考《信息系统项目管理师教程》（第3版）16.3.2小节。变更初审的目的包括：对变更提出方施加影响，确认变更的必要性，确保变更是有价值的。

参考答案

（53）C

试题（54）

关于招投标的描述，正确的是：(54)。

(54) A．中标人确定后，招标人应当向中标人发出中标通知书，并同时将中标结果通知所有未中标的投标人
　　　B．依法必须进行招标的项目，自招标文件开始发出之日起至提交投标文件截止之日止，最短不得少于10日
　　　C．在招标文件要求提交投标文件截止时间5日前，投标人可以以书面形式对已发出的招标文件进行必要的澄清或者修改
　　　D．招标人和中标人应当自中标通知书发出之日起10日内，按照招标文件和中标人的投标文件订立书面合同

试题（54）分析

参考《信息系统项目管理师教程》（第3版）12.4.3小节。B的错误之处在于：依法必须进行招标的项目，自招标文件开始发出之日起至提交投标文件截止之日止，最短不得少于20日。C的错误之处在于：在招标文件要求提交投标文件截止时间至少15日前，投标人可以以书面形式对已发出的招标文件进行必要的澄清或者修改。D的错误之处在于：招标人和中标人应当自中标通知书发出之日起30日内，按照招标文件和中标人的投标文件订立书面合同。

参考答案

（54）A

试题（55）

(55)为卖方报销履行合同工作所发生的一切合法成本（即成本实报实销），买方再给卖方支付一笔利润，完全由买方根据自己对卖方绩效的主观判断来决定，并且卖方通常无权申诉。

(55) A．总价加激励费用合同　　　　B．总价加经济价格调整合同
　　　C．成本加固定费用合同　　　　D．成本加奖励费用合同

试题（55）分析

参考《信息系统项目管理师教程》（第3版）13.1.1小节。成本加奖励费用合同为卖方报销履

行合同工作所发生的一切合法成本（即成本实报实销），买方再凭自己的主观感觉给卖方支付一笔利润，完全由买方根据自己对卖方绩效的主观判断来决定奖励费用，并且卖方通常无权申诉。

参考答案

（55）D

试题（56）

__(56)__ 是隐性知识的特征。

（56）A．经过编码、格式化、结构化
　　　 B．规范、系统、稳定、明确
　　　 C．不易保存、传递、掌握
　　　 D．用公式、规律、原则等方式表述

试题（56）分析

参考《信息系统项目管理师教程》（第 3 版）15.1.1 小节中的表 15-1。隐性知识的特征包括：尚未编码、格式化、结构化；背后的科学原理不甚明确；不易保存、传递、掌握；用诀窍、习惯、信念、个人特技等形式呈现。

参考答案

（56）C

试题（57）

组织高层从如何动员全体成员参与战略实施活动的角度考虑战略的制定和执行，属于__(57)__战略组织模式的特点。

（57）A．文化型　　　　B．合作型　　　　C．变革型　　　　D．增长型

试题（57）分析

参考《信息系统项目管理师教程》（第 3 版）17.2.1 小节。文化型战略组织模式的特点是组织高层是从如何动员全体成员都参与战略实施活动的角度来考虑战略的制定和执行。

参考答案

（57）A

试题（58）

业务流程分析工具中，__(58)__反映现有系统各部门的业务处理过程和它们之间的业务分工与联系，以及连接各部门的物流、信息流的传递和流动关系，体现现有系统的边界、环境、输入、输出、处理和数据存储等内容。

（58）A．业务流程图　　　B．UML 活动图　　　C．N-S 图　　　D．Petri 网

试题（58）分析

参考《信息系统项目管理师教程》（第 3 版）19.2.1 小节。业务流程图是分析和描述现有系统的传统工具，是业务流程调查结果的图形化表示。它反映现有系统各部门的业务处理过程和它们之间的业务分工与联系，以及连接各部门的物流、信息流的传递和流动关系，体现现有系统的边界、环境、输入、输出、处理和数据存储等内容。

参考答案

（58）A

试题（59）

（59）不是项目集指导委员会的职责。

（59）A. 保证项目集与组织愿景和目标的一致性
B. 对项目组合的投资以及优先级进行决策
C. 批准项目集章程
D. 批准和启动项目集

试题（59）分析

参考《信息系统项目管理师教程》（第 3 版）20.3.3 小节、21.3.4 小节。选项 B 是项目组合治理机构，如项目组合治理委员会的职责。

参考答案

（59）B

试题（60）

关于项目组合和项目集的描述，不正确的是（60）。

（60）A. 项目组合和项目集中都可能包含日常运作业务
B. 项目集是项目组合的一部分
C. 项目组合中的项目既可以位于项目集之内，也可以位于项目集之外
D. 项目组合中的项目集和项目应有依赖关系

试题（60）分析

参考《信息系统项目管理师教程》（第 3 版）21.1.2 小节项目组合中的项目集和项目可能没有必然的联系，但它们都是组织实现战略时需要关注的管理对象。

参考答案

（60）D

试题（61）

缺陷发现率=Σ 缺陷数（系统测试）（个）÷Σ 执行系统测试的有效时间（小时），是衡量测试人员（61）的指标。

（61）A. 测试设计中工作效率　　　　B. 测试设计中工作质量
C. 测试执行中工作效率　　　　D. 测试执行中工作质量

试题（61）分析

参考《信息系统项目管理师教程》（第 3 版）23.3.6 小节。缺陷发现率，即测试人员各自发现的缺陷数总和除以各自所花费的测试时间总和，是测试执行中工作效率的指标。

参考答案

（61）C

试题（62）

（62）用于评估工作产品的质量，辅助项目进行决策。

（62）A. 过程度量　　B. 技术度量　　C. 项目度量　　D. 经济度量

试题（62）分析

参考《信息系统项目管理师教程》（第 3 版）25.4 节。度量分为过程度量、项目度量、

技术度量。技术度量用于评估工作产品的质量,在项目中进行决策。
参考答案

(62) B

试题 (63)

按照系统安全策略"七定"要求,系统安全策略首先要 (63)。

(63) A. 定员　　　　B. 定制度　　　　C. 定方案　　　　D. 定岗

试题 (63) 分析

参考《信息系统项目管理师教程》(第 3 版) 22.1.1 小节。安全策略的核心内容就是"七定",即定方案、定岗、定位、定员、定目标、定制度、定工作流程。按照系统安全策略"七定"要求,系统安全策略首先要解决定方案,其次就是定岗。

参考答案

(63) C

试题 (64)

(64) 方式针对每个用户指明能够访问的资源,对于不在指定的资源列表中的对象不允许访问。

(64) A. 自主访问控制　　　　　　B. 基于策略的访问控制
　　　C. 强制访问控制　　　　　　D. 基于角色的访问控制

试题 (64) 分析

参考《信息系统项目管理师教程》(第 3 版) 22.4.5 小节。DAC (Discretionary Access Control) 自主访问控制方式:该模型针对每个用户指明能够访问的资源,对于不在指定的资源列表中的对象不允许访问。

参考答案

(64) A

试题 (65)

ISO/IEC 17859 标准将安全审计功能分为 6 个部分,其中,(65) 通过分析系统活动和审计数据,寻找可能的或真正的安全违规操作,可以用于入侵检测或安全违规的自动响应。

(65) A. 安全审计事件存储功能　　　B. 安全审计数据生成功能
　　　C. 安全审计分析功能　　　　　D. 安全审计浏览功能

试题 (65) 分析

参考《信息系统项目管理师教程》(第 3 版) 22.5.1 小节。ISO/IEC 17859 标准将安全审计功能分为 6 个部分。安全审计分析功能定义了分析系统活动和审计数据来寻找可能的或真正的安全违规操作。它可以用于入侵检测或安全违规的自动响应。

参考答案

(65) C

试题 (66)

某公司主营产品有甲、乙、丙、丁四种。按照历史数据预测,下半年的市场需求总量可能有 10 万件、15 万件和 20 万件三种情况,对应的概率分别为 50%、30%、20%。不同情况下各产品带来的市场收益（单位：万元）如表所示。为了追求利润最大化，该公司应该生产（66）。

产品	需求量为 10 万件	需求量为 15 万件	需求量为 20 万件
甲	-25	35	70
乙	-20	30	65
丙	-10	25	55
丁	10	15	40

（66）A．甲　　　　B．乙　　　　C．丙　　　　D．丁

试题（66）分析

生产甲的收益：$-25 \times 0.5 + 35 \times 0.3 + 70 \times 0.2 = 12$；生产乙的收益：$-20 \times 0.5 + 30 \times 0.3 + 65 \times 0.2 = 12$；生产丙的收益：$-10 \times 0.5 + 25 \times 0.3 + 55 \times 0.2 = 13.5$；生产丁的收益：$10 \times 0.5 + 15 \times 0.3 + 40 \times 0.2 = 17.5$。故该公司应选择生产产品 D。

参考答案

（66）D

试题（67）、（68）

某乳制品加工厂用纯牛奶和酸牛奶两种生产原料，加工生产甲、乙两种乳制品。该厂加工每单位乳制品消耗原料数、现有原料数、每单位乳制品的利润如下表所示。则该公司的最大利润为（67）万元。公司获得最大利润时，生产甲的数量是（68）吨。

原料/吨		甲	乙	现有原料/吨
	纯牛奶	1	2	86
	酸牛奶	5	3	150
利润/万元		3	4	

（67）A．140　　　B．144　　　C．175　　　D．178
（68）A．5　　　　B．6　　　　C．40　　　　D．50

试题（67）、（68）分析

设加工甲 x_1 件，乙 x_2 件，利润为 C，建立线性规划模型：

$$\max C = 3x_1 + 4x_2$$
$$\begin{cases} x_1 + 2x_2 \leq 86 \\ 5x_1 + 3x_2 \leq 150 \\ x_1, x_2 \geq 0 \end{cases}$$

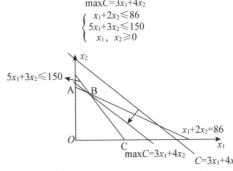

图中，四边形 OABC 区域为两个约束条件交集与坐标轴围成的可行域，因为所求值为目标函数最大值，所以将目标函数自上而下平移，直到与可行域首次相交于一点 B，B 点即

为既满足约束条件，又达到目标函数最大的最优解，求得 B 点为 $(6,40)$，得 $x_1=6$，$\max C=178$。

参考答案

（67）D （68）B

试题（69）

有 A、B、C、D 四个临省，同时向甲、乙、丙、丁四个城市运送援助物资，假设规定一个省对口援助一个城市。四省到各城市的运输时间如下表所示。请给出一个合理的方案，使得物资运输总时间最短，则最短物资运输时间为__(69)__小时。

单位：小时

省＼城市	甲	乙	丙	丁
A	17	20	23	26
B	21	25	24	20
C	28	19	18	21
D	21	21	19	19

(69) A. 74　　　　B. 75　　　　C. 76　　　　D. 77

试题（69）分析

$$\text{系数矩阵 } C = \begin{pmatrix} 17 & 20 & 23 & 26 \\ 21 & 25 & 24 & 20 \\ 28 & 19 & 18 & 21 \\ 21 & 21 & 19 & 19 \end{pmatrix} \begin{matrix} -17 \\ -20 \\ -18 \\ -19 \end{matrix} \rightarrow \begin{pmatrix} 0 & 2 & 6 & 9 \\ 1 & 4 & 4 & 0 \\ 10 & 0 & 0 & 3 \\ 2 & 1 & 0 & 0 \end{pmatrix} = C' \rightarrow \begin{pmatrix} \Delta & 2 & 6 & 9 \\ 1 & 4 & 4 & \Delta \\ 10 & \Delta & \varnothing & 3 \\ 2 & 1 & \Delta & \varnothing \end{pmatrix}$$

-1

，由于独立 0 元素数正好等于 4 个，所以得出最优解矩阵形式为 $\begin{pmatrix} 1 & 0 & 0 & 0 \\ 0 & 0 & 0 & 1 \\ 0 & 1 & 0 & 0 \\ 0 & 0 & 1 & 0 \end{pmatrix}$，即由 A 省援助甲市，B 省援助丁市，C 省援助乙市，D 省援助丙市，最短时长为 75。

参考答案

（69）B

试题（70）

甲、乙、丙、丁 4 个已完工项目的历史数据如表所示，其中负值代表项目的投资额，正值代表项目的收益。从投资收益率来看，__(70)__项目最优。

单位：万元

项目	2016 年	2017 年	2018 年	2019 年	2020 年
甲	−10	2	23	7	
乙		−100	80	110	
丙		−20	15	18	30
丁	−150	150	150		

(70) A. 甲　　　　B. 乙　　　　C. 丙　　　　D. 丁

试题（70）分析

项目的投资收益率=年平均收益/投资额。则各项目的投资收益率分别为：

甲项目为：(2+23+7)÷3÷10=1.067。

乙项目为：(80+110)÷2÷100=0.95。

丙项目为：(15+18+30)÷3÷20=1.05。

丁项目为：(150+150)÷2÷150=1。

参考答案

(70) A

试题（71）

The patterns of (71) show the next probable behavior of a person or market without a logical explanation as to why.

(71) A. Internet of Things　　　　B. Cloud Computing
　　　C. Artificial Intelligence　　D. Big Data

试题（71）分析

大数据模式显示了一个人或市场的下一个可能的行为，而没有逻辑解释。A 项是物联网、B 项是云计算、C 项是人工智能、D 项是大数据。

参考答案

(71) D

试题（72）

(72) can be scripted as a new science and technology, which is used to simulate human intelligence. Namely, computers simulate the way of human's thinking and intelligent behavior, such as Learning, Reasoning, Thinking, Planning, and so on.

(72) A. Internet of Things　　　　B. Cloud Computing
　　　C. Artificial Intelligence　　D. Big Data

试题（72）分析

人工智能可以作为一种新的科学技术，用于模拟人类智能。也就是说，计算机模拟了人类思维和智慧行为的方式，如学习、推理、思考、规划等。A 项是物联网、B 项是云计算、C 项是人工智能、D 项是大数据。

参考答案

(72) C

试题（73）

(73) is preservation of confidentiality, integrity and availability of information, in addition, other properties such as authenticity, accountability, non-repudiation and reliability can also be involved.

(73) A. Equipment security　　　　B. Network security
　　　C. Information security　　　D. Content security

试题（73）分析

信息安全是保护信息的保密性、完整性、可用性及其他属性，如真实性、可确认性、不可否认性和可靠性。A 项是设备安全、B 项是网络安全、C 项是信息安全、D 项是内容安全。

参考答案

（73）C

试题（74）

（74） involves choosing part of a population of interest for inspection.

（74）A．Check list   B．Check sheet
     C．Statistical sampling   D．Questionnaire

试题（74）分析

统计抽样是指从目标总体中选取部分样本用于检查（如从 75 张工程图纸中随机抽取 10 张）。A 项是核对单、B 项是检查表、C 项是统计抽样、D 项是问卷调查。

参考答案

（74）C

试题（75）

（75） is the process of formalizing acceptance of the completed project deliverables. The key benefit of this process is that it brings objectivity to the acceptance process and increases the probability of final product, service, or result acceptance by validating each deliverable.

（75）A．Validate scope   B．Define scope
     C．Control scope   D．Collect requirement

试题（75）分析

确认范围是正式验收已完成的项目可交付成果的过程。本过程的主要作用，是验收过程具有客观性；同时通过确认每个可交付成果，来提高最终产品、服务或成果获得验收的可能性。A 项是确认范围、B 项是定义范围、C 项是控制范围、D 项是收集需求。

参考答案

（75）A

第26章 2020下半年信息系统项目管理师下午试题 I 分析与解答

试题一（25分）

阅读下列说明，回答问题1至问题4，将解答填入答题纸的对应栏内。

【说明】

某集成公司和某地区的燃气公司签订了系统升级合同，将原有的终端抄表系统升级改造，实现远程自动抄表且提供APP终端应用服务。

公司指定原系统的项目经理张工来负责该项目，目前张工已经升任新产品研发部经理。张工调派了原项目团队的核心骨干刘工和李工分别负责新项目的需求调研和开发工作。

刘工和李工带领团队根据以往经验完成了需求调研和范围说明书。但由于该项目甲方负责人负责多个项目，时间紧张，导致需求评审会无法召开。张工考虑到双方已经有合作基础，李工和刘工对原系统非常熟悉，为了不影响进度，张工让项目组采用敏捷开发模式，直接进入了设计和编码阶段。

在客户验收测试时，甲方负责人提出App的UI设计不符合公司风格、不兼容新燃气表的数据接口、数据传输加密算法不符合要求等多项问题，要求必须全部实现这些需求后才能验收。此时张工把公司新产品研发部正在研发的新产品给甲方负责人展示，双方口头约定可以采用新产品部分功能实现未完善的需求。经过增加人员和加班赶工，延期1个月完成。项目上线后用户又发现了若干问题。

【问题1】（8分）

结合案例，请从项目范围管理的角度指出该项目实施过程中存在的问题。

【问题2】（6分）

请写出范围说明书的内容和作用。

【问题3】（6分）

结合案例，请阐述张工在需求变更过程中需要完成的具体工作内容。

【问题4】（5分）

请将下面①～⑤处的答案填写在答题纸的对应栏内。

（1）在每个项目任务的分解单元中都存在可交付成果和①，标志着某个可交付成果或阶段的正式完成。

（2）创建②是将项目的可交付成果和项目工作分解为较小的、更易管理的组件的过程，其主要作用是对所要交付的内容提供一个结构化的视图。其最底层的可交付成果或项目工作组成部分称为③。

（3）项目干系人提出变更申请后，一般由④或⑤进行初审。

试题一分析

本题重点考核项目需求和范围管理，考试需全面多视角来综合分析并作答。

【问题 1】

针对案例分析题，主要考核对于项目实施过程中围绕着范围管理存在的问题，考察考生根据实际案例分析解决问题的能力。参考《信息系统项目管理师教程》（第 3 版）[①] 5.6.1 小节。

【问题 2】

问答题，本题重点考核范围说明书的内容和作用。参考《信息系统项目管理师教程》（第 3 版）5.4.2 小节。

【问题 3】

问答题，本题重点考核需求变更过程中需要完成的工作内容。参考《信息系统项目管理师教程》（第 3 版）4.6 节。

【问题 4】

细节填空题，本题重点考核 WBS 相关的核心概念和变更管理工作程序。参考《信息系统项目管理师教程》（第 3 版）5.5 节、16.3.2 小节：

①里程碑概念

②WBS 和工作包概念

③变更管理工作程序

参考答案

【问题 1】（8 分）

（1）没有编制范围管理计划。

（2）项目范围定义和收集需求不充分，定义范围未包括新型燃气表。

（3）项目经理没有跟客户正式评审确定项目范围，导致客户需求没有被有效识别。

（4）范围控制过程执行不到位，不应该口头约定修改客户提出的新需求，应该按照变更管理流程执行，尽量减少需求变更的范围。

（每项 2 分，共 8 分）

【问题 2】（6 分）

内容：

（1）范围描述

（2）验收标准

（3）可交付成果

（4）项目的除外责任（哪些内容不属于项目范围）

（5）制约因素（预算、日期、协议条款等）

（6）假设条件（不需要验证即可视为正确或确定的因素）

作用：

（1）确定范围

[①] 本章提及的《信息系统项目管理师教程》（第 3 版）为全国计算机技术与软件专业技术资格（水平）考试指定用书，由清华大学出版社出版。

(2) 沟通的基础
(3) 变更的基础
(4) 规划和控制的依据
（每条 1 分，满分 6 分）

【问题 3】（6 分）
(1) 提交变更申请，并得到变更控制委员的批准。
(2) 控制申请变更的流程，保证只实施经过批准的变更。
(3) 根据批准的变更控制与更新范围、成本、预算进度和质量要求，协调整个项目的变更。
(4) 对批准的变更，保证基线完整性，做好各版本的配置管理，并保留记录。
(5) 根据变更控制的要求做好项目文件的更新。
(6) 审查和批准所有的纠正与预防措施建议。
(7) 根据质量报告并按照标准控制项目质量。
（每条 1 分，满分 6 分）

【问题 4】（5 分）
(1) 里程碑
(2) WBS
(3) 工作包
(4) 项目经理
(5) 项目配置管理员
（每个 1 分，共 5 分，④和⑤的答案顺序可互换）

试题二（25 分）

阅读下列说明，回答问题 1 至问题 4，将解答填入答题纸的对应栏内。

【说明】

某软件开发项目包括 A、B、C、D 四个活动，项目总预算为 52000 元。截至 6 月 30 日，各活动相关信息如下表所示。

活动	成本预算	计划成本	实际进度	实际成本
A	25 000	25 000	100%	25 500
B	12 000	9000	50%	5400
C	10 000	5800	50%	1100
D	5000	0	0	0

C 活动是项目中的一项关键任务，目前刚刚开始，项目经理希望该任务能在 24 天之内完成，项目组一致决定采取快速跟进的方法加快项目进度，并估算 C 活动的预计工期为乐观 14 天、最可能 20 天、悲观 32 天。

【问题 1】（13 分）

结合案例，请计算截至 6 月 30 日各活动的挣值和项目的进度偏差（SV）和成本偏差（CV），并判断项目的执行绩效。

第26章　2020下半年信息系统项目管理师下午试题I分析与解答

【问题2】（3分）
　　项目组决定采用快速跟进的方式加快进度，请简述该方式的不足。
【问题3】（4分）
　　如果当前项目偏差属于典型偏差，请计算完工估算成本（EAC）。
【问题4】（5分）
　　项目经理尝试采用资源优化技术24天完成C活动的目标，请计算能达到项目经理预期目标的概率。

试题二分析
　　本题重点考核项目进度管理和成本管理，考试需全面多视角综合分析并作答。
【问题1】
　　综合计算题，本题考核考生对挣值方法的理解程度，尤其是对截至6月30日各活动的PV、AC、EV的理解，并以此为依据计算项目的进度偏差和成本偏差，并会据此分析项目的绩效。PV是计划成本，是截至6月30日为计划工作分配的经批准的预算。EV是对已完成工作的测量值，用分配给该工作的预算来表示。参考《信息系统项目管理师教程》（第3版）7.3.2小节。
　　EV(A)=25 000(1分)，EV(B)=12 000×50%=6000(1分)，EV(C)=10 000×50%=5000(1分)，EV(D)=0，则EV=25 000+6000+5000=36 000。
　　PV=25 000+9000+5800=39 800。
　　AC=25 500+5400+1100=32 000。
　　SV=EV–PV，CV=EV–AC。

【问题2】
　　细节问答题，本题考核考生对项目进度改善措施，尤其是快速跟进措施的理解。
　　快速跟进是并行施工，以缩短关键路径的长度。参考《信息系统项目管理师教程》（第3版）6.2.7小节。

【问题3】
　　综合计算题，考核考生在两种偏差的基础上如何计算完工估算成本，典型偏差情况下，EAC的计算公式：EAC=AC+(BAC–EV)/CPI。参考《信息系统项目管理师教程》（第3版）7.3.2小节。

【问题4】
　　综合计算题，考核考生对三点估算方法的理解程度。参考《信息系统项目管理师教程》（第3版）6.3.3小节。

参考答案
【问题1】（13分）
　　EV(A)=25 000(1分)，EV(B)=12 000×50%=6000(1分)，EV(C)=10 000×50%=5000(1分)，EV(D)=0(1分)。
　　则EV=36 000（1分），PV=39 800（1分），AC=32 000（1分）。
　　SV=EV–PV=36 000–39 800=–3800<0 (公式正确给1分，计算正确给1分，共2分)。

CV=EV–AC=36 000–32 000=4000>0 （公式正确给 1 分，计算正确给 1 分，共 2 分）。
进度滞后（1 分）、成本节约（1 分）。

【问题 2】（3 分）

可能引起返工

质量降低

团队压力大

（每条 1 分，共 3 分）

【问题 3】（4 分）

CPI=EV/AC=36 000/32 000=1.125（公式正确得 1 分，计算正确得 1 分，共 2 分）。

EAC=AC+(BAC–EV)/CPI=32 000+(52 000–36 000)/1.125=46 222（公式正确得 1 分，计算正确得 1 分，共 2 分）。

【问题 4】（5 分）

采用三点估算计算出 C 任务的工期为(14+4×20+32)/6=21 天（2 分）。

标准差为(32–14)/6=3（2 分）。

24 天正好是一倍的标准差位置，因此概率为：1–(1–68%)/2=84%（1 分）。

试题三（25 分）

阅读下列说明，回答问题 1 至问题 4，将解答填入答题纸的对应栏内。

【说明】

A 公司是提供 SaaS 平台服务业务的公司，小张作为研发流程优化经理，他抽查了核心产品的配置管理和测试过程，情况如下：项目组共 10 人，产品经理小马兼任项目经理和配置管理员，还有 7 名开发工程师和 2 名测试工程师，采用敏捷开发的方法，2 周为一个迭代周期，目前刚刚完成一个 3.01 版本的上线。

小张要求看一下配置管理库，小马回复："我正忙着，让测试工程师王工给你看吧，我们 10 个人都有管理员权限。"小张看到配置库分为了开发库和产品库，产品库包括上线的 3 个大版本的完整代码和文档资料，而且与实际运行版本有偏差。小版本只能在开发库中找到代码，但没有相关文档，而且因为新需求迭代太快，有些很细微的修改，开发人员随手进行了修改，文档和代码存在一些偏差。

小张策划对产品做一次 3.01 版本的系统测试，以便更好地解决研发流程和系统本身的问题。

【问题 1】（5 分）

结合本案例，从配置管理的角度指出项目实施过程存在的问题。

【问题 2】（10 分）

结合本案例，请帮助测试工程师从测试目的、测试对象、测试内容、测试过程、测试用例设计依据、测试技术 6 个方面设计核心产品 3.01 版本的系统测试方案。

【问题 3】（6 分）

如果系统测试中需要采用黑盒测试、白盒测试和灰盒测试，请阐述三种测试的含义和用途。

【问题 4】(4 分)

从候选答案中选择正确选项,将该选项编号填入答题纸对应栏内。

配置项的状态通常可分为三种,配置项初建时其状态为 (1)。配置项通过评审后,其状态变为 (2)。此后若更改配置项,则其状态变为 (3)。当配置项修改完毕并重新通过评审时,其状态又变为 (4)。

A. 送审稿   B. 草稿   C. 报批稿
D. 征求意见 E. 修改   F. 正式

试题三分析

本题重点考核项目配置管理和测试管理,考试需全面多视角来综合分析并作答。

【问题 1】

案例分析题,考核考生对配置管理过程的理解,要求考生能够在项目实施过程中灵活应用配置管理知识并实践。参考《信息系统项目管理师教程》(第 3 版)14.2 节。

【问题 2】

案例分析题,考核考生对系统测试方案内容的掌握程度,并能够根据实际情况设计系统测试方案。参考《信息系统项目管理师教程》(第 3 版)23.1.2 小节。

【问题 3】

概念问答题,本题考核考生对黑盒测试、白盒测试和灰盒测试三种测试方法的理解。参考《信息系统项目管理师教程》(第 3 版)23.1.2 小节。

【问题 4】

细节填空题,本题考核考生对于配置项各个状态的掌握程度。参考《信息系统项目管理师教程》14.2.1 小节。

参考答案

【问题 1】(5 分)

(1) 从信息安全的角度考虑,配置管理员的权限通常指定给一名人员或项目经理,不能全部项目组都有管理员权限。

(2) 配置库只有开发库和产品库,缺少了受控库,即所有基线版本都应该放在受控库。

(3) 产品库只有 3 个大版本,应该将所有发布的基线进行统一管理。

(4) 开发库中的配置项代码和文档存在不一致,应要求项目组对所有的修改在配置工具中做保留,并做好配置标识。

(5) 缺少发布管理流程。

(6) 从案例描述推断该项目组未能做好配置审计工作,应按计划做好配置审计,保证当前配置项的一致性和完整性。

(每条 1 分,满分 5 分)

【问题 2】(10 分)

(1) 测试目的:验证核心产品完整需求配置与系统连接的正确性,发现软件与系统设计文档和合同要求不一致的地方,验证系统的文档是否完整、有效。

(2) 测试对象:核心产品软件本身、SaaS 平台基础设施、外部支持软硬件产品的接口和

数据。(只有核心产品软件不得分)

(3) 测试内容：站在客户视角主要完成核心产品的功能性测试验证，同时应包括合同中约定的非功能性要求的验证，可通过压力测试、安全性测试、容错测试和恢复性测试完成。

(4) 测试过程：测试计划、测试设计、测试实施或测试执行、测试评估。

(5) 测试用例设计依据：核心产品的需求规格说明书、相关规范、标准和客户协议等。

(6) 测试技术：一般使用黑盒测试技术。

(每条 2 分，满分 10 分)

【问题 3】(6 分)

(1) 黑盒测试又称功能测试，它通过测试来检测每个功能是否能正常使用。(1 分)

着眼于程序外部结构，不考虑内部逻辑结果，主要针对软件界面和功能进行测试。(1 分)

(2) 白盒测试又称结构测试，是通过检查软件内部的逻辑结构，对软件中逻辑路径进行覆盖的测试，可以覆盖全部代码、分支、路径和条件。(1 分)

主要针对每个软件单元的内部实现进行检查。(1 分)

(3) 灰盒测试介于白盒和黑盒之间，关注输出对于输入的正确性，也关注内部表现。是基于外部表现又结合程序内部逻辑来设计用例、执行程序并采集程序路径执行信息和外部接口结果的测试技术。(1 分)

主要针对模块之间的交互进行测试。(1 分)

【问题 4】(4 分)

(1) B
(2) F
(3) E
(4) F

(每空 1 分，共 4 分)

第27章 2020下半年信息系统项目管理师下午试题 II 写作要点

> 从下列的 2 道试题（试题一至试题二）中任选 1 道解答。请在答题纸上的指定位置处将所选择试题的题号框涂黑。若多涂或者未涂题号框，则对题号最小的一道试题进行评分。

试题一 论信息系统项目的成本管理

项目成本管理在项目管理中占非常重要的地位。成本管理是在项目实施过程中，通过对成本进行管理，使项目实际发生的成本控制在预算范围内。

请以"论信息系统项目的成本管理"为题进行论述：

1. 概要叙述你参与管理过的信息系统项目（项目的背景、项目规模、发起单位、目的、项目内容、组织结构、项目周期、交付的成果等），并说明你在其中承担的工作（项目背景要求本人真实经历，不得抄袭及杜撰）。

2. 请结合你所叙述的信息系统项目，围绕以下要点论述你对信息系统项目成本管理的认识，并总结你的心得体会：

（1）项目成本管理的过程；

（2）项目预算的形成过程。

试题一写作要点

第一部分评分要点：

（1）项目成本管理的过程：

规划成本

估算成本

制定预算

控制成本

（2）项目预算的形成过程：

根据 WBS，估算各活动的成本，形成工作包成本；

汇总各工作包成本（考虑应急储备），得到控制账户的成本；

汇总各控制账户的成本，得到成本基准；

在成本基准上增加管理储备，得到项目预算。

第二部分评分要点：

根据考生的论述，确定其叙述的项目成本管理过程是否合适，具体项目预算形成过程是否完整,是否具有信息系统项目成本管理的实际经验。要求项目真实、逻辑清晰、条理清楚、论述得当。

试题二 论信息系统项目的采购管理

项目采购管理是从项目团队外部购买或获得为完成项目工作所需的产品、服务或成果的过程。

请以"论信息系统项目的采购管理"为题进行论述:

1. 概要叙述你参与管理过的信息系统项目(项目的背景、项目规模、发起单位、目的、项目内容、组织结构、项目周期、交付的成果等),并说明你在其中承担的工作(项目背景要求本人真实经历,不得抄袭及杜撰)。

2. 请结合你所叙述的信息系统项目,围绕以下要点论述你对信息系统项目采购管理的认识,并总结你的心得体会:

(1)项目采购管理的过程;
(2)如果需要进行招投标,请阐述招投标程序。

试题二写作要点

第一部分评分要点:

(1)项目采购管理的过程:

编制采购计划

实施采购

控制采购

结束采购

(2)招投标程序:

招标人发布招标公告或投标邀请

招标人根据情况组织潜在投标人勘察现场

投标人投标

开标

评标

确定中标人

订立合同

第二部分评分要点:

根据考生的论述,确定其叙述的项目采购管理过程是否合适,具体写出的招投标程序是否完整,是否具有信息系统项目采购管理的实际经验。要求项目真实、逻辑清晰、条理清楚、论述得当。